《山西文華》編纂委員會 編

山西文華·史料編

平陽府志

清康熙版 第九册

卷三十五至卷三十六(一、二)

劉益令 ◎ 整理

山西出版傳媒集團
三晋出版社

山西文華

平陽府志卷之三十五

雜志

古者紀載謹嚴疑且闕之况不經乎女媧補天后羿射日皆誕辭也左氏好紀怪事子長因之且附益焉稗官小說轉相放搴弔詭百出矣俗儒記醜迂士搜奇雜家置一喙騶難辨正以妄傳妄別爲一目後有覽者作齊諧觀則得之矣作雜志

高辛時丹丘之國獻瑪瑙甕以盛丼露甕至堯時猶存丼露在其中盈而不竭謂之寶露以頒群臣至舜時露已漸減舜遷寶甕于衡山之上

堯時蓂莢生于庭每月十五日以前日生一葉以後日

落一葉月小盡則一葉厭而不落名曰蓂莢堯覩之以知旬朔按故蹟在今伊村里今有亭　屈軼草佞人入則屈而指之名曰屈軼今堯廟有塑像　神羊一角見邪人則觸之按羊疑即今之獬豸產于洪洞羊獬里有廟塑像　十日並出焦禾殺稼叉有大風猰貐封豨修蛇堯乃使羿繳大風于青丘之澤上射十日下殺猰貐斷修蛇于洞庭禽封豨于桑林

山海經云帝堯臺帝嚳臺丹朱臺帝舜臺各二臺臺四方在崑崙東北相傳天子廵狩所經過夷狄慕聖人恩德輙共爲築立臺觀以標顯其遺跡也夫以丹朱之名與三大聖並其見重於遠人如此

陶唐氏之後至夏帝孔甲有御龍氏孔甲好鬼神時天降龍二有雌雄孔甲不能食而未得豢龍氏陶唐之裔劉累者學擾龍于豢龍氏以事孔甲能飲食之夏后嘉之賜姓曰御龍氏爲諸侯以更豕韋之後龍一雌死潛醢以食夏后夏后享之旣而使求之累懼而遷于魯至商乃爲豕韋氏葢祝融之後封于豕韋殷武丁滅之以劉累之後代之傳至范氏其後也

晋築虒祁之宫有石言于魏榆晋侯問于師曠曰石何故言對曰石不能言或馮焉不然民聽濫也抑臣又聞之作事不時怨言讟動于民則有非言之物而言今宫室崇侈民力彫盡怨言讟作莫保其生石言不亦宜乎

鄭子產聘于晋晋侯有疾韓宣子逆客私焉曰寡君寢疾于今三月矣並走群望有加而未瘳今夢黄熊入于寢門其何厲鬼也對曰以君之明子爲大政其何厲之有昔堯殛鯀于羽山其神化爲黄熊以入于羽淵實爲夏郊三代祀之晋爲盟主其或者未之祀也乎韓子祀夏郊晋侯有間賜子產莒之二萬鼎

晋平公鼓琴有玄鶴二雙而下銜明珠舞于庭一鶴失珠覓得而走師曠掩口而笑

魏田父有耕于野者得玉徑尺不知其玉也以告鄰人曰此怪石也畜之弗利其家田父雖疑猶豫以歸置于廡下其玉明照一室大怖懼而棄之于遠野鄰人取之以獻魏王魏王召玉工相之玉工望之再拜賀曰大王得天下之寶臣所未嘗見王問其價玉工曰此無價以當之五城之都僅可一觀魏王賜獻玉者千金長食上

大夫之禄

魏安釐王見翔鵠而樂之曰寡人得如鵠之飛視天下如芥也客有隱遊者聞之作木雕而獻王王曰此有形無用者也夫作無用之器世之奸民也召遊者欲加刑焉遊者曰大王知有用之用未寤無用之用也今臣請爲大王翔之乃取而倚焉遂翻然飛去莫知所之

魏文侯自安邑率三軍至條山北麓衆渴文侯默視以鞭指之乃得泉自石巖流出名之曰鞭視

周趙簡子疾五日不知人大夫皆懼醫扁鵲視之出董安于問扁鵲曰血脉治也而何怪在昔秦繆公常如此七日而寤寤之日告公孫支與子輿曰我之帝所甚樂吾所以久者適有學也帝告我晉國將大亂五世不安其後將霸未老而死霸者之子且令而國男女無別公孫支書而藏之秦讖於是出矣獻公之亂文公之霸而襄公敗秦師于殽而歸縱淫此子之所聞今主君之疾與之同不出三日疾必間間必有言也居二日半簡子寤語大夫曰我之帝所甚樂與百神遊于鈞天廣樂九奏萬舞不類三代之樂其聲動人心有一熊欲來援我

帝命我射之中熊熊死又有一羆欲來我又射之中羆
羆死帝甚喜賜我二笥皆有副吾見兒在帝側屬我一
翟犬曰及而子之壯也以賜之帝告我晉國且世衰七
世而亡嬴姓將大敗周人于范魁之西而亦不能有也
余思虞舜之勳適余將以其胄女孟姚配而七世之孫
董安于受言而書藏之以扁鵲言告簡子簡子賜扁鵲
田四萬畝他日簡子出有人當道辟之不去從者怒將
刃之當道者曰吾欲有謁于主君從者以聞簡子召之
曰譆吾有所見子晰也當道者曰屏左右願有謁簡子
屏人當道者曰主君之疾臣在帝側簡子曰然有之子
之見我我何爲當道者曰帝令主君射熊與羆皆死簡
子曰是且何也當道者曰晉國且有大難主君首之帝
令主君滅二卿夫熊與羆皆其祖也簡子曰帝賜我二
笥皆有副何也當道者曰主君之子將克二國于翟皆
子姓也簡子曰吾見兒在帝側帝屬我一翟犬曰及而
子之長以賜之夫兒何謂以賜翟犬當道者曰兒主君
之子也翟犬者代之先也主君之子且必有代及主君
之後嗣且有革政而并二國于翟簡子問其姓而延之

以官當道者曰臣野人致帝命耳遂不見簡子書藏之
府趙襄子奔保晉陽原過從後至于王澤見三人自帶
以上可見自帶以下不見與原過竹二節莫通曰爲我
以是遺趙毋卹原過既至以告襄子齋三日親自剖竹
有朱書曰趙毋卹余霍泰山山陽侯天使也三月丙戌
余將使女反滅知氏女亦立我百邑余將賜女林胡之
地至于後世且有伉王赤黑龍面鳥噣鬢麋髭頾大膺
大胸修下而馮左袵界乘奄有河宗至于休溷諸貉南
伐晉别北滅黑姑襄子再拜受三神之令
廣川王去疾發晉靈公冢得玉蟾蜍一枚腹空容五合
水王取以爲盛水滴
漢永始二年冬十月復汾陰祠初帝用匡衡議罷甘泉
泰畤其日大風壞甘泉竹宫折拔畤中樹木十圍以上
百餘帝異之以問劉向對曰家人尚不欲絶種祠況于
國之神寶舊畤且其始立皆有神祇感應誠未易動上
意恨之又以久無繼嗣白太后令詔有司復甘泉泰畤
汾陰后土如故
晉郭公居河東精卜筮郭璞從之受業公以青囊中書

九卷授之璞由是洞曉其術

呼延氏漢單于於扶羅子豹妻也無子祈于龍門俄有巨魚頂有兩角軒鬐躍鱗而至祭所久之乃去巫覡皆異之曰此嘉祥也其夜夢日所見魚化爲人左手把一物大如半鷄子光景非常授呼延氏曰此是日精服之生貴子寤而告豹豹曰吉徵也吾昔從邯鄲張冏母司徒氏相吾當有貴子孫三世必大昌彷彿相符矣自是十三月生劉淵

劉淵遷都平陽汾水中得玉璽文曰有新保之歸淵蓋王莽時璽也獻者因增泉海光三字淵以爲已瑞乃大赦天下改元河瑞

梁裴之禮爲直閤將軍丁父還憂遂墓在光宅寺西堂宇弘敞松柏鬱茂范雲廟在三橋蓬蒿不剪梁武帝南郊道經二廟顧而嘆曰范爲已死裴爲更生

聞喜裴陀十六歲喪父不勝哀慟母辛氏泣撫之曰棄我戚性得爲孝乎由是自勉好學對策高第歷官清河太守一日思母心忽動急還母方病人以爲孝感所致云

北齊馮淑妃名小憐大穆后從婢也穆后愛衰以五月五日進之號曰續命慧黠能彈琵琶工歌舞後主惑之坐則同席出則並馬願得生死一處周師之取平陽帝獵于三堆晉州亟告急帝將還淑妃請更殺一圍帝從其言識者以爲後主名緯殺圍言非吉徵及帝至晉州城已欲沒矣作地道攻之城陷十餘步將士乘勢欲入帝勅且止召淑妃共觀之淑妃粧點不獲時至周人以木拒塞城遂不下舊俗相傳晉州城西石上有聖人跡淑妃欲往觀之帝恐弩矢及橋故抽攻城木造遠橋監作舍人以不速成受罰帝與淑妃度橋橋壞至夜乃還稱妃有功勳將立爲左皇后即令使馳取禕翟等皇后服御仍與之並騎觀戰東偏少却淑妃怖曰軍敗矣帝遂以淑妃奔還至洪洞戍淑妃方以粉鏡自玩後聲亂唱賊至于是復走內參自晉陽以皇后衣至帝爲按轡命淑妃著之然後去

丈巾子兒王度大業九年以御史出兼芮城令令廳前有一棗樹圍可數丈不知幾百年矣前後令至皆祠謁此樹不則殃禍立及也度曰妖由人興淫祀宜絕縣吏

皆叩首請度不得已爲之一祀然陰念此樹當有精魅所托人不能除養成其勢乃容懸古鏡于樹其夜二鼓許聞廳前磊落有聲若雷霆者遂起視之則風雨晦冥纏繞其樹電光晃耀忽上忽下至明有一大蛇紫鱗赤尾綠頭白角額上有王字身被數創死于樹下度命吏出蛇焚于縣門外仍掘樹樹心有一穴于地漸大有巨蛇蟠泊之迹妖怪遂絶其年冬度以御史帶芮城令持節河北道開倉賑給陜東時天下大饑百姓癘疫度使小吏張龍駒持鏡照之諸病者皆愈其夜龍駒夢一人朱衣紫服曰我鏡精也名曰紫珍

太宗初舉義兵爲宋老生所阻欲旋師有白髮翁謁見言傍山有細徑可以進兵遂從之得據便地爲寨老生戰果不利乃爲劉弘基所殺人咸以白髮翁蓋霍山神

唐開元間于榮河縣修后土祠壇掘地得銅鼎二色皆青又獲古磚長九寸有篆書千秋萬歲字及長樂未央字又有赤兎見于壇

唐高宗時晉州地震不息帝問張行成對曰天陽也君象地陰也臣象君宜動臣宜靜今靜者顧動恐女謁用

事人臣陰謀叉諸王公主參成起居或伺間隙宜明設防閑且晉陛下本封應不虛發伏願深思以杜未萌帝然之

蕭至忠爲晉州刺史欲獵有樵者于霍山見一長人俄有虎兕鹿豕狐兎雜騈而至長人曰余九冥使者奉北帝命蕭君畧汝輩若干合鷹死若干合箭死有老麋屈膝求救使者曰東谷嚴四善謀試爲求計群獸從行樵者覘之至深巖有茅堂黄冠一人老麋哀請黄冠曰若令滕六降雪巽二起風卽蕭使君不出矣群獸散去翌日未明風雪大作竟日蕭果不出

天寶八年四月初一日太平縣東北村有王叟種瓜于陽坡未引蔓忽見紫衣金冠道人貌甚奇自東南來向叟處求瓜叟曰時維夏初花尚未吐安有瓜可獻乎道人引手指曰此瓜已熟何言無也叟隨所指尋之卽有瓜二枚馨香異常道人忽不見叟因獻之朝蒙賜賚兼勅于瓜田剏建琳宮賜額曰真遊

崔奇古冀州人應試東京過褫亭虎魅嘗噬人生乃攜酒食誘之旣而虎夜至酣酒脱皮爲一姿色女人熟睡

生攝皮投入琉璃井迨醒因求爲偶後生一男一女奇
宦廻復經此地婦從容詢前事生以實告遂向井取皮
皮已朽爛惟頷尚在婦取貼其額上旋復虎形入山奇
攜男女尋至壑見群虎聚嘯將男女投之虎接救與生
別
浮山縣西南之任張村有仙人張果墓在本村西嶺之
半名柏林坡即月山東麓也丘壟宛然士人禁樵牧不
得入其後裔見居本村溝南莊去壟可二里許云係果
家之舊址故老相傳其壟恒有異光多於夜分時見遇
太平則皎若曙星謂之萬年燈五代迄明屢起屢驗洪
永至成弘間光最盛自後漸希士人以年久無徵遂不
復信其事及萬曆乙卯忽又復見不踰紀復隱識者以
爲科甲興起之兆謂舉人高捷自陳孜登第後百年至
乙卯始發科故也
皇清壬子歲其光又見閃爍煒煌有似蓮炬士人私識以
驗之而諸生喬昌齡復中是科鄉試
普救將赴京都預示弟子六月十九日雨罷時予即歸
山抵京揭唐宗祈雨榜要皇后爲洗足雨始得唐宗從

之遂以穢水上潑霖霂頻注唐宗曰此真普救雨于是
普救謝而歸時六月十九也今逢其期多雨俗呼爲洗
足雨今普救寺在太尖山
政和間晉州出玄圭上一石緑色方三丈餘當中有文
曰堯天正其字如掌大而端楷類手畫者堯字居右天
字綴行于左都堂驗視礱石三分而字畫愈明又于堯
字之下隱約出一瑞字位置始均蓋曰天正堯瑞云
黄河有銅鐘水大水小常自浮出每晦朔陰雨之月輒
鳴聲響悲亮聞之愴然
宋大中祥符七年解州奏解鹽出于池歲收課利以佐
國用近水減鹽少虧失常課此係灾異不可不察奏入
上遣使往視使還報曰臣見一父老自稱城隍神令臣
奏云爲鹽池之患者蚩尤也忽不見上怪而疑之顧問
左右皆以灾異之生有神主之爲言上乃詔近臣呂夷
簡至解州池致祭事訖之夕夷簡夢神人戎衣怒而言
曰吾蚩尤也上帝命我主此鹽池今者天子立軒轅祠
軒轅吾讐也我爲此不平故絶水爾若急毁之則已不
然禍無窮矣夷簡還白其事侍臣王欽若曰蚩尤邪神

也臣知信州龍虎山張天師者能驅鬼神若令治之蚩尤不足慮也于是召天師赴闕上與之論蚩尤事對曰此必無可憂自古忠烈之士沒而爲神蜀將軍關羽忠而勇陛下禱而召之以討蚩尤必有陰功上問今何神也對曰廟食荆門之玉泉上從其言天師廼即禁中書符焚之移時一美髯人擐甲佩劒浮空而下拜于殿廷天師宣諭上旨曰蚩尤爲妖如此今天子欲命將軍爲民除害如何答曰臣敢不奉詔容臣會嶽瀆陰兵至彼并力爲陛下清蕩之俄失所在上與天師肅然起敬左右從官悉聞莫不讚嘆忽一日黑雲起于池上大風暴至雷電晦冥居人震恐但聞空中金戈鐵馬之聲久之雲霧收斂天日晴朗池水如故周匝百里守臣王忠具表以聞上大悦遣使致祭仍命有司修葺祠宇歲時奉祀

宋紹聖初御史周秩首論司馬温公誣謗先帝盡廢其法章惇蔡卞請發塚斵棺門下侍郎許將獨無言卞等退哲宗留將問曰卿不言何也將曰發人之墓非盛德事哲宗曰朕意與卿同乃不從止令奪贈謚仆所立忠

清粹德神道碑仆碑毁磨之際大風走石群吏莫敢近獨一匠氏揮斤而擊未盡碎忽仆于碑下而死

裴氏宰相五十二人中書侍郎九人尚書四十一人侍郎二十五人常侍三十三人刺史一百五十五人太守四十二人大將軍四十七人駙馬二十一人公九十人侯二十七人伯六人子十五人男十二人皇后三人太子妃四人

垣曲縣上壂坂村北山上石垣若墻堵然故名寨子山甚險峻山下有大池宋仁宗時大旱上遣使禱雨有應封淵德侯建祠池上每歲祀之後以密邇亳城改爲成湯廟元末明初群盜蜂起附近一十八村避寇寨子山盜圍不解人向廟默祝忽見空中有人馬行陳狀盜懼解圍一十八村乃得保全

洪武時解州下馬村有于保兒者娶本村汪氏女甫三日而戍南海汪氏家居以紡績爲業孝事舅姑竭盡其力每飯輙留米一匙積至月朔市香緡謁武安王廟以乞夫回乆之歲在丁卯三月二十三日晡保兒在彼爲總戎牧昏暮時王謂保兒曰汝思家否泣而告曰僕離

鄉萬里而瀚海隔絶何以能到王曰吾亦觧人寓官于
此今當西還卽欲往當偕行遂帶于馬後瞬息間墜于
下凴村之東壠遍體沾濕筋骸疼痛及旦𨓦匍匐而叩
諸耕者始知至家見父母與妻相持而哭備道囘家之
由乃知王神力之祐汪氏至誠之感伍中隨報逃卽保
兒是夜還家之明日也

大寧縣屈產泉險石對峙岸立爲峽泉流其中淵深莫
測相傳昔有白駒數飲此泉石印蹄跡迄今不滅靜中
忽有馬鳴之聲聞數十里俄卽雨至鄉人聽其聲以占
雨

隰州陸諒妻朱氏常虔奉真武香火諒死奉帝益虔一
日淨掃殿基獲一金磚黄光滿殿市人欲集分之倏而
虹霓電閃龜蛇盤繞衆駭異之首之州守蔣廷堅不信
令鑿之又見龜蛇集于廳下駭甚焚香祝帝匣封送至
武當明成祖金鑄聖像數次不就磚一入灌卽成勑賜
朱氏虔㒒歲給米布九十三歲無病沐浴更衣口呼真
武而逝

明成化壬寅冬聞喜縣董池氷忽裂鮮血迸出或于水

中得鱗甲若鑑時以爲龍蛻

涑水每歲冬夜間時聞冰裂聲城戍者遲見有物如羊自西來冰旁積兩旁至南橋回近年見于白晝冰自開裂水湧尺許逆流過南橋至呂庄河相傳昔有梅參將戰敗埶戟熱甚就水濯之化形而逝此其戟精或曰蛟也

襄陵賈庄佛寺金碧輝煌且甚幽邃每於日中闔門向窓隙窺之見佛像懷中大松一株翠葉扶踈啟户視則無有也

秦地一病夫遇醫療之不取謝第令立券囑云俟痊赴襄陵龍澍峪來謝後其人如約及至峪瞻禮神像宛肖前醫揷香於爐原券伏其中始知爲華大王之靈異

萬曆間襄陵西梁村賈人販于海外歸里日臨岸見一道人眉宇軒豁骨格俊異謂曰吾與若鄉里也若可寄吾家信及詢居址乃曰第過岸啟視吾函卽知吾居矣客登舟驚浪拍天舟不没者僅寸許閲日始渡海啟函止硃書子房送舟四字同舟人因于岸立子房公廟

禹跡圖石在稷山保貞觀石横二尺五爲方七十一竖

三尺爲方八十一共方五千七百五十一每方折地百
里志禹貢山川名古今州郡名山水地名刊刻極精今
壞
如意里戒定寺古柏一株其身五圍根盤處八圍上有
九枝俱似龍形中空處生一槐大兩圍枝屈曲如蛇盤
旋于柏枝九龍之上亦一奇物也
國朝順治二年翼城東一民家婦受娠後日漸黃瘦腹
膈間如有一物不時發吐至六閱月忽嘔血數升隨吐
一小兒長半尺許耳目口鼻悉具
康熙初年間翼城北關王牧龍妻姚氏產一女兒時歷
歷能道前生事或問之輒應曰兒夫爲諸生食餼家饒
富一妻二妾兒居其三生兩男一女夫頗嬖之一日夫
課租鄉間偶與次室某氏競遂爲某氏批其頰兒不勝
忿投繯死夫歸悲甚鞭某氏幾斃兒女環泣之聲宛其
在耳此語殊若不經然出自二三歲女郎之口又非能
誑言以欺人者也羊祜取環非態再生觀此益信
絳州東嶽廟有石像三幞帔而男者居中副褘而女者
列左右皆趺坐制甚古無碑可考舊額云禖袚之神或

日高禖祀以祈子之神也又云東方朔像其左右乃二
細君也漢武帝常令朔作禖祝禖祓卽禖祝也州人王
復初有考

閻同芳字金峰絳之三林里人居鄉以方直聞常募建
本莊關帝廟公正勤劬年七十微疾而卒入殮時已越
三日身軀頓長面色如生重生鬚髯其長過臍以手挽
之比常鬚爲弱釋之應手而舒里中觀者如堵莫不驚
爲神異又逝之日天未曉鄉隣王全見其策杖而行入
關帝廟容貌服色辨之最真初不知其旣没也馬永升
有表異紀畧

李能趙城桂林坊人正德年間充本縣皂隷爲人正直
有勇鄉有猛虎爲患令能捕之虎果隨能到縣民患遂
除歿後邑人立廟于城東門外半里許俗稱李將軍廟
康熙四十五年十月間仇池里忽有數虎爲害赴廟告
祭盡獲之虎患頓息

平陽府志卷之三十六

藝文

古今文章之大且多無如平陽典謨尚已龍門剏紀傳之體涑水開綱目之先景純音注發揮經籍書雖成於郡人而義不專繫乎郡故郡亦不得而私之在昔藝文標目始自孟堅彼所作者一代之史秘府藏策法不得畧故七畧具焉未可以此例郡乘也兹編所登或傳以事或傳以人或傳以地苟其有關掌故不必盡出里賢若夫名山雜錄閒窓偶吟鄉先生之鉅篇寧從闕焉作

藝文志

國朝

御製

世祖章皇帝諭恭順侯吳惟華勅

順治元年來寇氛熾逞荼毒生靈迫且禍及帝后我
大清國特起王師用殲逆寇茲已諭令臣庶哭臨改葬崇
上尊謚安輯畿輔定鼎於茲永無遷徙百爾臣民各
有寧宇因念遠方未即嚮風懷疑躑躅特遣重臣昭
宣德意期於頓銷鋒鏑用底康寧維三晉爲神京右
臂西聯秦省被賊蹂躪民不聊生亟宜相機撫輯爾
即馳往彼處諭使歸順其無逆命者城內官員報來
加級軍民商賈各復其業仍將歸順地方即取遵依
陸續具報其各府州縣經管錢糧戶口各鎮道衛所
經管官兵馬贏及夷漢兵丁各將原額及見存數目
分項細察備造清册申報念時方多事文官以佐二
武職以中軍各代賫京投遞如朱氏諸王宗室來歸

者照舊恩養不加改削山澤遺賢許所在官司從實報名以便徵聘起用其地方官賢能夙著禦侮保民確有功績查實具聞破格優擢如年力不堪闒茸貪婪應行更易者亦併奏奪其所過地方有鈌將吏文官知府以上武官副將以上察有賢能堪用即行題補其餘悉聽爾酌量委用仍將用過職名開報毋得濫及至於窮鄉下邑聲教不聞頑梗無知乘機嘯聚刼掠殃民爾即知會地方官及領兵等官多方解散如果不悛即立擒首惡以正王章仍寛其脅從使歸本業若有竊據城邑矯命雄行者當即馳聞聲罪致討必誅不宥一切招撫機宜勅內開載未盡者聽爾便宜舉行爾受茲重任務殫厥心力區畫盡善予不靳上賞以答殊勲如悠忽𢢽事責有所歸爾其勉之故諭

順治八年祭中鎮霍山文

惟神巒倚龍門峯盤太嶽竦汾挹絳育物福民朕誕膺天命祗荷神庥特遣專官用申殷薦惟神鑒焉尚

饗

順治八年祭媧皇氏文祭商湯王同

自古帝王受天明命繼道統而新治統聖賢代起先後一揆功德載籍炳如日星朕誕膺天眷紹纘丕基景慕前徽圖追芳躅明禋大典用宜肇隆敬遣專官代將牲帛爰修殷薦之誠用展儀型之志伏惟格歆

尚其鑒饗

順治八年祭西海河瀆文

皇帝遣鑾儀衛協理衛事都督同知喬可用致祭於西海之神曰維神潛通兌澤涵潤坤維行化成深流謙爲紀朕誕膺天命奄有多方謹遣專官代陳殷薦伏惟

鑒饗

順治十八年祭西海河瀆文

皇帝遣工部右侍郎李呈祥致祭於西海之神曰惟神靈
鍾坎德萬水所宗涵潤坤維廣滋萬類朕誕膺天命
仰賴神庥特遣專官用申殷薦惟神鑒焉

康熙六年祭中鎮霍山文
惟神巒倚龍門峯盤太岳疏汾挹澤育物福民朕躬
親政務祗荷神休特遣專官用申殷薦惟神鑒焉

康熙六年祭河瀆神文
惟神崑崙毓盛雲漢注精九曲滙流萬潤萬品朕躬
親政務祗荷神庥特遣專官用申殷薦惟神鑒焉

康熙六年祭西海神文
惟神潛通兌澤涵潤坤維衍化成深流謙爲紀朕躬
親政務祗荷神庥特遣專官用申殷薦惟神鑒焉

康熙七年祭媧皇氏文　祭商湯王同

自古歷代帝王繼天立極功德並隆治統道統昭垂
奕世朕受天眷命紹纘丕基庶政方親前徽是景明
禋大典亟其肇修敬遣專官代將牲帛爰昭殷薦聿
備欽崇之禮伏惟格歆尚其鑒饗

康熙二十一年祭中鎮霍山文

惟神高俯龍門尊臨太岳環汾控晋綱紀並條朕祇
承神祐疆宇蕩平特遣專官用申殷薦惟神鑒焉

康熙二十一年祭河瀆神文

惟神崑崙毓盛雲漢應祥九曲滙流溥潤萬品朕祇
承神祐疆宇蕩平特遣專官用申殷薦惟神鑒焉

康熙二十一年祭西海神文

惟神淵源兌澤包絡坤維溥德含生弘施潤物朕祇
承神佑疆宇蕩平特遣專官用申殷薦惟神鑒焉

康熙二十三年祭中鎮霍山文

惟神協尊嵩室峙鎮岳陽坤極宅中萬類滋大朕祗
承神祐考禮時巡特遣專官用申殷薦神其鑒焉

康熙二十三年祭河瀆神文
惟神源發崑崙瀾洄積石枝分九曲澤潤羣生朕祗
承神祐稽古省方特遣專官用申殷薦神其鑒焉

康熙二十三年祭西海神文
惟神氣涵西極潤溥金行坎位先天兌方悅物朕兹
省方時邁稽古常經特遣專官祗修祀事神其鑒焉

康熙二十七年祭媧皇氏文　祭商湯王同
自古帝王受天明命御曆膺圖時代雖殊而繼治同
道先後一揆朕承眷佑臨制萬方稽古禮文肅修祀
事兹以
皇祖妣孝莊仁宣誠憲恭懿翊天啓聖文皇后神主升祔
太廟禮成特遣專官代將牲帛虔修禋祀之典用抒景行
之忱仰冀明靈鑒兹誠悃

康熙二十七年祭中鎮霍山神文

惟神鍾奇觀阜作鎮中岳澤沛山河功符二室朕纘
承祖宗丕基虔恭明祀兹以
皇祖妣孝莊仁宣誠憲恭懿翊天啓聖文皇后神主升祔
惟神鑒焉

康熙二十七年祭河瀆神文

惟神崑崙衍派積石洄瀾綱紀北條控引南服朕纘
承祖宗丕基虔恭明祀兹以
皇祖妣孝莊仁宣誠憲恭懿翊天啓聖文皇后神主升祔
太廟禮成特遣專官用申秩祭惟神鑒焉

康熙二十七年祭西海神文

惟神氣本金生德偕兑悦涵濡萬彙功奠西陲朕纘
承祖宗丕基虔恭明祀兹以
皇祖妣孝莊仁宣誠憲恭懿翊天啓聖文皇后神主升祔
太廟禮成特遣專官用申秩祭惟神鑒焉

康熙三十五年祭中鎮霍山神文

惟神高峙嶽陽尊同嵩室靈爽孔赫作鎮中區朕勤恤民依永期殷阜邇年以來郡縣水旱間告年穀歉登早夜孜孜深切軫念用是專官秩祀冀雨暘之時若庶稼穡之屢豐惟神鑒焉

康熙三十五年祭河瀆神文

惟神瑞啓圖書源通星海千里浥潤四瀆稱宗朕勤恤民依永期殷阜邇年以來郡縣水旱間告年穀歉登早夜孜孜深切軫念用是專官秩祀爲民祈福冀雨暘之時若庶稼穡之屢登惟神鑒焉

康熙三十五年祭西海神文

惟神衍派坤區儲精兌澤百川咸會布德流膏朕勤恤民依永期殷阜邇年以來郡縣水旱間告年穀歉登早夜孜孜深切軫念用是專官秩祀爲民祈福冀雨暘之時若庶稼穡之屢登惟神鑒焉

康熙三十五年祭媧皇氏文

自古帝王繼天出治道法兼隆莫不慈惠嘉師覃恩遐邇朕勤恤民依永期殷阜邇年以來郡縣水旱間告年穀歉登早夜孜孜深切軫念用是專官秩祀爲民祈福冀靈爽之默贊溥利樂於羣生尙鑒精忱俯垂歆格

康熙三十六年祭中鎭霍山神文

惟神靈標顯赫位鎭中央衍澤橫汾齊名泰嶽朕以勦除狡寇三履遐荒期掃邉塵乂安中外今者祗承神佑塞北永清用告成功專官秩祀惟神鑒焉

康熙三十六年祭河瀆神文

惟神通靈天漢包絡人寰九曲安瀾萬物普潤朕以勦除狡寇三歷遐荒期掃邉塵乂安中外今者祗承

神祐塞北永清用告成功專官秩祀惟神鑒焉

康熙三十六年祭西海神文

惟神德潤金方功滋兑澤涵濡萬彙翕受衆川朕以勦除狡寇三履遐荒期掃邊塵乂安中外今者祗承神祐塞北永清用告成功專官秩祀惟神鑒焉

康熙三十六年祭媧皇氏文　祭商湯王同

自古帝王受天景命制治綏猷必禁暴除殘以乂安黎庶緬懷往烈道實同符朕欽承帝祉臨御九區茲以狡寇跳梁親征漠北蕩滌邪氛廓清邊徼永消兵革以與普天率土樂育太和敬遣專官代將牲帛昭告在先哲后虔修禋祀式彰安攘之模用展景行之志仰企明靈俯垂鑒饗

康熙四十二年祭媧皇氏文　祭商湯王同

自古帝王繼天立極出震承乾莫不道洽寰區仁周遐邇朕欽承丕緒撫馭兆民思致時雍常殷惕勵茲歷四十餘載今歲適屆五旬宵旰兢兢無敢暇逸漸致民生康阜世運昇平頃因淮黄告成親行巡歷再授方畧善後是期觀民志之歡欣滋朕心之軫恤茲回鑾馭大沛恩膏用遣專官敬修祀典伏冀默贊丕隆之治益弘仁壽之休尚鑒精誠俯垂昭格

康熙四十二年祭媧皇氏文

朕勤求治理眷念西陲農隙巡行省方問俗適河東之大郡睇古帝之舊陵松栢猶存感懷往昔惟帝功垂人世名著簡編承皇初沕穆之風啓中古文明之治考稽歲遠瞻企心殷特遣專官用申禋祀神其鑒格尚克來歆

康熙四十二年祭中鎮霍山之神

惟神望重八紘功齊二室靈威丕赫作鎮中方朕祗
承休命統馭寰區夙夜勤勞殫思上理歷茲四十餘
載今者適屆五旬海宇昇平民生樂業見輿情之愛
戴沛下土之恩膏特遣專官虔申秩祀尚憑靈貺益
錫蕃禧佑我國家共登仁壽神其鑒焉

康熙四十二年祭河瀆神文

惟神雲漢通源圖書肇錫百川咸納四瀆稱宗朕祗
承休命統馭寰區夙夜勤勞殫思上理歷茲四十餘
載今者適屆五旬海宇昇平民生樂業見輿情之愛
戴沛下土之恩膏特遣專官虔申秩祀尚憑靈貺益
錫蕃禧佑我國家共登仁壽神其鑒焉

康熙四十二年祭西海神文

惟神布濩坤維涵濡兌澤德敷萬類惠濟百昌朕祗
承休命統馭寰區夙夜勤勞殫思上理歷茲四十餘

載今者適届五旬海宇昇平民生樂業見輿情之愛戴沛下土之恩膏特遣專官虔申秩祀尚憑靈貺益錫蕃禧祐我國家共登仁壽神其鑒焉

歷朝御製

詔

漢宣帝嘉霍光詔

大司馬大將軍博陸侯宿衛孝武皇帝三十餘年輔孝昭皇帝十有餘年遭大難躬秉義率三公諸侯九卿定萬世策以安宗廟天下蒸庶咸以安寧功德茂盛朕甚嘉之復其後世疇其爵邑世世毋有所與功如蕭相國

誥

唐太宗贈堯君素誥

隋故鷹擊郎將堯君素雖桀犬吠堯有乖倒戈之志而疾風勁草實表歲寒之心可贈蒲州刺史仍訪子

孫以聞

宋眞宗追封介之推誥

惟神之生嘗以羈靮從晉侯行天下而不言祿晉人思之卒與其母隱死于深山而不顧可謂忠廉自信之士矣則其歿也宜爲明靈血食于其土守臣來告有禱必從庇民之德是不可以無報錫命侯爵神其享之宜特封潔惠侯

宋孝宗追封關羽誥

生立大節與天地以並傳沒爲神明亘古今而不朽荆門軍當陽縣顯烈神壯繆義勇武安王名著史册功存生民一方所依千載如在凡有禱于水旱雨暘之際若或見于焄蒿悽愴之間英烈言言可畏而仰廟貌奕奕雖遠益新爰啓王封仍加美號豈特顯爾神威德之盛亦以慰此邦父老之情倘祈靈聰服我

休顯可特封壯繆義勇武安英濟王奉勅如右

明憲宗贈薛瑄誥

制曰國家於輔治之臣生旣榮之爵祿没必加之贈諡者所以表勞勛而篤始終之義也故致仕禮部左侍郎兼翰林院學士薛瑄賦資純實學問淵源早登甲科久歷官路操存廉慎清名克厲乎士風履行端方素志允諧於臣節比參密勿益著謀猷屬當委任之隆遽獲退休之請謂雖優老於田里猶堪表俗于鄉閭胡不憗遺倏然長逝爰厚加於䘏典用彰異於才良兹特贈資善大夫禮部尙書諡曰文清嗚呼輸忠盡職生已薦進於崇階稽行易名没可垂光于永世恩榮始終夫何憾焉靈其如在服兹嘉命

勅

宋神宗授司馬光勅

敕策牘之書論誤所職必資良直之美用暢婉微之風我得名才允當遴選以爾翰林學士兼侍讀學士朝散大夫右諫議大夫知制誥編修歷代君臣事迹詳定封事判尚書都省兼提舉萬壽觀公事兼提舉司天監公事同詳定轉對臣寮所上封章柱國河内郡開國侯食邑一千三百戶食實封貳伯戶賜紫金魚袋司馬光學足以通古今之變文足以昭典册之華執經露門覜詔鑾苑而介靖之操既表儀於禁塗論議之公亦補削於時道朕惟國必有史官難其人所以謹後世之傳明四方之志載筆之命皆曰爾宜固能詳前代著作之規舉一時褒沮之法惟爾所善弗假訓言可特授依前右諫議大夫翰林學士兼侍讀學士知制誥充史館修撰散官差遣勳封食實封賜如故

碑記

宋眞宗大中祥符四年汾陰二聖配饗碑記

朕緬觀書史歷覽前王莫不事天明事地察以明察
之志格天地之休在乎祇畏於神靈嚴恭於祭祀誠
明昭感墜典由是咸修祉福來同蒸民以之交泰乃
知蕭鄭之薦方嶽之瘞禮莫大於萃文其可以闕朔
復安貞之理博厚之功竅以山川麗乎草木書云剛
克乾健是承易曰無疆資生攸在豈止屬事於北正
同禮于泰壇乎脽上者汾水之曲巨河之濆蔽魏之
國都舊晉之疆土其俗富庶接秦雍之郊其民忠淳
被虞夏之教地形詭異神道依憑中斷洪流揭成高
阜俯聯修壞掘起而崔嵬下望平臯斗絕而盤鬱故
得傳于簡策降厥禎祺漢武採方丘之儀視泰時之
制因兹告土祀乎坤元絳光燭壇始彰厥應黃雲覆
鼎復啓其祥是以百穀蕃滋本枝茂盛綿載禩而雖
久聽兆域而尚存唐　宗回輿於洛京省方于異野
祝靈場之未泯思多稼之能祈潔粢豐盛親享者再
至景風甘雨大有者累年斯又精意感通珍符丕顯
旣琁琰之斯刻亦棟宇之雲興眷命俯臨丕基肇建
大祖啓運立極英武聖文神德宏功大孝皇帝應天

意順人心察璿璣麾金鉞揖讓以開國征伐以濟民
天下書文自斯而一域中黎獻由是而蘇合於上蒼
佑乎率土太宗至仁應道神功聖德文武大明廣孝
皇帝承大統恢至神御轟圖調玉燭武戡定而不殺
文經緯而化成三代典型從茲而復四方風俗因此
而同醇化滂流丕功盡善顧惟眇質嗣守鴻猷雖日
繼明未能燭理徒云涉道罔獲知方常用戰兢靡思
逸豫惟祖宗之積慶暨穹壤之垂祥政得其宜人無
其怨九德咸事四表來賓中夏六寧聊存於尉候殊
方一貫已息于櫜鞬予且何功神實垂佑曩者從袞
望答秘文東狩以覲民上封而紀號盛禮斯舉先志
紹成陟配岱宗孝思克展歸格藝祖慶賜方周內顧
之懷彌深於若厲盛德之事豈假于薦馨而蒲坂之
民河東之守咸言坤載茂育羣生實有方壇備存舊
址囊封奏御遐達於衆情端冕接神期覲於巨禮眷
惟寡昧何敢竊當始詔公車俾從拒絕豈期庶尹復
貢僉謀以爲答昊天祈繁祉后辟之職也烝黎之願
也止之則謙尊之德在于一人行之則紛委之禧集

于兆姓念固辭而靡獲乃增惕而勉從由是發至誠
告有位充於祀事畏乎儉而無畏乎豐奉於朕躬戒
乎繁而勿戒乎簡蓋以達精意非以振休聲上下克
諧人神交暢役不愆素工靡告勞厥日惟良厥儀斯
備臨遣上宰柴[illegible]于圜丘祇率百官祼獻於清廟旣
而整羽衛駕車輿不喧不譁以涉乎夷路有嚴有翼
爰屆乎名區由復揆靈辰具嘉薦惟精惟一以奉乎
苾芬必躬必親如觀乎髣髴並配二后昭累盛之基
咸秩五方報嘉生之惠序圖籙遵介丘之規用犧牲
若北郊之度八成而來格三獻而肅祇乃命三公纍
石以封信祠乃驅五輅執爵以謁嚴祠將達至虔豈
循常典誠恐行之不及周有知而弗爲旣而考彌文
頒渥澤朝羣后撫庶民存問耆年觀覽舊俗加隆於
先哲增重於明神固不足慰來休之誣亦庶幾協時
延之典噫綿絕以降垂衣而上商周之前莫能纘述
漢唐之際可得詳言元鼎之隆開元之盛咸駐蹕於
鄈上並奠玉於澤中今予冲人踵茲盛則可以追美
於二代交歡於三神唯當竭寅畏之心增乾鞏之志

事明祇而如在視黙首而如傷居安思危無忘於齋懍守成如始常奥於和平一以繼慶靈一以達眷佑至若刊樂石鏤信辭亦期昭錫類之仁傳乎不朽奉持盈之訓保乎益恭

銘曰

博哉厚載　至矣柔祇　穹旻比大　生植攸資
乃育嘉穀　以食蒸黎　成德必報　明祠在斯
瞻言脽上　允居汾曲　赤伏膺符　黃靈受籙
咸著輝景　並昭祉福　肇建靈壇　式陳嘉玉
舊域雖在　盛禮莫陳　洪惟先后　俾乂兆民
實開丕緒　以暨冲人　嶽猷仰繼　闕典咸伸
初俾元封　方增惕厲　河潼之民　縉紳之士
徯望何勞　奏章疊至　願舉巡方　期覲明祀
堅辭靡獲　衆望俯從　乃奉寶籙　言駕蒼龍
親陟壇墠　並配祖宗　式申昭薦　庶達寅恭
旣展至誠　爰須巨慶　佑降兩儀　功歸二聖
祇答丕休　勵精庶政　刻鏤貞珉　發揮駿命

祭文

明洪武三年祭西海文

生同天地浩瀚之勢旣雄深淺之處莫測古昔人君名之曰海神而祀之於敬則誠於禮則宜自唐以及近代皆加封號予因元君失馭四方鼎沸起自布衣承上天后土之祐百神之助削平暴亂以主中國職當奉天地享鬼神以統一人民法宜式古今寰宇旣清特修祀儀因神有歷代之封號予起寒微詳之再三畏不敢效蓋覲神之所以生與穹壤同立於世其來不知歲月幾何凡施爲造化人莫可知其職必受命於上天后土爲人君者何敢預焉予懼不敢加號以西海名其名依時祭祀惟神鑒知

明洪武三年祭河瀆文

源於崑崙其行也曲屈其激也有聲浩浩蕩蕩汹湧莫測自有天地則有之古之人君尊曰河瀆之神未

嘗加號於敬則誠於禮則宜自唐始加神之封號歷代相因至今曩者元君失馭海內鼎沸予起布衣承上天后土之命百神陰祐削平暴亂正位稱尊職當奉天地享鬼神以統一人民法宜式古今寰宇既清特修祀儀因神有歷代之封號予起寒微詳之再三畏不敢效蓋神與穹壤同始其來不知歲月幾何神之所以靈人莫能知其造化必命於上天后土為人君者何敢預焉予懼不敢加號特以西瀆大河名其名依時祀神惟神鑒知

明洪武三年祭告中鎮文

屹立霍州作鎮中央生同天地形勢巍然古先帝王察地利以安生民故祀之曰霍山於敬則誠於禮則宜自唐始加神之封號歷代相因至今曩者元君失馭海內鼎沸生民塗炭予起布衣承上天后土之命百神陰祐削平暴亂正位稱尊職當奉天地享鬼神以統一人民法當式古今寰宇既清特修祀儀因神

有歷代之封號予起寒微詳之再三畏不敢效蓋神與穹壤同始其來不知歲月幾何神之所以靈人莫能測其職必受命於上天后土爲人君者何敢預焉予懼不敢加號特以中鎮霍山名其名依時祀神惟

神鑒知

明洪武四年祭商成湯文

曩者有元失馭天下紛紜朕由此集衆平亂統一天下今已四年矣稽諸古典自堯舜繼天立極列聖相傳爲蒸民主者陵各有在雖去千古百餘載時君當修祀之朕典百神之祀故遣官賫牲醴奠祭修陵君靈不昧尚惟歆饗

明洪武四年祭媧皇氏文

惟神功施于時德𠇍後世仰瞻陵寢必當愼祀朕有天下首勅所司凡有古先帝王陵寢常加修理以附

近人户看守當年祭祀已著成式尚慮追崇禮有未至故於三年秋祭特致其嚴神其鑒知

銘

堯宸銘

戰戰栗栗日慎一日人莫躓於山而躓於淵

夏禹治水碑銘

承帝令襲翼爲援弼欽塗陸登島瀉端鄉邑仔儱流船暗歇遲眠即夙訖冬次岳麓屏陌列甾析咄閉壇疆往求出竅華恒泰衡嵩陲事衰獻稃挺禋鬱濬塾徙南暴幅員節别界聯魑魅夔魍竄舞蒸彝

唐德宗宸扆台衡二銘有序

朕每覽上古之書及唐虞之際君臣相得聖賢同時日夕孜孜講論治道或陳其鑒誡或諷以歌詠

煥乎典謨百代是式有以見啓沃之道理化之端意甚慕之而未能逆也頃靈鹽節度使杜希全著書上獻多所規諫聊爲君臣箴用答其意河東等道副元帥司徒燧固請勒石貽厥後人朕以文旣非工義又非備垂諸後裔良所愳焉起予者商因之有作庶乎朝夕自儆且俾後代知我文武殷邦之臣歟

宸扆銘曰天生蒸人性質元淳嗜欲交馳利害糺紛無主乃亂樹之以君九域茫茫萬情云云目不備覩耳難備聞覩之聞之矧又非眞事失其源道遠莫覩理得其要化行如神失源維何不自正身正身之方先誠其意罔縱爾欲罔載爾僞體道崇德本仁率義必信若寒暑無私象天地感而遂通百慮一致任人之術各當其器捨短從長理無求備事多總集衆才咸遂知而必任任而勿貳以天下之目爲鑒我鑒斯明以天下之心爲謀我謀則智求賢惟廣辨理惟精逆耳咈心必嘉乃誠順旨苟容以察其情斥去奸諛全度忠貞先人立言爲代作程諤諤者昌唯唯者傾

繫以興亡易云其輕承天子人夫豈不貴伊昔哲王夙夜祇畏馭朽爲戒納隍爲志神將害盈天匪假易四海爲家夫豈不富伊昔哲王勤儉固陋土階罔飾露臺罷搆遠奇技淫巧放珍禽異獸敬之慎之天其永佑欲令必行順人之情欲誠必著清己之慮心無億詐事必忠恕凡將有爲靡不三思喜怒以節動靜以時毫釐或差禍福亦隨慢易厥初悔其易追刑不可長武不可恃作威逞勢厲階斯起垂旒蔽明黈纊塞耳含弘光大是以爲美覆之如天愛之如地仁心感人率土此理嗟予寡昧嗣守丕圖冕㦸薦興德化未孚大業兢兢其敢以渝俯察物情仰稽典謨作戒斯言寘於座隅

台衡銘曰天列台星垂象於人聖人則天亦建輔臣以翼以弼爲衡爲鈞如耳目應心如股肱運身是則同體孰云非親陰陽相推四序成歲君臣相得萬邦作乂感同風雲合若符契以道匡救盡規獻替木必從繩金其作礪帝者之盛時維陶唐乃聞疇咨側陋明揚洎乎有虞二八傳芳爰迨伊尹相於成湯載生

姜牙諒彼武王道無不行謀無不臧君聖臣賢泰運
時康漢高既興蕭曹亦彰烈烈我祖應期而昌剗滅
羣兇砥平四方維衛及英啓關封疆日房與杜振理
維綱亦有魏徵忠謇昂昂偉茲衆材爲棟爲梁蕩蕩
巍巍邦家有光是知道之興廢係於時主主之得失
資於台輔經之以文緯之以武出爲方伯入爲申甫
絕維載張闕袞斯補惟德是依惟才是求人不易知
德亦難周傳說版築夷吾射鈎任之不疑千載垂休
體於至公何鄙何讐追維哲王必賴良弼矧予不德
昧于理術師旅繁起政刑多失遘茲艱屯夙夜祗慄
翊我戴我實維勳賢內熙庶績外總十連威武載揚
謀猷日宣長城壓境巨艦濟川同德同心扶危扶顛
予喜爾誠爾相予理惟后失道亦臣之恥自昔格言
慎終如始功藏鼎彝道冠圖史無俾伊傅克專厥美
作鑒勒銘永世是紀

宋眞宗訓廉銘　頒刊平陽治

周典六計吏治條陳以廉爲本乃良而循肆彼貪虐與豺虎均肥於其家多瘠吾民縱逭於法愧其冠紳貨悖而入菑及後人我朝忠厚黜貪爲人咨爾羣辟是訓是尊

宋眞宗訓刑銘

民吾同胞疾痛猶已報虐以威刑非得已卹惟祖宗若保赤子明謹刑獄惻怛溫言金科玉條毫析銖累夫何大吏蔑棄法理逮於郡邑濫用笞箠輿聽朕言式克欽止

歌

帝堯神人暢

清廟穆兮承予宗百寮肅兮于寢堂醴禱進福求年豐有韶在坐敕于爲害在𠀠中欽哉昊天德不隆承命任禹寫中宮

虞舜南風歌

南風之薰兮可以解吾民之愠兮南風之時兮可以阜吾民之財兮

虞舜古風歌

陟彼歷山兮崔嵬有鳥翔兮高飛瞻彼鳩兮徘徊河水洋洋兮清冷深谷鳥鳴兮嚶嚶設罥張罝兮思我父母力耕日與月兮往如馳父母遠兮吾將安歸

虞舜南風操

反彼三山兮商嶽嵯峨天降五老兮迎我來歌有黄龍兮自出于河負書圖兮委蛇羅沙案圖觀讖兮閔天嗟嗟擊石拊韶兮淪幽洞微鳥獸蹌蹌兮鳳皇來儀凱風自南兮喟其增悲

虞舜卿雲歌

卿雲爛兮糺縵縵兮日月光華旦復旦兮八伯咸進稽首而和明明上天爛然星陳日月光華弘于一人帝乃載歌曰日月有常星辰有行四時順經萬姓允誠於予論樂配天之靈遷于賢善莫不咸聽鼚乎鼓之軒乎舞之菁華已竭褰裳去之

虞舜祠田辭

荷此長耜耕彼南畝四海俱有

夏禹襄陵操

嗚呼洪水滔天下民愁悲上帝愈咨三過吾門不入父子道衰嗟嗟不欲煩下民

漢武帝秋風辭

秋風起兮白雲飛草木黃落兮鴈南歸蘭有秀兮菊有芳懷佳人兮不能忘泛樓船兮濟汾河横中流兮

揚素波簫鼓鳴兮發棹歌歡樂極兮哀情多少壯幾
時兮奈老何

詩

唐玄宗早發蒲津

鐘鼓嚴更曙山河野望通鳴鑾下蒲坂飛旆入秦中
地險關逾壯天平鎮尚雄春來津樹合月落戍樓空
馬色分朝景雞鳴逐曉風所希常道泰非復棄繻同

唐玄宗登蒲州逍遥樓

長榆息烽火高柳靜風塵北征巡九洛展豫出三秦
昔是潛龍地今爲上理辰持平乘道泰聊賞遇年春
黄河分地絡飛觀接天津一覽遺芳翰千載肅如神

唐文宗賜裴度詩

注想待元老識君恨不早我家柱石衰憂來學丘禱
朕集中欲得卿唱和詩故令示此卿疾未差可異
日進來

宋眞宗祀汾陰禮成詩

雲岱尊先志汾脽狥衆情爲民祈稔歲擇日奏嘉牲
述職諸侯至丁辰茂典成靈祇頒祉福信史著聲名
夙夜精心達華夷慶賜行非因承景貺豈覆薦豐盛
昭感慚馨德來同荷上清愈思增惕厲勤政泰羣生

表疏

謝河東節度表　唐郭子儀

祗拜休命內揣薄才委任專崇周章失據申謝臣聞邊之安危係于所用事之成敗諒在先謀故寸壁必求良工尺金亦資善製況夫謀兼智勇備列戎旃自守封疆頻淹歲序肅將朝筭剪滅亢徒此乃天工匪惟臣力陛下不遺犬馬命以驅馳收其分寸之勞加以丘山之賞禮因位重恩與日深常恐顛危不克負荷所以非有陳讓乞停范陽而手詔曲垂不蒙允許退就私室切愧明時素飡之詩自臣攸作今又更承獎命兼以河東邊境相連三千餘里烽燧列警斥候須明雖則居安終資有備以臣獨制謂必無失然以能處一事身任一官尤擇其人且愧曠職況臣旁綰三節控帶數藩智有所不周心有所不及兵權倘失奔馳寧追實慮授受乖宜簡書是畏時望矜臣不逮察臣愚誠更選良能付以旄鉞則樵夫絕議官序有

倫

謝副元帥河中節度使表　唐郭子儀

寄深臣輔任切安危寵命曲臨憂惶如灼臣某臣智術凡淺才畧無聞承日月之光遇風雲之會自奉先帝徇以驅馳被甲卽戎載罹寒暑比憑朝筭克振天聲雖毫髪之功曾無足紀竟不能掃蕩妖孽使八方攸同謬踐中樞仍叨上將分茅錫社榮冠一時縷縷之誠切自增愧今又猥蒙驅策出鎮河中授臣以連帥之權委臣以專征之務雖才輕方召而任比桓文此陛下除奸之時乃微臣死難之日切見自古忠義之士莫不扶危救禍憂國忘家雖在暮年猶思報主則廉頗強飯馬援據鞍以臣方之有甚前哲軍國事重不敢固辭誓竭股肱之力以副腹心之寄儻皇猷獲展寇難克平殞身戎行實無所恨

謝賜資治通鑑序表　宋司馬光

臣光言伏蒙聖恩命臣讀所修資治通鑑仍面賜御
製御書序一篇者臣性識駑鈍學問空淺偶自幼齡
粗涉羣史常欲芟去蕪雜發揮精僞窮探治亂之迹
上助聖明之鑑功大力薄任重道悠徒懷寸心行將
白首伏遇先皇帝若稽古道博采微言俾摭舊聞遂
伸微志尚方紙墨分於奏御之餘內閣圖書從其假
借之便未遑汗簡已泣遺弓陛下祗服駿命丕承前
烈臣以屬稿有緒不可不成爰詔所爲不敢不上銓
次無法牴牾實多仰污覽觀伏須罪戾豈謂皇帝陛
下赦其狂簡賞其專勤思所以旌異於佗書焜燿於
羣下特發殊恩不用常例屬當勸講之始俾參經史
之末迨此清閒命之進讀而又序其本原冠於篇帙
發言爲典肆筆成書炳蔚互變如虎豹之明灝噩無
涯逾商周之盛況復褒貶是非古人有所未至造端
立意愚臣不能自言陛下一賜指陳渙然氷釋至於
博而得其要簡而周於事典刑之總會册牘之淵林
臣實何人克甚此語若乃嘉文宣以作則援正觀而
爲師茲實生民之福豈伊微臣之幸竊以周之南董

漢之遷固皆推高一時播美千載未有親屈帝文特紆宸翰曲蒙奬飾大振輝光如臣樸樕小才固非先賢之比便蕃茂澤獨專後世之榮退自揣循殆無容措遂使螢爝末照依日月以永存草木常明附天地而不朽臣不任懇欵之至

進資治通鑑表　宋司馬光

臣光言先奉勑編集歷代君臣事迹又奉聖旨賜名資治通鑑今已了畢者伏念臣性識愚魯學術荒疎凡百事爲皆出人下獨於前史粗嘗盡心自幼至老嗜之不厭每患遷固以來文字繁多自布衣之士讀之不徧況於人主日有萬幾何暇周覽臣常不自揆欲删削冗長舉撮機要專取關國家興衰繫生民休戚善可爲法惡可爲戒者爲編年一書使先後有倫精粗不雜私家力薄無由可成伏遇英宗皇帝資睿智之性敷文明之治思歷覽古事用恢張大猷爰詔下臣俾之編集臣夙昔所願一朝獲伸踴躍奉承惟

懼不稱先帝仍命自選辟官屬於崇文院置局許借
龍圖天章閣三館秘閣書籍賜以御書筆墨繒帛及
御前錢以供果餌以丙臣爲承受眷遇之榮近臣莫
及不幸書未進御先帝違棄羣臣陛下紹膺大統欽
承先志寵以冠序錫之嘉名每開經筵常令進讀臣
雖頑愚荷兩朝知待如此甚厚隕身喪元未足報塞
苟智力所及豈敢有遺會差知永興軍以衰疾不任
治劇乞就冗官陛下俯從所欲曲賜容養差判西京
留司御史臺及提舉嵩山崇福宮前後六任仍聽以
書局自隨給之祿秩不責職業臣既無他事得以研
精極慮窮竭所有日力不足繼之以夜徧閱舊史旁
采小說簡牘盈積浩如煙海抉擿幽隱校計毫釐上
起戰國下終五代凡一千三百六十二年修成二百
九十四卷又畧舉事目年經圖緯以備檢尋爲目錄
三十卷又參考羣書評其同異俾歸一塗爲考異三
十卷合三百五十四卷自治平開局迨今始成歲月
淹久其間牴牾不敢自保罪負之重固無所逃臣重念
臣違離闕庭十有五年雖身處于外區區之心朝夕

痌瘝何嘗不在陛下之左右顧以駑蹇無施而可是以專事鉛槧用酬大恩庶竭涓塵少裨海嶽臣今筋骸癯瘁目視昏迷齒牙無幾神識衰耗目前所爲旋踵遺忘臣之精力盡於此書伏望陛下寬其妄作之誅察其願忠之意以清閒之燕時賜省覽監前世之興衰考當今之得失嘉善矜惡取是捨非足以懋稽古之盛德躋無前之至治俾四海羣生咸蒙其福則臣雖委骨九泉志願永畢矣

諫幸汾陰疏　宋孫奭

先王卜征五年歲習其祥祥習則行不習則增修德而改卜陛下始畢東封更議西幸殆非先王卜征五年慎重之意其不可一也夫汾陽后土事不經見昔漢武帝將封禪故先封中嶽祀汾陰始巡幸郡縣遂有事泰山今陛下既巳登封復欲幸汾陰其不可二也古者圓丘方澤所以郊祀天地今南北郊是也漢初承秦惟立五畤以祀天而后土無祀故武帝立祀於汾陰自元成以來從公卿之議遂徙汾陰后土於

北郊後之王者多不祀汾陰今陛下已建北郊乃舍
之而遠祀汾陰其不可三也西漢都雍去汾陰至近
今陛下經重關越險阻輕棄京師根本而慕西漢之
虛名其不可四也河東唐王業之所起也唐又都雍
故明皇間幸河東因祀后土聖朝之興事與唐異而
陛下無故欲祀汾陰其不可五也昔者周宣王遇災
而懼故詩人美其中興以爲賢主比年以來水旱相
繼陛下宜側身修德以答天譴豈宜下徇姦回遠勞
民庶盤游不已忘社稷之大計其不可六也夫雷以
二月出八月入者也育養萬物有人君之象失時則
爲異今震雷在冬爲異尤甚此天意丁寧以戒陛下
而反未悟殆失天意其不可七也夫民神之主也是
以聖王先成民而後致力於神今國家土木之功累
年未息水旱作沴饑饉居多乃欲勞民事神其享之
乎此其不可八也作善降之百祥作不善降之百殃
未聞嵩事籩豆簠簋可邀神福春秋傳曰國將興聽
於民將亡聽於神愚臣非敢妄議惟陛下終賜裁擇

罪言疏　　元郝經

竊聞天所畀與而能奉承是謂應天畀與而弗之應是謂棄天天可棄乎故凡有天下國家者雖一民尺土莫敢忽而不治非惟應天亦所以奉天也國家光有天下五十餘年包括綿長亘數萬里尺壍所及莫不臣服惜乎綱紀未盡立法度未盡舉治道未盡行天之所與者未盡應人之所望者未盡允也比年以來關右河南北之河朔少見治具而河朔之不治者河東河陽爲尤甚近歲河陽三城亦在湔濯分裂頓滯者獨河東而巳夫河東表裏山河形勝之區控引裔夏瞰臨中原古稱冀州天府南面以蒞天下而上黨號稱天下之脊故堯舜禹三聖更帝迭王互爲都邑以固鼎命以臨諸侯爲至治之極降及叔世五伯迭與晉獨爲諸侯盟主百有餘年漢晉以來自劉元海而下李唐後唐石晉劉漢皆由此以立國金源氏亦以平陽一道甲天下故河東者九州之冠也可使分裂頓滯極於困弊乃居九州之下乎竊惟國家封

建置度不獨私強本幹與親賢共享示以大公既分本國使諸王世享如殷周諸侯漢地諸道各使侯伯專制本道如唐藩鎮又使諸侯分食漢地諸道侯伯各有所屬則又如漢之郡國焉尊卑相維強弱相制與衆共有進退比次不敢相踰條貫井井如農夫之畔分撥公賦使爲私食則亦一代之新制未爲失也平陽一道隷拔都大王又兼真定河間道内鼓城等五處以屬籍最尊故分土獨大戶數特多使如諸道祇納十戶四斤絲一戶包銀二兩亦自不困近歲公賦仍舊而王賦皆使貢金不用銀絹雜色是以獨困於諸道河東土產菜多於桑而地宜麻專紡績織布故有大布卷布板布等自衣被外折損價直貿易白銀以供官賦民淳吏質而一道課銀獨高天下造爲器皿萬里輸獻則亦不負王府也又必使貢黃金始白銀十折再則十五折復再至二十三十折至白銀二兩得黃金一錢自賣布至於得白銀又至於得黃金則十倍其費空筐篚之紡績盡妻女之釵釧猶未充數榜掠械繫不勝苦楚不敢逃命則已極矣今王

府又將一道細分使諸妃王子各征其民一道州郡至分爲五七十頭項有得一城或數村者各差官臨督雖又如漢之分王王子諸侯各衣食官吏而不足况自貢金之外又誅求無藝乎於是轉徙逃散帝王之都邑豪傑之淵藪禮樂之風土富豪之人民荒空蕪没盡爲窮山餓水而人自相食始見視諸道爲尊乃今困弊之最也國家血戰數十年以有此土何獨加意於陜右河南及河陽置河東而不問坐視其顛連宛轉而不恤獨非國家之赤子乎是天界此中土之冠而裂去不受也可乎哉願下一明詔約束王府罷其貢金止其細分使如諸道選明幹通直者爲之總統俾持其綱維一其號令輕歛薄賦以養民力簡静不繁以安民心省官吏以去冗食清刑罰以布愛利明賞罰以奠黜陟設學校以勵風俗敦節義以立廉耻則分裂者一頓滯者舉九州之冠可正致治之樞可以風四方而動天下允受天之所畀天復萬萬無窮而畀之也經本澤人旅食他方二十餘年不得一拜松楸守先世之敝廬故願治之心比之他人爲

尤急天庭遼邈漫爲聽聽太行山色黯然痌瘝引領翹首望之而已居位操勢有以仁天下者可無意乎此非布衣所當言故援引杜牧之例名曰罪言于冐援鈇謹附使者以聞

禁止開礦疏

明魏允貞

夫開礦利害諸臣言之詳矣大約武臣謂之有利部臣科臣謂其無利而有害利少而害多皇上從其開者而不從其罷者豈以大臣言官皆不逮國計獨此武弁數員言可信耶愚誠不知開礦利害竊謂礦非自今日有天地開闢以來卽有不聞古聖帝明王鑿開亦不聞古碩輔良臣會請開果有之經傳何不一見耶聞人之稱堯舜者曰投珠於淵抵璧於山人之稱成湯者曰不邇聲色不殖貨利非獨帝王有之也王孫圉之對趙簡子曰楚國無以爲寶非獨楚書有之也齊威王之對梁惠王曰寡人之所以爲寶與王異吾有四臣者將照千里夫古之所寶者常在善人不在珠玉皇上之所寶可知也皇上聖神卽無能佐

下風然數年以來所貶而在遠者不計矣所棄而在野者不計矣愚不敢謂其人皆忠臣義士也而亦豈無抱龍比之丹心建王魏之讜言裕賈董之學術秉鄭崇之清德堅張釋之之守法者在其内乎百而有十則所遺者十矣十而有一則所遺者一矣一忠臣黄金盈千可抵乎一義士白金盈萬可抵乎皇上方咸三登五以堯舜成湯爲法而諸臣爲皇上計乃出王孫圉齊王之下且皇上亦安用開礦爲也皇上尊爲天子富有四海之内玉食萬方筐篚萬國天下帑藏皆皇上之帑藏天下之財賦皆皇上之財賦白米織文千艘萬箱則取諸吳越羊㺚則取諸秦潞紬則取諸晉金則取諸滇扇則取諸蜀磁器則取諸江西太倉爲庫太僕爲廄光祿爲厨何求不得何欲不遂而何用以開礦爲足國乎即大工肇起户工兵三部自足給之其有不敷四方且開例矣百官且捐俸矣必無藉於礦也况今和氣未洽歲徵多咎中州之水未已而蝗繼之關中之邉烽未已而旱繼之山西連年三關兩直腹裏旱秋禾成則夏禾枯天鼓時鳴地

震不已流星示異回祿兩遭邊警日至其小民之嗜利而不憚爲盜若天性然今所言開礦者皆利臣也無甚廉節遠識所用以開礦者皆礦徒也冐於詐奸亡命以如是之臣率如是之民安保無生事在異日萬一套彛報恐於關中山西之永寧州汾州府河津縣隰州蒲州瀆河所在皆可慮也倘皇上慨然沛德意下明詔即時停罷令百官萬民稱不殖貨利者古則成湯今則皇上稱投珠抵璧者古則堯舜今則皇上如是而有正賦正供常用不足以貽皇上憂臣不信矣

薦舉疏　　吳仁度

題爲甄拔儒行以厲世風以隆聖治事臣稽古聖王求賢圖治必曰明明揚側陋蓋潛光之士席珍自好往往無心聞達明主自爲社稷計惟恐有隱鱗戢翼藏器屠釣故雖師濟盈廷俊乂在列而白駒之逝蘘桂之招綣然縈懷至纁束帛賁相望於巖岫亦謂天之生才不盡野有不賔之賢即朝有蔽賢之實不欲

彌天之網尚有蹤目故求之如此其亟也維我國家用人之途不一祖宗之朝立賢無方輿臺胥史咸躋通顯即我皇上馭極以來先後搜羅如劉元卿王臣瞿九思來知德輩皆拔自田間布在侍從雖諸臣見存曳尾未愨退心而我皇上一念饑渴之思暁然海內矣臣惟奉揚德意撫晉以來蒔進學臣南居益留心延訪據所開報未嘗無人如絳州學生員辛全者年甫弱冠慨然以聖人為必可學長途深造其進難量臣始徑行獎勸又有平陽府安邑縣舉人姚檟者行年五十餘矣先以親老侍養罷對公車遂絕意仕進一意理學深體力索躬行實踐其制行無愧於古人而醇養可裨於世用臣請臚列為皇上陳之檟幼慕河汾之學於書無所不窺而主於窮理深思苦索朝夕靡怠所坐處兩足如刻穴淵源所自務相師友其篤學如此問學所得期以身體言必有物行必有繩非其人不友非其禮義一介不取其持行如此生平無温飽之念自輟公車以來日惟與同志講性命之學茅茨土几敝襖茹蔬蕭然物外其恬靖如此孝

親孺慕存歿無間傾篋讓產約已奉兄量力以周貧族恤孤以全交誼其敦倫如此蓋其於學實有所窺而超識定力不炫鶩於俗情誠儒者之高蹈而爲熙朝之逸軌回視劉元卿輩可相伯仲者臣自念生長豫章最稱鶩下然君恒一念企慕前修如有不及臣卿如鄒元標之爲人者天下仰之如泰山北斗不可尚矣即今吉安賀泚南昌朱式或以孝廉或以布衣修身明道譽望顯著一爲真儒王時槐之高弟一爲高士章潢之嫡派也沉淪草野臣心嗟惜若臣叨承簡命薦賢載之職掌而隱逸如姚櫃者乃闕其聲光不舉以上聞則蔽賢之實臣實當之矣伏乞我皇上鑒臣愚款准勅下吏部再加諮訪如果臣言不謬查照劉元卿等事例將舉人姚櫃准授京銜務令就職庶獨往幽人不長淪於空谷而兢抒偹抱必有効於官聯於以風海內而勵真修甚盛舉也臣不任激切待命之至

論奸黨疏　任贊化

題爲直糾娼嫉巨蠹以維孤陽以保泰運事竊惟天地有陰陽鍾之人爲君子小人君子陽之精天地之生氣也小人陰之精天地之害氣也陰主偶偶則多朋比其類雜陽主奇奇則惟一脉其理孤雜則可容假借孤則不容竄入欲長護此孤立一脉惟防其竄入則途路自清矣臣所以有維孤陽之說也故天下不患有真小人而患有假君子何謂真小人居身穢惡肆然無忌衆所交攻立見其敗此爲禍猶淺也何謂假君子贋托於清淨法界而陰行不肖彈射莫加滋蔓難圖此其爲禍最烈也臣於今日得一假君子不敢輕言實不忍不言恐一不言而蛇蝎養毒一朝發難彼時即百口言之何益焉假君子爲誰則段頭換面之楊維垣是也維垣出身來歷與立身本末原爲魏忠賢作大護法與崔呈秀並立登壇互相雄長於一時者也惟互相雄長故漸成釁隙其後之擊崔也一則見勢之將敗而翻身局外一則思天下惟羿愈巳於是殺羿其實學射于羿者也即以燕伐燕可謂燕之非燕也哉窮兇反嚙原非出于嫉邪本念故

単擘崖不及魏如所云忠賢公忠賢不愛錢忠賢爲
國爲民數語已見腑肝臨岐悵望四顧徘徊猶然不
忍背忠賢也發隱至此石人亦將點頭不忠天下後
世不信臣言也雖然臣彼時亦未敢苛求維垣也竊
意其逃墨歸楊逃楊歸儒出幽谷而遷喬木夜氣之
存猶有機括不意牿之反覆旦晝所爲又違禽獸不
遠借擘崖之名立身於風波不到之地而陰護邪局
不使正人登朝恐盡翻前案大露本色如近日力阻
舊輔韓爌之進預塞衆正彙征之門揑作妖言不顧
舉朝公議以此幾句鬼話獨樹赤幟以爲殺人兇胼
又將覆雨翻雲妙轉崖魏之後身重造晦寘之宇宙
夫說謊欺君律有定罪無端月犯意欲何爲皇上試
取所造妖書呈進御覽維垣之謊立破三尺其何能
逃堯舜在上誰忍輕負聖明自速鬼神殛戚維垣意
艸心爲之此其險狡非區區爲一韓爌也夫韓爌之
賢長安走卒悉知之當天啓二三年間正色立朝逆
璫雖已狡逞猶以嚴見憚不敢放手殺人爌一去位
不可救藥此舉朝共見誰能昧其本心至紅丸一疏

定千古是非解滿朝寃業天下有不服其識見胆力者乎即熊廷弼一案票以姑待不死亦爲朝廷惜生殺之幾非爲廷弼地也且廷弼不獨殺而法存廷弼一獨殺法似存而實亡此種苦心烏容不爲洗發且追賍三千且杖死僕人韓三明以代熿之死摧折慘毒從來輔臣去國未有如此甚者維垣又于萬死一生之餘入井下石以魏賊所不共戴天之正人竟欲禁錮終身且浸浸波及善類是魏賊之身雖死魏賊之法猶靈想魏賊在地下必以維垣爲忠臣孝子爲魏賊之忠臣孝子即爲皇上之亂臣賊子矣可一日容于堯舜之世哉臣明知維垣手段不可輕擊擊之恐有奇禍而國家治亂否泰之關㨿緊在此遲之一着勢必至于不可爲臣止知有皇上止知有國家不復知有身家性命也即維垣用大神通結黨殺臣如魏賊之殺楊璉臣亦何敢辭焉且今韓爌已蒙簡用未必遽肯出山與爌不並生不並立之維垣猶令安然無恙於陰陽消長之道五行生尅之理實大不祥親賢必遠奸皇上自有獨慮而扶正必擊邪微臣亦

與有責焉緃垣猥猥醜態在人耳目臣妨不盡言以存雅道惟乞聖明詳察斧斷施行大伸正氣立褫妨賢病國之人去一假君子真君子自集闕下矣百寮幸甚國是幸甚

陳水災氷雹疏　國朝劉嗣美

題爲水災氷雹叠罹晋民萬苦難堪據實上陳仰祈聖鑒事竊照天災民害歴代有之然不併遭於一時猶可少延乎旦夕獨是山右宣府自六年而後累遭災荒百姓凋殘已極節年錢糧但有拖欠臣等仰籌國計憂心如焚正在嚴查司府亟爲催徵間臣駐巡襄陵忽於五月中旬起暴雨異常四十餘日連綿不止兼以汾水泛漲臣登城遥望四野汪洋城垣大半傾頹田禾房舍盡被渰没甚而地勢稍下百姓隨流而死者不可勝數續據各屬申報水災氷雹者接踵盈庭如太原榆次太谷清源交城文水樂平靜樂嵐縣遼州榆社和順臨汾襄陵洪洞趙城霍州曲沃太平靈石隰州大寧永和蒲縣岳陽鄉寧汾西絳州稷山垣

曲榮河河津夏縣汾陽平遥臨縣石樓寧鄉沁州沁
源武鄉黎城屯留沁水等州縣之申報又據祁縣介
休孝義徐溝忻州代州崞縣等處士民之呈狀或云
天降冰雹四至遼濶厚至二尺三日未消田苗無蹤
牛羊打死或云霹靂大震雨雹降大者如盆小者如
拳屋宇皆飛山川如雪人畜被傷樹株拔起或云山
川泛漲水與城齊從垛口流水入城滿城水深五尺
小民房屋漂流大半或云霪雨連綿晝夜如傾平地
水湧成河城内塌毁民房千百餘間或云洪水横流
青苗盡没渰死人民暴露屍骸或云汾水奔潰桑田
變作湖海人畜化爲魚鱉民居官舍一槩傾圮或云
霪雨大作連綿六十餘日稼穡付之水濵賦稅從何
輸納高岸爲谷深谷爲陵衝地成灘漂禾如洗或云
無論物產貲財盡皆陷没卽男婦老幼多被溺亡潰
岸决堤百里爲壑斷火絕烟惟聞哭聲或云一汎洶
湃竈底生蛙本原旣傷供賦何辦田歸石而木歸水
民不歸於流徙勢必歸于溝壑各等情到臣俱批行
各府確查後臣平陽事竣由平陽而抵省城由省城

而抵鴈門等關沿途士民擁集馬首環繞署前動至數百人遮道號泣痛不忍聞臣隨經過地方履畝而視見房屋田禾被渰之苦委有獨慘者臣於鴈門事竣時始據平陽等府詳查報到種種可憫臣以上關
國計下係民瘼猶恐未確業於八月初八日又批行
藩司覆爲確查去後百姓惶惶無措呼籲廹切臣一面張示通曉各官復爲覆勘併令多方招撫百姓俟
藩司稟詳報到奏聞外謹先會同督臣佟撫臣劉合詞上陳

請免西路牛車疏　劉嗣美

題爲晉民凋殘已極車牛苦累難堪仰祈
聖明急賜軫恤以培
國本事竊惟國以民爲本民以農爲業農以牛爲賴晉自姜逆亂後連年氷雹災蝗車牛十去八九即有一二養牛者率皆典衣鬻產爲剜肉醫瘡之計臣奉
命以來日切飲氷其於地方利病殫心竭力急爲興除訖

知車牛一事久爲晉中大害臣初抵省百姓啼泣而
告道府州縣接踵而申臣批閲之下痛心疾首籌畫
數次然所見未確又不敢輕以入告茲巡歷潞安平
陽兩府經過地方遍爲諮詢則百姓剥膚呻吟之苦
實不忍見臣安敢不爲
皇上陳也晉爲京右通衢從京去陝西入京所必假之途
凡喇嘛差官滿洲家口經過需用牛車前行一到作
威張勢恐嚇官吏而驛站苦無車牛地方官明知大
爲民害只得忍心不論多寡悉取諸百姓然以村居
愚民當此悍禦之勢俯首任其漁肉不敢側視除一
牛之外索取帮牛三隻又有折乾等弊以及穩車下
車之需稍不如意鞭撻車夫力箠其牛損壞其車并
搜其乾糧盤費若前驛畧不齊備又行越站於是車
壞牛斃夫致凍餓而死者不可勝數且有司懼其兇
鋒一聞風聲只得預爲催拿勿論春耕秋歛百姓必
棄農務忙備車牛裹糧奔趨終日久候不敢少離耕
收既失其時饑寒自廹於身民一當此差身家立時
破敗臣思驛馬乃額設有正項錢糧

皇上聖明洪恩疲驛尚恐累及小民悉令官養一切幇貼多索等弊屢奉
嚴旨申飭况此車牛乃百姓所恃以養生之原又無額設銀兩及銷筭欵項不過假借於民者耳豈忍使凋殘已極之民而受此荼毒無告之苦也且目今六七八九四年錢糧一時並徵急如星火百姓輸納正苦不支倘此弊相沿不除竊恐人逃地荒賦税將何賴也臣從國計民生起見兼之道府詳呈察查的確謹據寔入告伏乞
皇上勅下酌議解此倒懸喇嘛家口應何禁治百姓車牛應何軫恤庶民累稍寬而農業有賴矣

乞蠲晉省逋賦疏　王廷諫

題爲陷城確有可據荒亡已經察明懇乞
皇仁叠沛以甦舊困以急新賦事竊惟國家足賦之道在安百姓而欲百姓之莫安先去百姓之疾苦夫疾苦在水旱凶荒多寡不同輕重各别必須踏勘而始見

疾苦在賊刼城陷方陷之始某州某縣塘報已明及
陷之後某官某罪招詳最確此不待再察而即知晉
自闖冦蹂躪災荒頻仍已望倒懸之解至于六年疾
苦尤有不忍言者緣姜逆作亂土賊蜂起所在城池
告陷其房屋倉囷之焚燬者不知凡幾婦女財物之
擄掠者不知凡幾百姓之死鋒鏑溝壑者不知凡幾
死僞官之吮脂吸髓非刑拷打者又不知凡幾以致
父子不相見兄弟妻子離散哀號萬狀鄭圖難繪已
久在
聖明照臨司農洞鑒中矣今將六年拖欠並七八九年額
賦一時並徵臣知必不得之數也切思民之辦賦全
恃農事六年腴田化爲戰場今歲平地盡成澤國安
能追待斃之孑遺包死賠荒乎有司即痛加敲朴強
剜心肉以完六年逋課然千瘡百孔將七八九年額
賦又成拖欠矣臣垣中見撫臣劉弘遇有災黎血枯
等事一疏爲民請命目擊必真業于十月初六日奉
聖旨戸部速議具奏欽此小民方十室九空呼籲無門一
聞速議之

旨深山窮谷莫不舉手加額欣然相告曰疏朝上而澤夕
下屈指可竢也嗟嗟民之望
君也固殷而
君之念民也尤切如鄉民王本原去荒存民一疏自爲控
陳我
皇上猶恐下情難達勅撫按代奏豈撫按入告者反不軫
恤恩膏上屯哉但呼吸存亡勢難久待且時值歲終
考成在即伏乞
勅部速覆將六年拖欠盡行蠲免七年以後未報災傷者
上緊追徵則
皇仁蚤沛一日即百姓蚤沐一日之賜舊逋早清一年令
有司亦早完一年之額民困與國課相關臣所爲過
計而直陳也字稍逾格惟
聖鑒施行

蠲荒疏　祝世昌

題爲晋疆有實荒之地晋民苦追荒之艱謹據實上
聞仰祈

聖裁事竊惟國家理財之道莫若清賦治國之籌莫若安民臣自蒞晉以來肩茲重寄無日不以國計民生鰓鰓爲慮者臣於九月內入境到任民間有爲逃絕有爲除荒爲蝗災之事環臣馬首擁臣衙門呼泣籲告無日無之於是簡查案籍舊欠甚多臣不勝駭然當即牌行各司府州縣嚴催速令完解併檄確查荒地去後隨據布政司左布政使孫册報除節年開墾一萬二千七百四十八頃三十二畝外實在荒地七萬五千七百三十四頃一十八畝等因到臣該臣看得晉省地瘠山磽土薄石廣其爲平壤腴沃者僅可十之三四耳攷其賦稅歲輸銀二百三十八萬五千六百有奇又本色糧三萬六千七百餘石均徭丁銀五十七萬六十餘兩而民衛屯糧猶不與焉以山右瘠薄偏隅之地糧數如此較之他省土厚界廣者賦實重已逮明末苛徵逆闖掠虐之後瘡痍未起生聚蕭條前撫臣馬疏請豁荒未邀

俞允曁今熟荒全徵而熟者猶完荒者仍欠據此紙上之金銀無裨實濟徒滋吏胥之索求反爲混淆是荒者

不能完而熟者又爲荒累矣窮民莫支轉而爲盜爲寇黨羽輩未必不爲饑困所迫而附合之也雖曰戡斬蕩平然屍橫草野血流如河青燐白骨堪傷見聞臣思我

皇上如天之仁齊豫諸省已霈蠲除矣臣聞事君之道要在勿欺晉省如此荒地臣匪不以聞是以欺也前撫臣馬之先申朝紀及臣疏請總爲封疆起見軫恤民瘼實無他腸懇祈

大霈仁恩勅部覆核將晉省地七萬五千七百三十四頃零議請

上裁或賜蠲豁荒糧或蒙別賜定奪庶熟糧得以易完賦稅得以清楚民生安而

國計裕治亂之關非淺鮮矣

請蠲荒地逃丁錢糧疏　　白如梅

題爲晉省荒亾有據錢糧追徵無由再懇

睿慈勅部酌議急施調濟之術以援殘黎之厄事竊惟地

賦丁糧乃軍國急需凡屬臣工孰敢怠玩但賦由地輸而糧由丁納如地土荒蕪則賦稅自缺人丁逃亡則錢糧自減然地土之荒蕪正由人丁逃亡無人耕種故也倘地土已荒而責令熟地照額攤賠人丁已逃而責令見丁代爲包納不但羣黎之皮骨不足以代荒亡者之畝杄將來必致見丁亦逃熟地亦荒

國課愈致匱詘矣此不易之理也故屢奉

嚴禁不許以熟包荒以存代亡仰見

皇上已洞悉民隱深知包荒代亡之厲政有損於

國計民生也臣查晋省州縣多處山谷之中民鮮素封地多砂磧南逼諸河有浸塌之虞北鄰沙漠有風霾之患素稱疲敝之省年來兵火頻仍又兼災祲屢見小民疊遭荼毒殺戮他徙及饑困死亡者十去其六七僅存三四分之殘黎人丁既少地土自荒地土既荒均徑自缺故前撫臣陳應泰仰遵清理之

恩綸檄行確查清出荒地亡丁既會疏具題請豁非不知有虧

國賦實出於情勢之不得已也及奉

旨勅部議覆而部臣以不能豁
國議令照舊徵收殘黎聞之哀聲遍野臣莅任之初據
各州縣之申訴情甚迫切案積如山繼而各處羣黎
扶老携幼泣愬盈庭咸稱有一畝熟地責令包賠三
四畝之荒賦有一人見存責令代納三四丁之亾糧
奄奄殘喘自顧不贍焉能代賠大悖不許包荒代亾
之
旨若不亟請除豁將來壯者必至俱竄他鄉老者必至俱
塡溝壑哀聲痛楚令人酸鼻臣覩之皆鳩形鵠面鶉
衣百結誠有鄭圖難繪者臣俱宣布
皇上愛民至意婉言慰諭令其歸業一面咨行查訪仍嚴
飭各州縣不得借端朦隱妄輿蠲豁勒令將節年逋
欠錢糧仍行督徵去後及今備知荒亾之真包賠之
苦催科之難敲朴之慘臣始食不下咽矣正擬懇切
入告爲此三晉劇苦之災黎請命適准部咨該左布
政使彭有義以輯瑞之時郎侃侃具疏誠一字一血
不勝彫切部臣議覆仍
勅臣遵照前

旨將地丁逐一清理俟題報之日以憑議覆奉有依議之
旨備行到臣仰見我
皇上軫念民瘼至意三晉士民無不歡呼望更生之有日
矣但彼時在省無可耑委之道臣且晉省地方遼濶
未便止令一道臣周流履勘致稽時日似不若即令
本管各道躬親確察嚴行稽查庶無遺漏臣隨與司
道各官確商明白檄行通省守巡兵備九道履畝清
查仍專責布政使潘朝選董理綜核去後今據開
報各道履畝查出民屯王田荒蕪共地三萬八千五
百一十八頃八十八畝零逃故人丁四萬七千二百
五十八丁半委屬真荒真亡毫無假飾俱取有印結
存案總由晉中自姜逆摧殘之後被殺被擄戶口業
已蕭條又兼連年災祲饑饉逃竄過半所遺荒地亡
丁銀糧至今虛懸既不可就僅存皮骨之孑遺敲朴
包賠致違
嚴禁而
國賦虧缺兵餉迭欠總在此荒亡無可徵輸之內地方
官無點金之術惟頫首以受參罰士民懼包賠之累

盛世所宜有也爲今之計惟有亟請除豁庶熟者不敢復
萑
荒逃者望風歸業將來可以漸次招墾以期地方改
觀生齒復聚也既經司道確查明白前來臣復加覆
核無異除荒地并逃故人丁應豁糧銀均經數目文
册咨送戶部查核外臣謹激切具題伏乞
皇上軫念三晉疊罹災困之遺黎將實荒實亾地丁糧銀
勅部作速議覆蠲豁施行
巡撫祝于順治四年具
題巡撫白于順治十四年具
題平陽各屬荒地逃丁俱奉豁免民困得蘇

請裁鹽引疏　上官鉝

題爲酌議行鹽之法以裕國課以甦民累事竊惟謹
正鹽筴理財之要務計口食鹽轉運之良謨我
皇上定鼎以來軫念民依一切地丁錢糧悉照萬曆年間
則例各運司鹽引課銀亦照舊例徵解迨至順治十

三年間戶部條議生財又令各運司增行鹽引並增
鹽課不致大累吾民耳乃年來商民交病在在告困
不苦于加課而專苦於加引及此時而不求疏通之
法其可乎臣請以河東言之舊額鹽引各州縣雖有
定數率皆招商行鹽辦課銷引即可以完有司之考
成而不至以戶口病民在百姓量力食鹽不過貿易
之常而辦課銷引之事未嘗過而問焉商民兩便誠
至計也自加引之議行各州縣舊額行引一萬者加
至一萬三四千不等在州縣食鹽百姓止有此數鹹
味不能多食商人苦於轉運由是有司考成日過參
罰不免不得不強民銷引圖爲目前補苴之計上下
相蒙非計之得也前見戶部題覆長蘆鹽臣祖永杰
一疏內稱臣部因兵餉不足於十三年條議加給引
目徵課奉有
俞旨遵行在案今該御史疏稱加課而不加引商民兩便
應如所議奉
旨依議欽此臣謂方今軍需孔亟司農仰屋匪敢曰新加
課銀可以少減但河東長蘆民困相同商情不異請

將河東新引比照長蘆新例盡行裁去止將新引課
銀三萬二千兩加之舊引之中庶幾商不困於轉運
民不苦於泒引且有司便於考成國課克以早完一
舉而數善備何憚而不爲此事關利弊有聞必告如
果臣言可採伏祈
皇上睿鑒
勅下該部詳加議覆施行

狀

申請賑荒狀　　國朝石文晟

爲瀝血哀籲爲民請命事竊惟國以民爲本民以食爲天民失其天實爲災祲昔堯有九年之水湯有七年之旱每見成平盛世不無凶荒何平屬不幸竟遇旱蝗爲虐二麥絶收室如懸磬野無青草饑民慘狀真至繪圖難畫者荷蒙憲臺已經題請將太大二府備賑米石借給平屬被災各縣蒙奉

俞旨得允所請又聞夏聞二邑災荒困苦特甚議自撫鎮以下知縣以上俸銀六千七百四十兩發給兩縣賑濟其浮山等縣令其各捐一年之俸以濟該縣之民此仁人君子之用心亦可謂周且詳矣隨蒙委令蔡章二郡丞吳朱二倅先領三千兩前來夏聞煮粥賑濟又委卑府往來廵查各邑賑務遵即单騎星馳于十二月二十二日已抵聞邑二十五日又往夏邑兩縣粥廠俱已開設每廠就食者不啻數千盡數鳩形

鵠面顛仆前行哀號慘呼白晝可動鬼神卑府目擊心傷不覺涕淚交下竊謂災民困兇至斯極矣不意行至夏邑路過一村訪其戶口原有二百七十餘家今所存者止有殘疾老羸之九人而已復至聞邑山塢一村名稱魏家園其戶口原有一百五十餘家今止有儽儽垂斃者三十餘人裹草僵卧僅存一息餓死在家者十一人尚皆橫屍土坑併父子不能舉手掩埋卑府令人掩其死者復捐銀兩分給尚存之人且令暫延殘喘招其赴廠就食俱以餓傷不能行走只以待死爲對聽聞及此雖木偶人形鐵石肺腑亦當墮淚况卑府具有心胸惻怛所發能不悲哉恨無術點金雨粟速爲救援惟于馬上呼天慟哭而已其餘村庄一望烟火斷絶人跡無幾意欲逐村存問而中心迸裂不忍顧及矣荒災之爲害如此若得米石早來賑濟一日則饑民可以苟延一日之生前蒙撥給米石至今猶未到其給借米二萬四千石固應速爲領運但大同路途遥遠運米更屬艱難不敢再爲議及即太原借給之米若令運至被災處所毎米一

石約需價銀二兩有餘此項從何措辦平府前聞有此借給米石一時不勝踴躍以饑民得此賑濟可以反生及至計算脚價實無所出復又食不下咽今試仰屋計之若欲令各屬自行領運則各屬力難設措勢必派累里甲矣若欲令饑民自爲領運則少壯者逃走遠竄老稚者力難勝任矣若欲令賣去米石約變銀兩以爲脚價每米一石將去及大半而所存無多矣若欲令全領銀兩以省脚價恐平屬有銀無米而米價愈貴矣逐一圖維斷無神輸之法若非准備脚價速爲運濟則垂命之人斷難懸待也今我

皇上視民如傷即豐收尚皆各省捐免錢糧如陝西被災之所西安府于蠲免之外特發賑濟適接邸報又見部議將萑浪寧夏米石運濟饑民所費脚價共銀六萬四千二百六十兩俱于司庫支給報銷欣逢堯舜在上念切民瘼如是其急而平屬災荒至于民不聊生在平府雖郡守末員但世受國恩此等民隱不爲上達台聰則尸位牧長何以忝對憲顏持祿素餐何以仰荅

朝廷幽獨之間何以見天地神明九泉之下何以慰祖父
忠魂也是以不得不爲民請命哀籲於憲臺之前速
將借給米二萬四千石運至平屬被災處所早爲賑
濟則饑民尚可延此喘生所以固國本而救窮黎者
其功德不可勝道矣然此止就報災各屬而言之至
有蒲州猗氏縣二處其地處於西安之東夏聞之西
查該州縣同受旱魃同被蝗蝻同見逃竄同有死亡
慘傷之狀不可殫述前于被災之時以爲未及被災
分數不敢具報及至九月以後稻麥無收又爲不合
定例不復再報雖憲臺心切痌瘝屢經查詢無柰該
屬總不報聞錢糧未得邀免賑濟在所不加饑餓者
聽其或饑或逃徵比者仍復或敲或朴查蒲州錢糧
往年俱係全完至于本年應徵額銀共八萬七千餘
兩今歲已云暮尚欠銀四萬餘兩使百姓不被災荒
苟可輸納誰不願爲急公何至身無完膚離妻散子
輾轉填於溝壑之間總因不爲報災民累一至於此
卑府到任旬日尚在郡城使不身履夏聞等邑不知
被災饑民其慘若是之甚使旣到夏聞不就近查訪

蒲州猗氏二屬不知被災饑民其慘更若是之甚今蒲猗距省將及千里之遥在憲臺留心民隱如是諄諄飭訪而下屬奉行不善壅于上聞遂令饑民困苦呼告無門其辜負我憲臺之苦心可謂痛哭流涕者也使卑府尤而效之亦復隱忍不言聽其垂死欲以此欺

朝廷乎欲以此欺天乎徒欺瞞于憲臺之前以自掩飾然憲臺必不可欺止自取罪戾耳卑府不得不爲併請伏乞憲臺一視同仁撥與賑濟則無告餓莩庶有起色以上所聞夏聞之死亡蒲猗之陷溺皆屬親見親聞至真至確如以卑府誣謬祈即差人查訪或委員勘驗若一言涉虛即坐卑府以虛誑之罪亦俛首而甘心焉至于開廠賑濟一事卑府更有末議如一邑之中所報粥廠不過三四座而止于大鎮大路中或再設數廠而止在附近城鎮相去五七里稍能舉步者尚可來廠食粥至數十里外窮村僻壤饑朽不能匍匐者惟有坐而待亡凡此均屬赤子同一災黎豈有見知而不救卑府前至夏聞各荒庄內饑民哭訴

止願日給米一合攙和樹皮而食一日即可存活一日痛哉斯言莫如照其所請准爲散米使得均沾實惠以濟餘生今將粥厰仍行並設使稍能步履者令其赴厰就食有老病難行者給與米石若散給之米徒以委諸胥役不無扣剋之弊今卑府不憚勞苦願以身往沿村逐戶自爲手授如或一十三州縣不能分身溥及應令現在賑濟各郡佐及各州縣官俱遍赴村庄親爲查給使有一村未至則一村漸至危亡一人不予則一人必至坐斃且使將粒米狼戾半裁隱瞞者有天鑒在上卑府子孫及各官子孫永受孽報但今卑府無米難炊計窮力竭而嗷嗷待哺之民刻不容緩惟有哀懇憲臺一面具題一面撥庫銀發給脚價將供給米石早至一日此一日之內不知生全幾幾而夏聞等邑均沐仁恩于無旣則憲臺之陰功浩蕩直與海嶽高深矣緣因災黎起見是以急不擇音併乞憲臺垂憫

請免運草狀　國朝石文晟

爲勞逸酌乎地勢豐歉因乎府宜瀝訴下情賫陳憲
聽事查太原府呈詳令平陽府承辦草三十五萬束
協濟大同此係太原府爲軍需起見惟恐大同之過
勞平陽之過逸斟酌輕重允堪採擇查平郡自前歲
亦曾承辦大同軍需此係卑職未任以前祗知其畧
未晰其詳今據太原府所詳論之卑府亦有未議正
謂勞逸之不得其平敢將平郡之情形而畧陳焉痛
此平郡自去歲被災以來民不聊生死亡之載道凡
具有耳目者無不共見共聞毋俟細述幸蒙各憲縷
情疏請得荷
皇仁蠲租發賑之恩使饑民遷延苟全至於今日以視太
大之民年豐民樂家給人足者不啻天淵然平郡自
四月奉文運送南來漕米查閱部文係令豫省與晉
省同爲協運並未指平陽一府與河南一省較力而
共運也因各憲念及大同等處爲路稍遠先責令平
郡獨運始而泒出大車一千輛繼而又泒小車四千
輛卑府不敢不爲仰體小民不敢不爲奉行俱已照
數前去輓運卑府惟恐南來米到速迅車少輓運不

及於四千輛之外再出車三千輛速赴豫省連期運竣但以獨力難支魯哀詳協濟衆議以爲公事自應協辦該府何必豫先錙銖較量飭行在案卑府與小民日夜延頸以俟冀得大同太原等處畧爲幫運稍息殘黎勝於拯救無如自六月起至十月終止輓車人夫在豫之死亡者不知凡幾而太大等處曾肯具詳以爲勞逸宜均即來協運乎自蒙撫憲親至豫省眼見平郡車夫之苦方飭令太原甘守於八月盡往豫省驗看兩四於十月間始畧派及太潞汾澤等處共驢騾一萬二千頭然平郡亦蒙加派驢騾五千頭至於大同從未見其一人一畜也及至太潞汾澤等州縣之驢騾挨延日久方始到豫而平郡已將二十萬石之漕米盡數運完矣何嘗得其協運也夫思前項米石平郡出車六千輛每輛用夫二三名之不等每夫日給二錢一錢五分之不等自六月起至十月終止共五閱月矣况陸運之後又復水運送至秦省者遠涉境外收貯本省者搬運入倉通盤合算所費應該幾許也此輓運南漕之勞逸可見矣又奉文禹

門造船一案以二百之數不爲不多矣以一月之期
不爲不速矣平郡人民搬運木植盤送油蔴匠人夫
役動至數千其間饑餓而斃於郊野者不知凡幾漂
没而死於波濤者又不知凡幾太大等處亦曾念此
慘況耶至應用水手一千二百名悉拘平郡之村農
強令應役蒙撫憲痛恤之恩檄令保德州與縣調慣
水手二百暫來教演撑駕及至觧到寥寥數人足未
履船即已散去曾經報明但又不敢瀆請而彼處亦
相忘於不覺也此打造船隻之勞逸可見矣再查湖
灘河所造船隻其匠役俱自京師而來未嘗勞及太
大等處後因工程急緊添覓艌匠亦行平郡勻取遵
即觧送五百名去訖復因湖灘河老牛灣等處水手
不足亦行平郡勻取遵即觧送四百名各在案痛此
遠去應役州縣資給安家者所費凡幾里下幇貼盤
費者所費凡幾添觧鍋帳衣物等件者所費又凡幾
但平郡向無船隻又無艌匠不過箍桶油水匠人拘
拿押觧已耳亦從無水手不過種田農夫笨工強派
應數已耳豈平郡既有此等之人太大等處獨無此

等籮桶油水匠人及種田農夫笨工者乎所協濟人役之勞逸可見矣卽今龍王站拉運雲米水陸並行水則有水手工食之費陸則有騾騾車脚之繁爲官者失水沉印而不顧爲民者淹没喪命而不恤竭蹷趨事踴躍辦公何敢瀆及鄰郡此勞逸之彰彰可見矣祇今大兵在雲養馬已奉

俞旨停止止發五旗馬匹駱駝去雲喂養豆石不敷將米豆支給則晋省各府州縣豆石盡行停止採辦所需草束蒙憲已有成議念平郡路遠難運議定太汾大三府附近採辦矜釋附近之意足感覆載無私之恩足見聖賢大公之德煌煌憲劄炳若日星甲府隨郎大張告示宣諭恩德萬姓歡呼聲若雷動而二三父老莫不感激欷歔流數行下今據太原府不知何故詳派平郡辦草三十五萬限二十日內星飛運雲交收細閱所詳意謂勞逸宜均而不宜偏也但查太原府詳有云喂馬之事實關通省等語試思一切奉行案件莫非王事喂馬關乎通省何以前此漕運等事獨責平郡而不及大同諸郡豈漕米非通省之事乎

抑大同諸郡在通省之外乎此誠在所不觧者也又詳有云若豐歉不同則前年太大正值被荒之時而軍需仍與受熟府州一例均派等語試思數年以來太大尚不謂之豐收平郡尚不謂之歉收耶在前年太大被荒而軍需等事尚得與受熟府州均派平郡今歲被荒而漕運等事竟不得與受熟府州均派抑又何故此又在所不觧者也又詳有云同一軍需何獨均于前日而忽異于今日等語試思同一軍需既已均于前日同一漕運何以不均于今日乎今之漕運既已異于今日今之軍需有何不可異于前日乎此更在所不解者也又詳有云槽鍘等費前未議及將欲盡之大同亦另有所公派等語試思槽鍘等物不過借備一時大同前年喂馬之具必其至今尚存即今供應之後尚可留以有待豈如平郡之運米日費斗金不可復償者乎何以平郡之車輛人夫錢糧輕如糞土而大同之槽鍘等物貴于金玉且豆石既已停其採辦草束又不肯附近買備則大同之人所辦何事乎此尤在所不解者也又詳有云大同之草

東仍照錢糧之多寡分派於南府州縣等語試思南府州縣之遼濶者不過平陽其牆爲指摘者全在平陽但彼徒知錢糧之多寡而不知年歲之豐歉使平陽之人受其顛連而莫告大同之人享其逸樂而傍觀此實在所不解者也殊不揣平屬饑饉之後流亡未復瘡痍未起卑府雖爲觧衣推食恨不能徧及斯民登于袵席之上荷蒙憲恩得以緩徵舊欠即如蒲芮等州縣現值兇荒得沐

皇恩發粟賑濟令太大之人必欲驅奄奄一息之民輓運草束是憲臺已欲救之而太大必欲陷之是

聖主已欲生之而太大必欲殺之誠不知何心也彼將曰以平陽一郡承辦三十五萬草束何至陷之殺之不謂言之過激乎抑思平郡之于大同路途甚遥時日甚急誠有如撫憲現今所題爲軍需緊急採辦難前等事一疏内云州縣距雲遥遠亦須半月一月方得到雲况府州縣官或爲豫省催運漕米或爲龍王站押運米船半屬因公違出無承辦採買之官晋省止可陸運山路崎嶇更有鴈門關之峻嶺重車難逾又

草束係粗浮之物所馱之數更少此皆入告之言也誠不知各憲何以明鑒萬里以至於此乃不過愛民如子其心公也今太大之人仍欲草束派累平陽其未見憲疏者耶兒平陽州縣之與大同相隔一千五六百里若令平郡運草則饑民匍匐每人不過背負四五十斤天寒日短每日不過行走四五十里若將三十五萬草束計之應需七萬人夫往返兩月有餘其費何可勝計勢必折價至雲買備今聞大同草束收買殆盡使平郡之人至雲買草雲中之人居爲奇貨高其價值不饜不止小民何以堪此耶試思平郡固屬荒歉三十五萬草束搜括亦易使大同之人速來取領大同不能取領平陽亦難運送其理至易明也如必欲平郡運送亦須給其口食使民無饑死之患如俱不可是明欲驅此七萬之衆坑陷而吸其脂膏也慘刻至此尚忍言哉此非卑府抗拒太大之意實亦時有所不能勢有所不可理有所難通情有所不忍萬不能再爲隱默以聽太大之指揮也卑府自去歲臘底以來迄今未滿一載然同平民辦事任事

寶已多端視大同諸郡勞逸大爲不均豐歉甚相懸絶而太大尚不肯稍爲寬恕耶卑府良心難泯天理難容無奈哀鳴一字一淚賫陳憲聽伏乞憲恩仍照原議批飭就近採買庶勞逸得其均平而殘黎始爲起色矣

檄

諭晉隰慈州檄　唐馬燧

興元元年八月某日河東保寧奉誠軍行營副元帥北平郡王燧檄告晉州要君廷珍隰州毛君朝敭慈州鄭君杭及將士吏等蓋聞率土莫非臣盡念在三之訓明王伐不敬有嚴討二之刑義士不求生以害仁智者能轉禍而爲福其畢棄咎咸與維新國家幾葉繼明億年凝命天保以上采薇以下內撫外從濮鉛以北祝栗以南德洋風普神旌遽列冀嶽咸謀堯治旹雍猶有青丘之梗舜仁天幬未誅丹浦之㓙李懷光奮渤海之俘投蒲津之節始謂狙詐之作使不虞鷹犬之易颺犇命醴泉粗展勤王之績請朝行闕輒衷犯上之誅猶念前勳屢縻好爵張萌芽于霜雹悖木水之本原升鸞之謀肆行巢父之使弗返奮二軍而藏良將剽三老而窮近畿豕心莫悛鴞音不革已復漢京之日月載揚周旅之霆雷幕府承命齊壇

建牙列鎮正正之旗堂堂之陳莫我敢承赫赫厥聲濯濯厥靈有征無戰渾侍中率同陝之士韓僕射統邠寧之師唐節度虎視鄜坊駱將軍熊跱鎮國風雲助氣草木爲兵詔參伐以清氛命招旌而繕怒不[illegible]前茅之遏坐成獨柳之誅惟爾三州之士夙被累朝之德澤嶠從處仲適爰逆汙遵事隗囂豈爲賊守鼎魚假息穴兎阽危犯大義者衆必攜作不善者神弗赦歷數古今所記未聞叛逆獲全惟岳阻兵沆膏齊斧朱泚竊號亦梟藁街矧茲狄孥敢干天罰犬馬猶有主覆載不容鯨鯢取以封脅從罔治聖上禹湯罪巳文武行仁凡鳴狐假王之妖首鼠觀釁之將莫不匿瑕宥戾碶垢滌汚雖三子猶存遂艾之間豈太陽不囬葵藿之照倘式王命共惟帝臣勿相依於輔車以俱焚于玉石倘能洗心效順觧甲來歸勤獻闕東疏封帶礪融全河右紀烈旂常若迷復怙終猶豫不斷蹈干顯戮謚爲至愚豈惟敷虐多方亦將遺臭千載請擇二者永肩一心者定爾功復見弓橐而戈戢式化厥訓庶幾世變以風移檄到如章書不盡意

引

復曹操書　漢關羽

明公布大義於天下而速取自樹非某之所敢知若猶是漢也某敢不臣漢哉敢拜嘉命之辱

又復曹操書　漢關羽

劉豫州有言尉佗秦之小吏猶獨立不詭某啞啞飛鳴朔而後集寧茸志終小人下耶使明公威德布於天下斡旋漢鼎窮海內外將拜下風慕高義獨某兄弟哉

歸昭烈謝曹操書　漢關羽

羽聞主憂則臣辱主辱則臣死曩所以不死欲得故主之音問耳今故主已在河北此心飛越神已先馳惟明公幸必矜之千里追尋當不計利害謀生死也子女玉帛之貺勒之寸毋他日幸以旗鼓相當退候

三舍意者亦如晉重耳之事秦穆公者乎恭謝

與張遼書　　　漢關羽

魯仲連東海之匹夫耳爲齊下士然且耻不帝秦職爲通侯列漢元宰獨可使負漢耶子且休矣

封還曹操所賜告辭書　　　漢關羽

切以日在天之上心在人之内日在天之上普照萬方心在人之内以表丹誠丹誠者信義也某昔受降之日有言曰主亡則輔主存則歸新受曹公之寵顧久蒙劉主之恩光丞相新恩劉公舊義恩有所報義無所斷今主之托某以知望形立相覓迹求功刺顔良于白馬誅文丑于南坡丞相厚恩滿有所報每留所賜之物盡在府庫封緘伏望臺慈俯垂鑒照

答冀城師清褒書　　　明党成

不尊德性不可謂道問學不道問學不可謂尊德性
若曰用力居多此學便屬偏曲項平父書雖出朱子
亦陽明定論中所槩括者何可據以爲的實也朱子
之學居敬窮理也存心致知也存養省察也的是傳
文約禮家法臺教摘出格物窮理四字而謂其務節
目而遺原本似乎于朱子面目尚有未肖也若就原
本言之則彼家之學自是著力原本者第恐彼之所
謂原本者非吾之所謂原本者耳教中所指先儒經
書之語何語非該貫動靜而敦篤夫原本昔朱子幼
時亦曾好禪比見延平先生每有論說先是只言不
是朱子再三叩請先生曰只讀聖賢書便見今存養
主敬許多話頭皆聖賢精旨所在人苟虛其心平其
氣去其好奇之念忘其先主之言只于四書五經性
理大全中將此等話頭一一領會而不敢誣爲我心
註脚則此道正義可指日而了然矣倘不屑務此而
醉心于傳習定論等書則彼家立論將此等字眼解
註一齊換過如論語傳文中庸博學皆不肯解作讀
書大學格物只皆爲爲善去惡令人一見即爲所惑

兄臺不知曾于此等處看破否也正道一路也邪蹊百千也凡百異學誰不高言原本但正之與邪所差別處只在原本上毫釐之間總之彼家皆是養神吾儒獨是盡性彼家話頭亦有間似吾儒者吾儒話頭亦有間似彼家者世之學人始若以非而混其是久將以是而斥其非矣是在精義君子虛其心平其氣只細心于聖賢書籍久當有以見之非一時筆舌所能取辯也

上驛糧道劉元勳書　國朝衛台揆

揆掩關白水村中聞車騎已臨并州喜躍欲狂然亦非爲一已之私計蓋有所欲言也嘗聞之目擊不恐不言不得不言之事而不言者非仁遇可以言之時可以言之人而仍不言者又非知揆不肖亦嘗侍知者仁者之側矣竊有所言惟明公垂聽焉明公今不旣司郵政乎夫郵政之在曲沃敝極矣沃凡兩驛一曰蒙城一曰侯馬馬凡若干匹誰其養者有官官何以養有額設之錢糧在此載在賦役全書班班可考

者不知始自何年壞自何人而竟責諸羣氓之百姓人一丁徵銀若干糧一石徵銀若干其初取數猶寡久之積至一錢五六分不等計終歲所入料理馬事且有餘羨中飽主者之槖又不待問也撥當散步村中見馬夫據鞍意氣揚揚鞭麾諸里老責逋之聲若雷男泣於戶婦歎於室相對無可如何有典衣賣田已耳問爲佽觀察王大行言之亦惟爲之三歎而已今幸明公當路倘革其在民還其在官一發號間捄億萬人之命除億萬年之害在此際矣夫有不忍不行不得不行之政而不行者亦非仁操可以行之權當可以行之會而仍不行者亦非知明公其無意乎在𧫴直陳無所逃罪惟諒其無私幸甚

與范彪西書

國朝魏象樞

聞老親翁力敦古道雅志著述心竊慕之曩見佳刻諸書大約在勸善一路近又聞漸歸理學實踐躬行心竊敬之矣吾鄉自薛文清後接脉惟曹與辛及桑陶而已今日學文清之學者又止自東谷先生爲最

此外有志而未逮者更不乏人且于北溟既逝此公
清操偉業卓絕千秋生自當列名以附鄉評公論耳
項者再讀大刻似不省取理學而文章氣節兼有之
亦大觀也積日累月漸漸成書且虛以下詢何敢遜
謝然而千里之外不能覿面談心其間欲一一問明
者如廣理學刻至二十一冊凡涉禪機斷不可入但
未見有呂涇野高景逸崔後渠羅念菴顧涇陽劉念
臺諸公姓氏尚在未刻耶抑缺其書耶或止選明儒
耶抑並　本朝之講理學有著作者亦廣之耶又如
詩集前有晉風選其所選吾鄉篇什幾無遺珠寒家
所藏悉付去取矣今或參閱晉風仍刻前輩舊詩耶
抑舍舊取新止求見所未見耶凡理學詩文卷帙繁
多應用何書統望詳示酌量寄之若拙筆一叙容即
另致集尚未竣畧緩無妨也再以近況奉聞生頭暈
之症日不離藥今年七十較前稍輕每朔望率闔家
大小向
御叩頭遥祝萬壽每季與庠士一會文每月與鄉紳一吟
詩每五日看兩孫兒一作課餘日則與大兒及西席

劉君講說古人嘉言懿行以消歲月而已迂腐行藏惟可與知己言之也又三晉文獻端在洪洞吾道有歸斯文大幸至于潛心觀理平心論人一字一句可法可傳不但淺學退舍即學道有年者能無敬服耶前下問殷殷未敢遽謝詳復商訂以竭一得曾托馬廣文致函未見老親翁詳示茲有李舍親專晤手書不一丙寅七月

與范彪西書　國朝陸隴其

僕浙西鄙人夙聞山右辛復元先生之名而未見其書承之恒暘幸與山右接壤則又聞先生今之辛復元也且盡刊行辛書因托人私訪之未敢通姓名於左右者誠欲得先生之書讀之然後當竭誠求正也乃蒙不棄辱賜手教且示以理學備考諸書展卷讀之元元本本議論所及皆足發明先儒之蘊與且三錫集居喪草具見出處不苟守禮謹嚴蓋非徒言之實能行之有功於世道何如哉不敢私諸篋笥將攜

以南歸徧告鄉後進俾知太行之西龍門之東復有大儒出其間王仲淹薛敬軒之遺風未墜相與討論而傳習之其爲惠不亦多乎微有商者備考中薛胡王陳兼收並列無所甲乙取朱子名臣言行錄之例而不取伊洛淵源錄之例曰以待後之君子甲之乙之此誠見先生虛懷若谷望道未見之心然僕謂亦有不可不甲乙者譬如適京師者必先辨其孰爲坦途孰爲險徑然後可以命駕倘並舉以示人而不告之以坦險之分萬一有誤入荆棘者吾心安乎况王陳之爲險徑薛胡之爲坦途前人論之詳矣非吾敢甲乙之也以前人之甲乙者告後人何礙其爲虛懷乎至備考序中謂學問只怕異不怕差此又有說學當互相發明小有異者不害其爲大同此但可以言聖門游夏之徒大同而小異者若王陳之與薛胡則非直小異也是大差也即其一生言行豈無可取然豈可以其小醇而並取其大疵毋怪世人以陽明之功業烜赫遂不敢議其學術不知管仲墨翟非無功業者也何以見譏於孔孟其中曲折非一二語可盡

嘉靖中粵東陳清瀾先生有學蔀通辨一書備言其弊不識先生曾見之否近有舍親刊其書謹以呈覽又有大興張武承著王學質疑一編言陽明病痛亦甚深切著明僕新爲刊之今并附呈區區之意非欲效世儒之聚訟也但不分别路徑恐學者不知所取舍不識先生以爲何如幸先生書尚有數種欲訪求者别楮附懇拙疏並正統希垂鑒不盡

與楊筠湄書　國朝湯　斌

向於邸抄讀大疏以爲漢之汲長孺唐之張曲江於今再見國有直臣社稷之福傾心嚮慕㸃敘無從近者秉衡三晉人傳歐陽某於各省學憲概不敢以一函相通故不敢破例達尺素於左右然有一事欲聞於大君子之前藏之胸中逡巡而不敢者數矣既而思之若於試事相干涉則斷斷不可若闡揚潛德或亦大君子之所樂聞也趙城同宗諱家相字泰瞻已丑進士弃友廉介本自性成言規行矩非由矯飾筮

仕常熟惠政洽於人心以催科政拙例當左官士民千里詣闕號泣請留舉旛相約輸納恐後數載逋賦一朝報竣三呉縉紳嘆爲從來未有部議還職再補南漳地最荒殘境逼巨寇招撫流移訓練鄉勇養民敎士具有成績督撫擬舉卓異而蓴鱸興思遽賦歸來居鄉杜門却掃絶跡公府官旣不違家徒壁立惟訓廸後進敦尚躬行誠盛世之循良儒者之卓行古者鄉先生歿而祭於社若斯人者以之爼豆鄉賢使後人有所矜式實大典之光也門祚衰微恐無由達之執事某知之最深故敢爲發微闡幽之舉惟與博採輿論愼而行之幸甚

四書淺說小引　湯斌

四書爲聖賢傳心經世之典備六經之㫖與自漢儒以來傳註純駁不一至朱子註出集羣儒之大成國家遂用以取士永樂間奉勅纂輯大全採收宏備審擇未精虛齋次崖諸先生繼之而考亭之註益明然

爲書浩繁初學未能得其要領吾友成齋唐君憂之
手著一編名曰訓兒淺說言簡而意盡文顯而旨深
篇章段落聯貫如珠童子可以成誦即宿學由博返
約亦有賴焉其有功於學者大矣成齋方病目猶手
自繕寫其爲功甚勤恨余力薄不能付剞劂以廣其
傳也郎君穉年聰穎非常必能世其家學謹書篇首
以勉之

議論辯說

晉文公守原議

唐柳宗元

晉文公既受原於王，難其守，問寺人勃鞮，以畀趙衰。余謂守原，政之大者也，所以承天子，樹霸功，致命諸侯，不宜謀及媟近，以忝王命。而晉君擇大任，不公議於朝，而私議於宮；不博謀於卿相，而獨謀於寺人。雖或衰之賢足以守，國之政不爲敗，而賊賢失政之端由是滋矣。況當時不乏言議之臣乎？狐偃爲謀臣，先軫將中軍，晉君疏而不咨，外而不求，乃卒定於内豎，豈可以爲法乎？且晉將襲齊桓之業，以翼天子，乃大志也。然而齊桓任管仲以興，進豎刁以敗，則獲原啟疆，適其始政，所以觀視諸侯也。而乃背其所以興，跡其所以敗，然而能霸諸侯者，以土則大，以力則彊，以義則天子之冊也。誠畏之矣，烏能得其心服哉？其後景監得以相衛鞅，弘石得以殺望之，誤之者，晉文公也。嗚呼！得賢臣以守大邑，則問非過問，舉非過舉也。

然猶羞當時陷後代若此況于問與舉又兩失者其何以救之哉余故著晉君之罪以附春秋許世子止趙盾之義

讀將鑑博議　明程敏政

凡爲將者當觀其大節之何如而不當計其事功之成敗予嘗慨夫戴溪之論關羽也其言曰羽輕信寡謀貪前利而忘後患矜己傲物犯衆怒而失人心意以羽嘗逐權之置吏罵權之請婚而乃受呂蒙之詐虛內攻外至于敗亡爲輕信寡謀之過又以爲羽之攻樊也嘗以軍資不給將還治糜芳傅士仁之罪故吳兵一動二子皆降夫一介之士必有所友羽爲主將不能以恩撫下使衆叛親離爲矜己傲物之過嗚呼羽之在許也曹公待之厚曰吾受劉將軍恩誓以共死當立效以報乃去耳其後解白馬之圍盡封其所賜而奔昭烈然則悖天下之大信者羽也昭烈與曹操共獵羽欲殺操昭烈不從夫孔明以王佐之才

至于操曰此誠不可爭鋒使當時從公之言則漢室中興可以爲有成之韓稚矣羽之下襄陽斬龎德降于禁也威震華夏操議徙許以避其鋭無謀而能若是哉然則負天下之大謀者羽也權與昭烈既分荆州則權乃漢臣方將勠力王事以圖犄角之功不可謂之虛内曹操脅天子以令諸侯不可謂之攻外至于荆州之分呉人以昭烈爲無功不當得而溪亦以爲然予獨以爲曹操之東下也魯肅親謂權曰劉豫州天下梟雄與操有隙如使豫州撫劉表之衆同心制操天下可定也孔明請援於權權亦謂非豫州莫可當操者夫豈以昭烈身之勇兵之强哉實江東之人欲借重於王室之胄庶操之逆而我爲正耳蓋操逆我正則神必相其役而士思奮有必勝之理使赤壁之下非昭烈親在行間則權操均賊勝否不可以逆正决也荆州分地昭烈豈無謂而得之者哉權無故欲併之而置三郡長吏則直在漢曲在權羽之逐之宜耳忍辱而婚其讐春秋之所非也權既反覆小人烏得而婚之矧羽知春秋識禮義而權以妹妻昭

烈之事又自可鑒羽之絕之亦宜耳軍資不給當以軍法從事使羽不加之意則失其所以爲將者矣知人之哲聖堯猶難羽亦烏能逆料芳與士仁襲漢之衣冠而甘爲臣魯者哉凡若此者謂之矜已傲物吾不知其可也羽之善待卒伍見稱於昭烈而溪謂羽不能以恩撫下昭烈與羽情若兄弟其死也棄中原之讐爲伐吳之舉千載之下得死友者莫如羽而溪以是譏之是皆近於誣矣乃貪前利而忘後患可以誣孫權犯衆怒而失人心可以誣曹操皆不可以誣羽何也昭烈跨有益州漢中之地帶甲百萬而孔明爲之臣權能保其必勝乎慮不及此而乃區區於襲羽使天尚祚漢昭烈不死兵連禍結何時而已乎故曰貪前利而忘後患者非羽也權也漢有天下四百餘年曹操一旦欲攘其位而柄其政君其人故昭烈起兵徐州則郡縣多叛曹應漢耿紀韋晃之流位不過少府司直而伐曹不克矣死無悔當時扼腕於下者可知矣故曰犯衆怒而失人心者非羽也操也爲溪者何故以僭竊反逆之事務欲加諸忠義正直之

臣平至于篇末乃曰羽固非良將矣然古今稱之者以其忠義大節足以仰高於後代也嗟乎古所謂良將者豈歟以其勇而已哉伊尹去桀以就湯太公避紂而佐武王凡爲將者莫良焉以其識去就而以除殘去暴爲心耳漢末羣雄鼎沸袁曹勢可以帝天下而羽委質於昭烈盡瘁乃已是豈有所顧望者哉所謂良將若羽是矣而溪曾不之識則是重羽之無成爲可惜而輕其大節爲可後也夫成敗出於天而大節存乎人古之仁人志士盡其在已者耳豈能責成於天耶善乎蘇洵曰世多奇吕蒙之功以予所見乃小人舞智不足取也溪烏足以語此

三晉名賢議　　明吕枬

議曰承命查定三晉名賢奉祀河東書院按史志在黄帝有若解州風后在唐虞有若稷山后稷在夏有若安邑關龍逄在商有若夏縣巫咸平陸傅説首陽伯夷叔齊在周有若平遥尹吉甫介休介子推晉陽

羊舌肸董狐西河卜商在漢有若介休郭泰太原王
烈解州關羽在晉有若晉陽郭琦在隋有若龍門王
通在唐有若太原狄仁傑聞喜裴度在宋有若平陽
孫復夏縣司馬光介休文彦博聞喜趙鼎在明有若
河津薛瑄夫周漢晉唐間茲土名賢亦彔然間有斑
垢智如士會奔秦而教撓叟駢信如荀息事君而不
明嫡庶友如劉攸位高而頗媚權貴忠如霍光溺妻
而不正大義王延之孝相劉聰柳宗元之材黨叔文
至若祁奚宮之奇段干木周續之周黨溫嶠王績韓
通輩雖有懿行不盡純粹故不與諸君子之列夫士
論弗正多崇言卑行奬名抑實故馬融訓詁雖草殺
李固猶祀孔廟尹焞正學雖賢如朱熹亦短其致知
以孔顔之學觀之後儒失之遠矣故今定祀惟取大
道不論言語俾學者知所趨向至若夷齊吉甫卜商
雖非斯土之產然食於斯居於斯葬於斯魂魄存於
斯安知後來諸賢非四子之遺教也且今首陽西河
平逢區區小邦憑此四子與日月爭光不朽論三晉
名賢詎可遺諸至若君實夏縣雖祀再祀書院亦宜

蓋今書院統晉省而設其志博矣猶天下皆祀孔顏曲阜不可無二氏廟也管窺妄議望吾子廣采諸史及土著者英去取定著實風化之大者也

薛瑄從祀議

明唐順之

竊惟陛下懋建皇極身作君師惠然留意理學之臣博採於庶官之論欲以定祀典而彰潛德甚盛心也夫瑄之爲人諸臣論之詳矣臣無可說也臣請折衷之祀典以答明詔可乎臣聞聖人之道有宗傳有羽翼蓋孔門身通六藝者七十人其德行稱者纔四人而夫子獨許回庶幾其三人又不與也一貫語之參賜而性與天道賜又自以爲不可得聞則其精微之際心授心受毫釐不差者固亦難矣所謂宗傳者也然文學政事言語亦得與德行分科而居而皆不失爲聖人之一體至於門人之辯之勇之藝聖人亦自讓以爲賢於已且曰自吾得某也而惡聲不入於耳自吾得某也而門人加親是聖人與人之周也所謂

羽翼者也此孔門人物之衡也亦後世論孔門從祀
者之衡也如使必其宗傳而後可以從於祀也則顔
曾思孟而下及於濂洛四三鉅儒而足矣雖七十子
亦有在所畧者而况於經師之口傳與王韓輩之疵
而未醇者乎然且羣然而俎豆焉則羽翼之由也故
曰與其過而廢之寧過而存之至如瑄者以復性爲
究竟以持敬凝靜爲工夫非聖人之道不以志而學
非濂洛關閩之說不以尊而信雖其於所謂精微之
際未知其何如也而歷其平生其肯于聖人者亦少
矣謂其爲聖門之羽翼也復何疑乎此瑄之可附于
祀典者一也臣聞衆心安定而成俗俗必有尚衆志
鼓舞而成尚尚必有倡倡之者始之也祭之爲言報
也以報本而反其始也我朝理學彬彬乎盛矣然自
瑄以前儒者猶汨於辭章事功之習而未有能卓然
於道德性命之歸者也而瑄實倡之矣自瑄以後其
有如瑄者繼踵而出乎未可知也其有能直接孔氏
之心傳者出乎未可知也而瑄實倡之矣是則瑄其
我朝理學之一關也比之濂洛倡道於宋雖其所自

得或有淺深而功則並之此瑄之可附於祀典者二也臣聞之記曰凡釋奠者必有合也有國故則否解之者曰國故云者若虞則夔伯夷周則周公魯則孔子也此代各自釋奠於其代之人而國又各自釋奠於其先師解之者曰若漢高堂生制氏毛公伏生也此漢代釋奠于漢之人之證也故夔伯夷周公孔子雖不能接世而生而高堂生制氏毛公伏生固亦非曠世之所希有然而與釋奠者代有其人則自建學以來皆然未有空一代而絕無其人也明興且二百年絃歌之化暢乎遠近豎子皆知誦法孔氏而壁宮之側至今無一人得俎豆其間者非所以鼓士氣而彰聖朝棫樸之盛也元之世且推其臣許衡而從祀焉我明乃無一人之幾於衡者必不然矣由此言之苟爲聖人之徒者猶宜援而進之而況如瑄之真可以羽翼聖門者乎如是而曰我國之故也而祀焉以比於漢高堂生制氏毛公伏生許衡其亦可以無愧矣乎況今之所謂祀者乃其偃然於累代羣儒之後而非如記所謂特祀以爲先師者也奚不可哉此瑄

之可附於祀典者三也臣聞周禮大司樂曰凡有德者有道者使教焉沒則以爲樂祖祭于瞽宗瞽宗者殷學也此學宮祀其能爲師者之証也其豢器舍菜而神之者乃其攝齊鼓篋而師之者也瑄嘗督學于齊魯而諸生翕然尊之曰吾薛夫子也故其時師道之尊而庠序之飭始自齊魯而風於天下蓋在勝國時許衡實爲祭酒勝國時之能尊師道而作人材者莫如衡而我朝之能尊師道而作人材者莫如瑄其亦近乎樂祖瞽宗之義否耶此瑄之可附於祀典者四也然或者謂瑄于六經少所著述宜不得與從祀臣竊以爲不然夫聖人所爲作經者何也以摹寫此心而已儒者求諸心而有得也是眞能發揮六經也已且自古儒者說經之多莫如馬融其體認本心絕不肯爲六經註脚者莫如陸九淵陛下嘗進九淵而黜融則聖明照鑒固有取躬行妙悟之實而不徒以聞見講解爲功矣况瑄所著讀書錄且十餘萬言固濂洛關閩之緒而六經之旨也其爲著述則亦已繁此瑄之無礙于祀典者也然宋儒之賢若尹焞羅從

彦李侗黄幹皆不得與今瑄所得未知其與數子何如乃得與或者亦有是説臣又以爲不然夫瑄之所得誠未知其與數子何如也然而濂洛倡道之後羣儒連茹而出耳目薰染親相授受故其興起爲易而瑄獨崛起絕學之後故其樹立爲難其連茹而出也不得不擇其尤者而祀之其崛起也不得不援而進之譬如繁星麗空非五緯不能耀芒而晨星不能相望則維參與昴暳然而見微顯闡幽之義也安能牽彼以例此乎又瑄之無礙于祀典者也故臣以爲宜如御史臣瞻臣得仁所疏臣愚昧亦謹言惟聖明裁擇

常平倉議　明何東序

議照平糴備荒一件在漢五鳳間歲數豐穰石穀五錢耿壽昌請糴三輔弘農諸郡穀供京師又令邊郡築倉增價而糴以利農曰常平倉此蓋爲京師邊郡而設未嘗通行天下也當時廷臣已有議其不便外

有利民之名內實侵牟百姓豪占因緣爲奸小民不得其平其後或作或止法不常行唐貞元初吐蕃劫盟蹂躪關中者二十年人戶無幾歲値穀賤陸贄請和糴一年當轉運之二年蓋爲漕運而設四方諸道未嘗盡用贄議也當時外臣有謂和糴之事有害無利稍有稽遲鞭撻甚於賦稅至言和糴不如折糴惟以靑苗稅錢量折使納其後或舉或罷法不常行今海內多故公私俱竭法如密網事甚奕碁至救災拯溺先事預防欲於豐收去處支借官銀隨市低昂量增糴買以備凶荒科臣建議極詳且善有司受有求牧之責亟宜奉行卑縣反覆籌慮卽以本境言之事在今日其大者有五難一糴本之難二穀貴之難三典守之難四查盤之難五弊孔之難本縣錢糧自起解存留二項之外別無堪動銀兩欲糴無本何從得穀一難也前代和糴值其極賤之候本縣土瘠民貧見不足用曾無再歲之積一遇官買市價騰湧救荒何時民先受困二難也歲僉預備倉斗級經手出納浥折賠補大率傾家什九復立社倉必增前役一之謂

甚再其何堪三難也上司專官查盤本爲考覈虛實文具相襲卒成錮蔽上下名實之殊有未易以控陳者四難也庫藏倉廩代有成法縣官新故交代猶不能無事後之議此法新創詎無弊生百孔千瘡孰能預知而盡掩之即如近歲糧多納穀行者未必利利者未必行文網所格空談絺上民間詎不知其德意謂何五難也查得本縣先于嘉靖二十年後遵奉明文於張岳下任杜村鎮建立社倉三所糴穀備賑行之數年本息俱罄而社倉之名地僅存嗣是院道間有按成事而督修廢者亦竟罷弛不常竊謂年歲之有凶豐百姓之有貧富何代無之富者憂深思遠惡衣菲食終不肯取債於人故其家常羸貧者呰窳偷生一醉日富急則取債於人凍餒塡壑而不悔一遇凶年假貸不出縣官倒廩不返者無論或假息錢春秋貸濟官吏恐以逋欠爲負必令貧富相兼小有不登官督之急則負而逃之致令富者獨償久則展轉皆貧矣出陳之法既不能以無弊於是廟堂始議社倉之舉卑縣博采民情斟酌時事合候申請通詳之

日本縣多方設處先將原立社倉修葺倉房聽候本府借發何項無碍官銀若干趁今秋收依時糴穀納倉僉報附近殷實人丁二名看守每年二月量減時值糶與貧民養贍力農至秋成之日仍復糴買約以三年一次儘其營溢之數還官轉府通計九年爲限三次償足原本以後歲糴歲溢不復仰貸於公倘遇凶年申請上司先儘預備倉給賑不足再借社倉穀石待後豐稔抵斗還倉務使歲愈久而穀愈多勿致貸出而不返官吏總其成上司不預其事庶法立而弊不生下便而上不擾或可仰裨德意於萬一矣蓋宋儒所謂賑饑莫要於近人置倉必須於當社又謂天下常平義倉但以穀奏申有司更不收管此古今不易之格言上下一心文網盡脫此海宇蒼生延頸抵目日夜仰流於上者也管見卑卑無奇伏乞鈞裁

存恤良民以輯流寇議

明王臣直

流寇之起於秦也二年于茲矣渡河而犯晋自崇禎三年二月始也賊一渡河即侵平陽地界土著之兵

寡弱不敢不得不調邊兵而邊兵往返須二十日居民望之未免爲西江之水保全雖多蹂躪者亦不少是以蒲欒陷矣因而掠鄉吉因而掠洪襄因而掠絳太又因而掠津稷矣西漸而東北漸而南歸則飽載來復蠶食河東三十六州縣傷殘數十餘處今幸勦賊之局漸有頭緒而臣直竊於此時更欲下一先着陽則弔死恤生實陰以散賊之黨而捷收吾勦之功也始之寇晉者秦人也今寇晉者半晉人矣二三月間從賊者十之一六七月而從賊者十之三至今冬而從賊者十之五六矣秦盜掠而晉民貧晉民貧而晉盜生晉盜生而秦盜益勝今欲除秦之盜莫先欲除晉之盜欲除晉之盜莫先欲撫晉之貧民貧民得撫使其知爲盜而得生不如爲良民而得生使其知爲盜雖暫生終不免於死爲良民可終身保其餘生也如是則晉之從盜者寡而秦盜之黨自孤矣然輯撫晉民非憑空文消其邪心也貧民之信其饑寒甚于信上之空文貧民之信其從賊搶掠免于饑寒甚于信上之空文輯撫免于饑寒蓋緣搶掠目前即有

成效而空文撫循尚在河清難俟之際也今實爲晉民計安全當先移檄查平陽所焚掠者某州縣州縣所焚掠者某村落村落所殺傷者某民人隨出示云殺戮者即免其人之門差殺傷者免一年以爲安養之需凡賊所焚掠之村落盡免崇禎四年之稅糧賊之所到殺傷人民殆盡婦女擄逃殆盡廬舍火盡財物掠盡牛羊驢騾食盡耕農器皿焚盡至于黍穀稻麥人食所餘者盡以食其馬馬食所餘者悉付一爐矣不但貧者貧富者亦貧不但貧者乞富者亦乞昔入其鄉而老幼子婦熙熙也今惟有殭尸枕藉于道耳昔井廬桑麻蔚然可愛也今一望丘墟人煙斷絕矣除一面速行蠲免外更令各州縣煑粥以活啼饑之民計一斗二升米日可食三十人一石二斗米日可食三百人計正月二月大州縣不過五百金小州縣二三百金即可使焚掠之餘民皆樂生全而潛消其不肖之心也而或者曰數州縣一年之糧邊需孔亟何以應之不知養兵原以安內也內地傷殘視外患更爲迫膚若使晉地賊盜橫起則征調之費奚啻

一年蠲免之糧今以蠲免之美政陰使我民化其邪心所省者又奚啻一年蠲免之糧也且不行蠲免之害更有不忍言者今即不免恐啼饑號寒之民室家未聚何能急公如徵之而聽其不完是我不免民民自免也與蠲免同如責其不完而竹皮木囊以苦之非希聖希賢之民未有不從賊者也况我以刑法促其生而賊又以飽煖餌之此不盡驅我民爲賊不已也且此時蠲免之令免僅一年一年以後仍在官耳不然束手不能應公惟有從賊從賊之後難即歸正我不免一年之糧將數年之糧皆爲烏有是免者之所得多而不免之所失更多也使當秦盜初起而早下蠲免之詔秦盜必不多助至此及今而始議蠲免亦晚矣秦既失策于前晉豈可失策于後也則今日宜早布德音以活此瘡痍之民以安此動搖無聊之衆可耳倘舉之不速恐窮民生心苟且求活秦掠晉晉復掠晉至于掠無可掠勢不南掠中州必北掠燕薊耳畿輔震動爲患愈深當事者鰓鰓於賊之愈勦愈勝也始議蠲免始議賑恤其能有及乎請諸上臺

體天子嘉惠元元之意當爲地方圖萬全也晉民獲安然後查秦民之戶籍延宜一帶有事于四方者限以日期許其還家自新本之以至仁動之以至誠士仍歸士商仍歸商農仍歸農軍士失伍者亦各隨願歸伍其前日之罪概寛不究若仍不悛者然後置之不赦之條也至再三敎告或秦民亦有革心之日乎草莽之臣言無可採生民之志夢寐難忘謹議

后稷宜從祀書院議　明　呂枏

后稷之祀初以如吾兄之意尋謂配天之事出于我朝則今甚不敢出于前代則今已罷祀矣罷祀而謂有當時配天之嫌使後世皆不敢祀焉如之何其可也且思文之詩乃周家子孫追遠之意一代之私情也雖配天不爲過書院之祀乃晉國鄉士仰止之誠萬世之公論也雖釋菜不爲嫌昔洪武初曾以后稷配先農尋雖罷配其初亦不以曾配天而少變也且今天下鄉賢之祀皆不請於朝不列于祀典如所謂

天地山川六宗歷代帝王截然之不敢犯者也但皆出于其土士人私遵之意義起之禮耳如皆取其賢之小者去其賢之大者而以爲不敢又何以爲名教也又如孔子天下固皆以天子禮樂祀之而曲士陋儒亦得家祭而屋祀人不以爲僭也故后稷周先也周滅不祀已非后稷晋産也晋之鄉人亦禁而不敢祀何哉若是則稷山之廟武公之祠皆可毁矣如義可從當自風后后稷至商伯東叔齊爲正位其餘以世代列左右惟吾兄再與晋國禮士議之

鄉賢議

明　成　德

國家從祀之典最不輕畀以薛敬軒王陽明二先生之賢且著持論者分更析漏久而始定戛戛乎難之矣鄉賢雖不能與從祀比崇然列在泮宫是亦賢聖之亞旅而從祀之分茅也德北人於帝鄉差近無敢漫舉鄉賢者而三晋殊不然德非謂三晋名彦如林了無當於鄉賢正以如林名彦孤情獨迥衆喙難調

舉者欠眞眞者莫舉耳以德所目睹安邑吳公養洵蒞任昌平州知州當魏璫叟手障天之時府尹下檄于各邑爲魏璫修祠遍索捐貲助工公抗辭不之許蓋三見逼而三行抗也識者高之惟因官屬乙榜無人發其幽光爲可歎耳乃若聞喜李公倖萬曆乙未進士有功國本于張差一案挺議不撓奪職罔悔而是公告隕一子伶仃甚有破其巢而取其貲者若非劉令君發奸作主則李公茫茫墮緒靡有孑遺矣而先此有王公宗舜與猗氏何肖山俱嘉靖癸丑進士曾聞分宜作宰欲召致之屹不赴竟得南道其督糧河南高新鄭遺書爲本縣酒糧於通省公毅然爭之及備兵臨清張江陵之姻家枉道索帕于機戶公復婉辭而謝此其侃侃之節有足多者曾誦其古銅酒望諸詩不惟逼眞作者而其清衷爽致儼然稱古逸民無愧也以三公而名不掛鄉賢則鄉賢可知以鄉賢重舉而無三公之俎豆點綴其間則三公又可知其德行矣偶與友人與言及斯輙爲悼慨謹附書于此以告世之君子如有君子者將不以鄙言爲河漢

也哉謹議

解州名賢入祠議

國朝江闓

竊以召伯致咏於甘棠風詩列之二南逮乎後世朱邑享桐鄉之祀韓稜致邳邑之思凡以名賢善政舉世皆知而於所守之地澤尤親切故雖世遠年湮而人愛戴不忘也府州縣俱有名宦其來尚矣夫解雖斥鹵之地實隸河東歷代韡此不乏名賢流風遺澤今猶未泯除已經入祠者不論外乃有最顯著之名臣猶墨漏未彰者如宋太子少師歐陽文忠公修宋樞密副使贈禮部尚書包孝肅公拯一則忠清亮直一則廉介絶俗其立朝風采政事大節業見之史册無庸贅陳按府志載修慶曆初以右正言爲河東制置使奏人民耕輿代岢嵐等廢田及以河東賦歛過重奏罷十數事有河東奉使奏章一卷又載拯由進士爲河東轉運使耿介自持嘗經度解鹽以通商販軍國之需賴焉合之州志相同是二公者壄地減賦

振興鹽利皆有德于解民以二志合乎綱鑑彰彰可據均當急爲表彰以勵後人者又解爲河東舊地面山帶河其間靈秀之所鍾代有忠賢奇偉之人其最著如風后佐治於軒轅雲長効忠於蜀漢卒皆垂休竹帛列祀蒸嘗矣乃有幽芳未闡懿行猶湮者其品節不在風后雲長之下今考得唐中書令柳奭以忠諫被害誠所謂事君不二見危授命者也謹按州志載奭父楷嘗使高麗卒奭迎喪哀號士人傾慕唐永徽間歷中書令尋貶顯慶四年許敬宗搆奭與長孫無忌褚遂良於武后遂被害時皆惜之再考山西通志載奭爲柳宗元曾伯祖高宗永徽二年爲中書令與長孫無忌等諫立武昭儀事貶榮州又貶象州四年詔御史遣詣京師與無忌皆被誅又考韓昌黎所作柳子厚墓志銘載子厚曾伯祖奭爲唐宰相與褚遂良韓瑗俱得罪武后死於高宗朝是二志與韓文符合誠皆昭著無疑者也竊以武昭儀之立后關係唐室興亡國事莫大於此者奭與遂良等盡忠極諫爲臣節所當然不幸相繼被害大節猶凜凜若乃遂

良無忌等舉世咸知獨奭人未稔悉循幸二志韓文可考否則考定無從倘世遠年湮二志脫畧徑致名沒不彰非所以勵忠貞而維風教也又檢山西通志夏之代有兩賢焉曰奚仲曰脩侯均曰解州人定非無據考州志二人雜入通傳其間名宦人物流寓錯出頗不可解鄉賢祠并未列祀夫奚仲佐大禹爲車正建旌旗斿旐以別尊卑車之駕馬實始於仲見仁山前編仲本黃帝後封於薛見春秋胡傳薛縣有奚仲廟見後魏書黃帝後奚仲建侯於薛又十二世生仲虺見路史是奚仲爲夏后名臣且爲殷湯賢相之所自出烏可不祀至于脩侯佐仲康征羲和奉將天罰大彰夏天子之威命載尚書脩征本篇前編同其功不在靡與有鬲有仍下其言曰殲厥渠魁脅從罔治威克厥愛允濟愛克厥威允罔功世奉爲戡亂之經烏可不祀不知前此何以闕而不講眞憾事也尤可怪者近從州堂敗壁間見宋名賢王元之諱禹偁者片石上刻鹽池詩其序云淳化四年孟夏自商洛移於解梁考州志載其詩畧其序郡志省志多一中

條山詩一五老峯詩並畧其鹽池詩之序遂不識其曾知解州不獨宦祠不與即職官宦績俱失其傳及考一統志公曾貶商州團練副使種蔬自給以廉著再考宋史本傳初貶商州歲餘移解州則其知解州明矣公嘗草李繼遷制送馬五十匹爲潤筆力却之清操如此又嘗獻邊防十策太宗深嘉之不能用又奏請諸郡設城池兵仗軍卒眞宗亦嘉納之又嘗獻收李繼遷機宜言之悉驗卓識如此其出守滁州也以言孝章皇后　禮成服其出知黄州也以修太祖實錄直書乃事其坐貶商州團練也以抗疏雪徐鉉及坐　其持正又如此夫以賢如王公煋然宋史而志書宦祠俱遺余爲守土者考之羣書徵之輿論謹陳末議以襄興朝之盛事以補古來之闕典惟大人君子採擇焉

荀息論

宋司馬光

晉獻公使荀息傳奚齊荀息曰臣竭其股肱之力不濟則以死繼之及里克殺奚齊荀息死之君子曰詩

所謂白圭之玷尚可磨也斯言之玷不可爲也荀息有焉杜元凱以爲荀息有詩人重言之義以愚觀之元凱失左氏之意多矣彼生與言必而背之者是小人穿窬之行君子所不譏也夫立嫡以長正也獻公溺於嬖寵廢長立少荀息爲國正卿不能明白禮義以格君心之非而遽以必許之是則荀息之言玷於獻公未没之前而不可救于已没之後也然則左氏之志所以取荀息而非所以爲褒也

士燮論　　宋蘇軾

料敵勢强弱而知師之勝負此將帥之能也不求一時之功愛君以德而全其宗嗣此社稷之臣也鄢陵之役楚晨壓晉師而陳范文子獨不欲戰晉卒敗楚楚子傷目子反殞命范文子疑若懦而無謀者矣然不及一年三郤誅厲公弑胥童必欒書中行偃幾不免於禍晉國大亂鄢陵之功實使然也有非常之人然後有非常之功非常之功聖人所甚懼也明月之珠夜光之璧無因而至前匹夫猶或按劒而况非常

之功乎故聖人必自反曰此天之所以厚於我乎抑天之禍余也故雖有大功而不忘戒懼中常之人銳於立事忽於天戒日尋干戈而殘民以逞天欲全之則必折其萌芽挫其鋒芒使知其所悔天欲亡之則必先之以美利誘之以得志使之有功以驕士玩於寇讐而侮其民人至于亡國殺身而不悟者天絕之也嗚呼小民之家一朝而獲千金非有大福必有大咎何則彼之所獲者終日勤勞不過數金耳所得者微故所用狹無故而得千金豈不驕其志而喪其所守哉由是言之天下者得之艱難則失之不易得之既易則失之亦然漢高帝之得天下親冒矢石與秦楚爭轉戰五年未嘗得志既定天下復有平成之圍故終其身不事遠畧民亦不勞繼之文景不言兵唐太宗舉晉陽之師破竇建德虜王世充所過者下易於破竹然天下已定外攘四夷伐高昌破突厥終其身師旅不解幾至於亂者以其親見取天下之易也故兵之勝負不足以爲國之強弱而足以爲治亂之兆蓋有戰勝而亡有敗而興者吳會稽之棲而勾踐

以覇黄池之會而夫差以亡有以使之也夫昔虢公敗戎於桑田晉卜偃知其必亡曰是天奪之鑒而益其疾也晉果滅虢此范文子所以不得不諫諫而不納而又有功敢逃其死哉使其不死則厲公是志必先圖於范氏趙盾之事可見也趙盾雖免于死而不免于惡名則范文子之智于趙宣子也遠矣

荀林父伯宗論　宋呂祖謙

世未有事非而心是者譽共驩者必非信朋踽踽者必非廉入許史者必非正屠袁劉者必非忠見其事則其心固不問而可知也事非心是理所無有亦天下有事是而心非者乎曰有赤狄伐晉圍懷之際勢方強也晉侯欲犯其疆荀林父欲待其衰林父之策是也赤狄酆舒殺伯姬之際惡已暴也晉大夫欲縱其暴伯宗欲討其罪伯宗之策是也人觀其前莫不非晉侯而是荀林父人觀其後莫不非晉大夫而是伯宗孰知二子策雖是而心則非乎圍懷之役林父堅忍以待其衰是固理之正也至於所以設謀者則

日使疾其民以盈其貫將可殪也嗚乎是誠何心哉至于鄷舒之事伯宗奮厲欲討其罪是亦理之正也至于所以設謀者則曰後之人或者將敬奉德義以事神人而申固其命若之何待之嗚乎是誠何心哉聞君子成人之美矣未聞成人之惡也聞君子懼人之亂矣未聞懼人之治也今林父則養人之惡惟恐其不盈伯宗則幸人之亂惟恐其或改處心積慮可謂忍矣此吾所謂事是而心非者也論者安可信其事而畧其心哉人苟心不在於善凡所遇之事曲固曲也直亦曲也邪固邪也正亦邪也仲舒孫弘同以春秋而事武帝者也劉向谷永同奏諫諍而正成帝者也然世皆內仲舒而外弘右向而左永何也弘之春秋人所以羞道之者心累其書也井辱秣陵泉貪交廣果誰爲之累者井邪泉邪人邪

桐葉封弟辯　唐柳宗元

古之傳者有言成王以桐葉與少弟戲曰以封汝周公入賀王曰戲也周公曰天子不可戲乃封小弱弟

於唐吾意不然王之弟當封耶周公宜以時言于王不待其戲而賀以成之也不當封耶周公乃成其不中之戲以地以人與小弱弟者爲之主其得爲聖乎且周公以王言之不可苟焉而已必從而成之乎設有不幸王以桐葉戲婦寺亦將舉而從之乎凡王者之德在行之何若設未得其當雖十易之不爲病要于其當不可使易也而况以其戲若戲而必行之是周公敎王遂過也吾意周公輔成王宜以道從容優樂要歸之大中而已必不逢其失而爲之辭又不當束縛之馳驟之若牛馬然急則敗矣且家人父子尚不能以此自克况號爲君臣者耶是直小丈夫缺缺者之事非周公所宜用故不可信或曰封唐叔史佚成之

五代史司空圖傳辯

宋王禹偁

五代史闕文云圖字表聖自言蒲州人有俊才咸通中登進士第雅好爲文躁於進取頗自矜伐端士鄙

之從事使府洎登朝驟歷清顯巢賊之亂車駕播遷圖有先人舊業在中條山極林泉之美圖自禮部員外郎避地鳥日以詩酒自娛屬天下板蕩士人多往依之互相推獎由是聲名籍甚昭宗反正以戶部侍郎召至京師圖旣負才慢世謂已當爲宰輔時人惡之稍抑其鋭圖憤憤謝病復歸中條與人疏不名官位但稱知非子又稱耐辱居士其所居在鎮貽溪之上結茅屋命曰休休亭嘗自爲記云云已上梁史舊文按圖河中虞鄉人少有文采爲鄉里所稱會王凝自尚書郎出爲絳州刺史圖以文謁之大爲凝知入知制誥遷中書舍人知貢舉擢圖上第頃之凝出爲宣州觀察使辟圖爲從事旣渡江御史府奏圖監察下詔追之圖感凝知已之恩不忍輕離幕府滿百日不赴闕爲臺司所劾遂以本官分司倅之召拜禮部員外郎俄知制誥故集中有文曰戀恩稽命黜繫洛師於今十年方參綸閣此豈躁於進取者耶舊史不詳一至於是圖見唐政多僻知天下必亂卽棄官歸中條山尋以中書舍人召拜禮部戶部侍郎皆不起

及昭宗播遷華下圖以寄邇乘輿卽府奔問復歸還
山故其詩曰多病形容五十三誰憐借笏趂朝參此
豈有意於相位邪河東節度使王重榮請圖撰記得
絹數千疋圖置於虞鄉市中恣鄉人所取一日而盡
是時盜賊充斥獨不入王官谷河東士人依圖避難
獲免者甚衆昭宗東遷又以兵部侍郎召至洛下爲
栁璨傾阻一謝而退梁祖受禪以禮部尚書召辭以
老病卒年八十餘又案梁室大臣乃至有如敬翔李
振杜曉楊涉等皆唐朝舊族本以忠義立身重侯累
將三百餘年一旦委質朱梁其甚者贊成弑逆圖以
清直避世終身不仕梁祖故梁史拾圖小瑕以泯大
節者良有以夫栁璨爲相臣僚多被放逐圖爲監察
御史尤加畏愼昭宗郊禮畢上章懇乞致仕曰察臣
本意非爲官榮可驗衰羸庶全名節上特賜歸山其
詔畧曰既養高以傲世類移山以釣名心惟樂於漱
流仕非顓於食祿匪夷匪惠特忘反正之朝載省載
思當徇遯棲之志宜放歸中條山詔辭乃璨之文也
時多以四晧二疏譽之惟僧虛中云道装汀鶴識春

醉野人持言其操履檢身非傲世者也又云有時看御札特地掛朝衣言其尊戴存誠非邀君也

歷山辯　　元羅泌

歷山今河東縣之雷首山也其山九名一曰首陽臨河與太華對峙即謂歷楊雄所云登歷觀以進望者樂史謂在偃師西北二十五里有舜廟舜井嬀水汭水嬀南汭北然後魏輿地圖上谷記下洛城西南四十里有潘城城西北三里亦有歷山形如覆釜下有舜砦二祠云是舜居帝之蹤跡何闢至是而齊之歷城南五里又有歷山水經注云上有舜祠縣東復有舜井亦云耕處寰宇記在縣東百步云舜之所穿又有華水與歷山井通曾子固言舜耕歷山漁雷澤陶河濱作什器於壽丘就時於負夏康成謂歷山在河東雷澤在濟陰而負夏則衛地皇甫謐乃謂壽丘在魯東門之北河濱爲即陶丘乃定陶西南之陶丘亭耕稼陶漁皆舜之初年其地必不大相遠今皆在魯衛間則歷山不得獨在河東遂以爲娶後所居後世

因有嬀水而遷就之大河中乃帝所生若所都而歷
城古歷下也其相去也遠矣耕漁之時徒以瞽瞍不
順暫即荒野顧非日後就販之比其初未必遠去父
母之側河濱雷澤其說未悉按九域志濟南濮陽河
中皆有歷山俱存祠廟而今秦地池陽澧陽始寧吳
縣上虞無錫亦皆有之子列子云舜耕河陽書大傳
云舜陶河濱按元和志乃河東縣北四十里故陶城
蘇氏演義云歷山有四一河中二齊之歷陶陽縣三
冀州四濮之雷澤雷澤不聞有二耕漁必不相遠即
此爲是今曹濮間有舜豢龍井定陶城皆其蹤也然
歷山何止四哉信都之歷山樂史亦以爲舜耕在是
援神契云舜生堯墟應劭謂與雷澤相近寰宇記在
雷澤縣東十三里歷山在縣西北十六里今濮之雷
澤西北六十里有小山孤立謂之歷山山北有小阜
屬池因稱堯墟邵諡緣之皆記舜耕之所而池之建
德東十里更有堯城山縣南三十里有堯城堯祠云
堯巡狩所至梁武于此立太原府縣北二十里爲舜
城有舜井有歷山上有堯舜二祠元和郡志謂是兩

帝南巡所至而周處記始寧界復有舜所耕田一山多柞因謂歷山而以具區謂之雷澤以其中有大小雷山也王介甫從之妄矣夫使帝果南巡至是亦何預耕漁之日耶且以姚媯之名在在而是今之西城故有姚方媯墟杜祐謂舜生此而世本亦謂媯墟舜所今在西城今長沙縣有溈水舜所都而上虞之損經亦以爲蠻夷之地祝阿故縣又有濼水俗呼娥英石號爲公斬會稽又媯水三撫之泉經之東入海圖水原有娥英之廟水原山上有帝堯祠下開大穴謂之舜井究之泗源又有陶墟亦有舜井其西阜號爲亭山山下一漏澤方十五里指爲帝之所漁不知此自姚墟謝息之所遷者又水經注上虞一日虞濵太康地記爲避丹朱之所而雷澤亦非一周處謂是太湖故寰宇引尚書釋言謂在震澤若陽城漢䕶澤縣墨子則言舜漁在此澤今在陽城西北十二里寰宇記爲烏鵄切矣郡國志言邑西今有地名舜田然今潭之益陽岳之沅江攸梁之重華縣有虞帝城記亦謂是所都而述異記去湘水岸三十里有相思宮望

帝臺志爲二妃之迹冷道臨武桂陽藍山等處悉有帝舜之祠藍山更有舜水舜鄉縣西十五里與永明西十五里皆有娥皇女英之廟江華太平鄉有舜女寺郎按歷城東南十里之廟山晏氏三齊記在縣東南後人思舜而置廟也湘中記云地有舜之遺風人民純朴故老猶彈五絃之琴爲漁父辭莫不以爲虞帝之居豈盡信耶

禹甎辯　　明王翰

夏治西去十五里有禹故城城中民聚爲村民掘地得甎方尺餘而中畫十二方方容一字以篆書之其文曰海內勛臣歲豐登穀路無饑人雖累千百不異人傳謂禹所陶者人人爭寶之或至千里易以重貨苟得以爲厚惠將以遺人難事可濟元末多事夏當衝要使臣絡繹至縣則求于縣官縣官亦責于民於是上下病焉當時名公巨儒無辯之者豈非愛異好奇之過也哉予竊爲辯之按字起於蒼頡之鳥跡書

也歷至禹亦不能不小變豈容有篆哉篆始于周宣王史籀之所爲今以諸石本考之尤爲明白今遂以篆爲禹時書此不可信者一也詳其文義膚淺又不類謨謀之古雅此不可信者二也難者曰禹臣舜出處必有同于舜者陶甄之事豈非同於陶河濱之事乎曰舜禹聖則同出處貴賤有所不同何則瞽瞍爲匹夫而舜爲之子且不得其親其窮可知耕稼陶漁之事不能不爲也鯀者堯之方伯禹爲之子以父爲方伯子爲陶冶可乎此不可信者三也禹都安邑是城卽禹都也卽稱都必舜崩而禹卽天子位矣安有爲天子而爲陶冶之事哉此不可信者四也觀其文皆紀德頌功之語海內勛臣之稱以君施於臣可也禹豈可以自稱爲臣而謂有功于海內也哉此不可信者五也又曰稱臣者謂之益也如後世券文誓辭之謂也曰以當時考之舜之相堯禹之相舜未嘗有此豈至禹獨爲之乎乃春秋秦漢之所爲三代豈有是哉是不可信者六也又按史記禹卽位一年而薦益於天後七年而禹巡狩而崩禹在位時益未有所

爲也詎可以海內勛臣虛美之乎觀於孟子可知此不可信者七也謂用之于葬瓦棺夼衣未必爲瓴甓之後勒銘藏之乃東漢巳後之事今甎散在四野不一處得之竊疑故城與司馬公墓近當時葬公之時必陶於近處用之餘者旣無所措則必瘞之詳于文義字畫頗近似之不然何不見于宋之前而得于宋之後何不聞諸載記而膠於傳聞而不爲禹時也必矣予姑辯之以解後來之惑

曲沃辯　明李廷實

辯曰今之沃卽桓叔所封之沃也彼司馬貞之注史記顏師古之注漢書林堯叟之注春秋皆以爲卽今河東聞喜縣然乎不然乎漢書作於班固左傳註於杜預未聞其有是說也獨范曄之作西漢書地理志而曰聞喜本曲沃三子不察而遂云然而其實則曲沃非聞喜也或曰子以三子之說爲不然有據邪曰有據也考之於詩稽之左傳其可證者有三焉詩唐風揚之水之篇曰從子于沃從子于鵠解之者曰沃

曲沃也鵠曲沃邑也今沃南十里有安鵠村卽古之
鵠也此其可證者一也左傳晉獻公二十一年太子
申生奔新城以其新爲太子城曲沃故謂之新城今
曲沃關城之內晉恭世子有祠祠後有墓其來最古
沃之北七里又有太子灘其傳最遠若今之聞喜則
皆無此矣此其可證者二也魯成公六年晉人謀去
故絳韓獻子曰不如新田土厚水深居之不疾有汾
澮以流其惡今澮水在沃南二里汾水在沃西一十
入里故通考以曲沃爲春秋時晉所都新田之地若
今之聞喜則去汾澮也遠矣此其可證者三也或曰
必若此言則漢武帝聞南越破改聞喜之言亦不足
信乎予考之一統志云曲沃秦改爲左邑漢武帝經
左邑之桐鄉聞破南越因置聞喜縣今桐鄉在沃之
西南四十五里由是觀之則漢之聞喜當在今沃境
之內至其後始遷於涑水之南爲今之聞喜耳今數
子以古之曲沃爲今之聞喜也不亦誤耶噫不特此
也師古又謂故曲沃晉武公自晉陽徙此晉書亦傳
襲之而弗察其謬而不知自晉陽徙曲沃者晉成侯

也又五世而至穆侯則徙於絳又二世而至昭侯則徙於翼昭侯封桓叔於曲沃又二世而至武公則滅翼又一世而至獻公則徙於絳又六世而至景公則徙於新田今以武公爲徙曲沃也則又差之遠矣孟子曰盡信書則不如無書予因歎子之誤作曲沃辯

唐晉辯　　國朝王世家

翼古夏墟也高辛氏以封堯曰唐堯立爲畿輔地及舜受禪使丹朱續堯後復封唐夏商仍焉周成王時唐有亂周公滅之成王以封太叔虞是爲唐侯虞卒子燮立更曰晉夫唐晉者國之名而其地則合翼曲絳爲一而都于翼者也翼之爲唐叔遺封所從來矣乃昔之志太原者曰叔虞封太原後以晉水更名晉懸甕山蓋有晉王冢云而翼之先又代少聞人無從置辯也亦曰叔虞始封翼至子燮乃遷晉水旁焉于是以譌傳譌郡志因之通志因之而都城記括地志及通鑑字彙一統廣輿諸書勦襲故說百口同聲皆

以太原爲唐嗚呼其亦弗思甚矣夫天下惟理之可通者爲不易書之近古者爲足據舍此而言皆誣也余嘗取而論之矣太原古大鹵地也其爲叔虞所封經史迄無所見揣其意不過據毛詩譜唐在太原太岳之野耳然其下卽曰在今太原府曲沃及絳皆在今絳州信斯言也將謂曲絳絳州皆太原耶又不過泥春秋胡傳譜謂之太原亦曰晉陽耳且徵論下文明言翼也就所謂河汾東北者言之將毋太原縣亦在河汾東北乎竊謂古者地分而名别降及後世每以省會統郡邑兩書在趙宋時想太原晉陽已爲省會矣彼又未身至其地特據今釋古舉大該小言翼而以太原晉陽冠之耳猶今以山西統平陽以平陽統翼城也寧得謂山西卽平陽而平陽卽翼城哉抑或者謂括地志云故唐城在并州晉陽北二里此不足徵乎然考括地志曰定州唐縣爲唐侯丹朱所封又曰故唐城在絳州翼城縣西二十里卽堯裔子所封合之前說不且一口三舌乎不知唐縣之說周公滅唐後遷之彼自爲杜唐氏而非其始也他如史遷

舜本紀以爲丹朱封于薊而晉世家又曰唐在河汾之東方百里通鑑註以唐爲在唐縣而其後又數大書翼晉景公遷新田本絳州也而乃以爲翼城故絳本翼城也而乃以爲絳縣種種舛謬更僕難數所謂自相牴牾者也豈顧辨哉今執太原人而問之曰子謂太原爲唐矣然周襄王三年虢公嘗伐太原之戎宣王元年尹吉甫亦伐玁狁于太原是襄宣時太原尚荒服也寧有叔虞已封而尚爲荒服者耶矧其後靈王封太子晉於太原名王子晉亦曰晉王若太原已有君子晉其何處焉世固有一國二君者乎卽曰太原不一地號尹所伐子晉所封或他地耳然稽晉陽郡邑古皆無太原名獨太原縣有之可曰彼則是而此則非與且晉昭侯嘗封成師於曲沃矣夫太原至曲沃七百餘里也不審分封時此七百里皆爲晉有耶不耶以爲皆晉有然王制無七百里之侯封而是時晉未大也則不有可知矣不則曲沃必有所主晉雖強能以他人之疆索封其叔父哉況曲沃伐晉不一其舉遍近豈無虞虢耿魏可伐而假道揚霍正

復不易顧乃越國鄙遠以取此區區無用之太原也有是情乎凡此皆理之必無者也論者猶曰南有晉水一見于毛詩譜一見於都城記今太原有晉祠水矣可若何余曰是大不然左史無其說也抑予聞之子晉封太原歿而人祠之故曰晉祠其地有水因名晉水祠與水皆以子晉得名者也蘇軾之記眞瞽目之談丹黃耳至懸甕之墓不名唐侯而名晉王則亦子晉之陵耳緱山笙鶴此異端矯誣之言烏可信也今以晉墳冐虞名兩人有知不且啞然失笑哉若冀之爲地左行山而望恒岳非所謂太行恒山之西乎隷晉陽而負霍鎭非所謂太原太岳之野乎西邇汾水僅百里耳非所謂河汾之東百里乎先名冀而後名絳曲沃爲其屬邑非所謂曲沃及絳乎邑西有故唐城距邑二十里非所謂縣西二十里爲堯裔子所封者乎且城之西北曰唐城是丹朱叔虞之舊號也東南曰剪桐是成王所由封也東北曰同穎是嘉禾所由獻也爲問太原亦曾有此否耶况左國諸書去古未遠又遙遙可據也按左傳魯隱公五年曲沃莊

伯以齊人邢人伐翼王使尹氏武氏助之翼侯奔隨六月曲沃叛王秋虢公伐曲沃而立哀侯于翼六年翼九宗五正頃父之子嘉父逆晉侯於隨惠之四十五年曲沃莊伯伐翼弑孝侯翼人立其弟鄂侯鄂侯生哀侯哀侯侵陘庭之田陘庭南鄙啓曲沃伐翼桓公三年春曲沃武公伐翼次于陘庭韓萬御戎梁弘爲右逐翼侯於汾隰杜預註云翼晉舊都唐叔始封也按國語武公伐翼殺哀侯又驪姬曰惟無親故能兼翼按史記唐在河汾之東方百里又曲沃邑大于翼翼晉君都邑也孝侯十五年曲沃莊伯殺其君晉孝侯于翼按春秋胡傳唐在河汾之東北地方百里而都于翼平陽絳邑縣東翼城是也又曲沃伐翼翼侯奔隨立鄂侯之子光于翼晉迎翼侯于隨伐翼獲哀侯曲沃滅翼翼侯緡之二十七年曲沃武公伐晉滅之而前所引括地志亦曰在翼城索隱亦云翼本晉都自孝侯已下一號翼侯平陽絳邑縣東翼城是也此歷歷可考於古者也不識太原亦曾有翼名乎吾知他郎可假翼必不可假翼不可假而唐晉庸可

假耶甚矣其誣也至括地志又曰平陽河水一名晉水而郡之西南亦有晉水予以謂翼之瀠水即晉水也何言之瀠水所經今有晉峽二村焉晉古音箭今土人讀爲箭峽而譌爲澗下耳其曰瀠者疑當時以死難賜欒共子因人名地去晉爲瀠猶唐之晉翼之絳後人誤以爲瀠也而不知者猶曰瀠氏食邑于曲沃夫瀠實爲傳食邑曲沃則有之若共子死哀侯之難顯與武公爲敵庸有食人食而背恩反噬者此與土人欒巴之說皆妄也今縱謂瀠非晉水要亦平陽之晉水耳豈太原所可托哉若翼之孝義村確有叔虞冢在鼎足而列林木甚古彼太原烏得而冒諸以太原若彼以翼若此孰是孰非甚瞭然矣乃今猶曰太原爲叔虞所封翼爲春秋絳邑後改爲翼噫何其陋也君子謂此輩坐不讀書耳余竊怪世之學者涉見寡聞輙敢自逞其臆說而一二稍知學者又逞逞論理不求其通考事不詳其實讀書不觀其備而因陋就簡以爲害於天下後世若此類不可勝數皆見笑于有道者也余生于翼知翼事稔悉故據實辨之

以俟考古者采擇焉後有通儒當不以予言爲誣已

亳都辯

國朝張象蒲

唐虞夏殷故都皆在平陽境而舊志志殷遷耿不及亳者未知亳之在垣曲也垣曲面景山瀕大河近掖葛伯寨在五代周時名亳城縣漢書音義稱濟陰亳縣者濟水出濟源山而山在縣東也桐鄉在其北郞伊尹放太甲處今聞喜是也湯陵在其西歷載祀典今滎河是也皆距垣不二百里而湯妃墓廟俱在垣境其爲亳地明矣孟子曰湯居亳與葛爲隣世傳亳州爲亳長葛爲葛固妄謬不足與辨傳記所載稱亳者三謂亳在穀熟者皇甫謐也謂亳在蒙縣者杜預也謂亳在偃師者鄭康成也稱葛者二一云寧陵有葛伯國一云鄢城有葛伯城嘻何亳與葛之多也蓋嘗考之穀熟今夏邑也然考城亦名穀熟蒙大小二大者在商丘北小者在商丘南於彼於此茫無確指果可信乎歸德志稱帝嚳都商丘之亳城湯自商丘

遷焉河南志又稱偃師縣帝嚳所都也成湯居西亳卽此其在左傳帝嚳封其子閼伯於商丘以主大火是以有閼伯之臺之墓之廟既封其子又作之都於理非宜且既都商丘何爲又都偃師是二都矣偃師最西去景山不遠說者引景員維河以實之按黄河自潼關而下入閿鄉縣界經靈寶陝州澠池新安孟津諸縣以達於開封不聞經偃師也所謂員河者安在偃師近景山而不名景亳蒙城無景山而名景亳所不解也若其謂寧陵有葛國者所以實亳在商丘之說也然寧陵實甯城非葛鄉蓋說者妄也鄗城去三亳甚遠安得有葛蓋起於好事者欲以葛城在偃師證成偃師之爲亳而偃鄗音近訛以轉訛遂蔓及之耳括地志曰湯冢在北亳皇覽曰在濟陰亳縣而劉向直謂湯無葬處是皆不可信則偃師之墓亦僞也孔安國以桐爲湯葬地鄭康成謂桐地有王離宮皆不得其實而晉太康地記云尸鄉有亳坂東有城爲太甲所放處信斯言也若之何其不名桐而自秦以來所謂桐鄉者乃在偪近垣曲之聞喜耶垣曲地

僻而道險名公鉅儒罕有至者故其遺蹟不見於論述而守斯土生斯地者承訛襲舛不復考覈如斯類者蓋比比也可勝道哉

聞喜曲沃辯　　國朝李汝寬

今之聞喜古曲沃也今之曲沃古新田也何以知之按史記晉昭侯封文侯弟成師於曲沃註索隱河東之縣名漢武帝改曰聞喜也蓋曲沃改桐鄉桐鄉改聞喜此不及桐鄉省文耳晉語驪姬請使申生處曲沃韋昭解曰曲沃晉宗邑今河東聞喜是也春秋魯襄公二十二年晉欒盈入於曲沃林堯叟註云曲沃在河東聞喜縣前漢地理志河東郡縣二十四有聞喜註曰故曲沃後漢郡國志曰聞喜邑本曲沃晉地理志曰聞喜故曲沃文選潘岳笙賦曰河汾之寶有曲沃之懸匏焉註引漢書曰河東郡聞喜縣故曲沃也綱目集覽曰聞喜本絳州曲沃縣漢武帝改聞喜此非聞喜古曲沃之證乎魯成公六年晉遷於新田

日有汾澮以流其惡至後魏始置曲沃縣亦猶武帝
改修武爲獲嘉其後又另置一修武也今曲沃人志
其邑里皆曰新田郡而汾澮二水見在其境內曲沃
志亦曰春秋晉新田地此非今曲沃古新田之證乎
或曰詩傳旣曰唐侯子燮改國號曰晉後徙曲沃則
曲沃卽晉都矣又曰昭侯封成師於曲沃豈以其都
邑而封成師乎曰史不云乎曲沃邑大於翼翼晉君
都邑也蓋是時晉自曲沃遷都於翼而以其故都曲
沃封成師是爲桓叔也其後桓叔之孫武公卒滅晉
而代爲諸侯仍都曲沃至其子獻公始都絳卽今絳
州也至景公復自絳遷於新田而以故都之絳爲故
絳山西新通志於曲沃絳縣皆曰春秋晉都新田地
誠是也至漢始以絳爲絳縣未有曲沃也至後魏始
置曲沃縣卽析絳縣地而置之也知此則三縣之因
革甚明而曲沃之新志多誤矣沃人李廷寶撰志曰
魯成公六年晉人謀去故絳韓獻子曰不如新田土
厚水深居之不疾有汾澮以流其惡今澮水在沃南
二里汾水在沃西一十八里故通考以曲沃爲晉所

都新田之地若今之聞喜則去汾澮遠矣竇之此証謂今曲沃卽古新田是矣以証今之沃爲桓叔所封之沃則非也何者桓叔所封之沃乃古曲沃也旣以今之沃爲新田又以爲古沃豈以新田古沃爲一地乎如其一地也晉人謀去故絳當云復都曲沃何以言遷於新田也况故都之水土晉人豈不知而必待獻子熟計之乎竇以通考之沃爲古沃不惟失馬氏之意且自相矛盾矣不俟乎余之贅也

李廷實李汝寬兩辯其說互異並存之以俟考

舜陵辯

國朝張京俊

邑西北三十里曲馬村有鳴條岡舜陵在焉湖廣九疑山亦有舜陵歷代祀典致其下竊嘗考之古祭不墓故帝王陵寢不見于古文元魏太和始詔祀堯于平陽舜于河東禹于安邑湯于汾陰唐張謂道州舜廟碑云舊無陵廟天子有事皆于山下行之因建廟馬此永州舜廟之始宋建隆中詔天下古帝王陵墓

設守視禁樵蘇自太昊以下十六帝各給守陵五戶此承有舜陵之始蓋遵史記之文也按舜卒葬之説見于古文者凡九尚書云舜三十徵庸三十在位五十載陟方乃死禮記祭法曰舜勤衆事而野死檀弓曰舜葬蒼梧之野蓋三妃未之從也國語展禽曰舜勤民事而野死孟子曰舜生于諸馮遷于負夏卒于鳴條山海經載舜陵者不一海內南經云蒼梧山帝舜葬于陽丹朱葬于陰大荒南經云南海之中有氾天之山赤水窮焉赤水東有蒼梧之野舜與均叔之所葬也又云帝堯帝舜帝嚳葬于岳山海內經又云南方蒼梧之丘蒼梧之淵其中有九疑山舜之所葬在長沙零陵界中孔子家語曰帝命二十二臣率堯舊職恭已而已天平地成巡狩四海五載一始三十年在位嗣帝五十載陟方岳死于蒼梧之野而葬焉竹書紀年云四十九年帝居于鳴條五十年陟司馬史記云舜踐位三十九年南巡狩崩于蒼梧葬于九疑是曰零陵此九書之中尚書尚矣言帝死而不言其地檀弓爲合葬者引雖云蒼梧未可便爲是南荒

之蒼梧禮記國語之言叙致似出一手不知展禽之
引古禮歟抑漢儒取國語之言而雜入禮經耶曰勤
衆事而野死爲祭法引之也夫舜命官任職地平天
成此舜事也若以南巡爲勤衆事末矣二書所云勤
衆事勤民事者恐亦未可以南巡實之也山海經則
博而不倫家語則取尚書檀弓國語之言而雜著之
葢非有見也孟子史記二書之是非辨則千古之疑
决矣竊以爲孟子之言必有確據檀弓國語在孟子
時恐尚未有南巡之解即有之亦孟子所不取也秦
火之餘典籍缺畧其作史記取國語世本國策而成
之其云南巡狩崩蒼梧葬九疑者不無可議夫尚書
既云格汝禹朕宅帝位三十有三載耄期倦于勤汝
惟不怠總朕師又曰正月朔旦受命于神宗率百官
若帝之初是禹既攝行天子事矣今曰南巡狩是百
一十歲之天子尚驅車南荒則禹所攝者何事一可
議也且天子七月而葬同軌畢至今云葬九疑當時
諸侯豈赴南荒耶抑不赴耶蒼梧尚在九疑南五百
里何不即葬蒼梧而復有九疑之返耶又可議也以

尚書陟方爲巡狩蔡九峰註經亦疑之矣竊惟五十
載陟方一句是總叙舜歷位之年叙歷位之年何以
云陟方蓋以陟方爲天子事岳牧不得而同之故以
此叙歷年猶云五十載爲天子也然倦勤之後何以
繫帝載亦猶帝攝行二十八載堯未嘗去天子位也
史記巡狩二字實本之陟方即使不誣而南之一字
又何所本乎又可議也是子長之言不得與孟子較
矣獨疑子長生長龍門去鳴條不二百里何以舍安
邑舜陵不言而遠取南荒耶其五帝贊云往往稱黄
帝堯舜之處風教固殊焉總之不離古文者近是予
長所稱古文即國語家語等書也不稱鳴條者想以
不見于古文而難言之歟又曰近是未嘗必以爲是
也晉太康中盜發魏王冢得竹簡書數車紀年自黄
帝至周赧王之二十年舜紀云四十九年帝居于鳴
條五十年陟與孟子適合魏承晉伯之餘居三聖故
都文物之備可知竹書之言非無據也若是則舜之
不葬永州可知矣嘗見李卓吾洞庭湘妃辨云舜陵
在安邑考辨甚晰安邑之舜陵果是乎孟子云舜卒

于鳴條竹書云居于鳴條其卒于此殆無疑矣所云蒼梧之野今蒲州東南八十里有蒼陵谷去嬀汭水不遠王肅曰嬀汭虞地名蒼谷亦古虞地也且竹書註云鳴條有蒼梧山中條山一名蒼梧山舜之所葬者非南方之蒼梧又可知矣若夫蒸嘗守視則
朝廷大典非草野所敢置喙也

崇儉說

宋司馬光

吾本寒家世以清白相承吾性不喜華靡自爲乳兒長者加以金銀華美之服輒羞赧棄去之二十忝科名聞喜宴獨不戴花同年曰君賜不可違也乃簪一花平生衣取蔽寒食取充腹亦不敢服垢敝以矯俗干名但順吾性而已古人以儉爲美德今人乃以儉相詬病噫嘻異哉近歲風俗尤爲侈靡走卒類士服農夫躡絲履吾記天聖中先公爲羣牧判官客至未嘗不置酒或三行五行多不過七行酒沽於市果止於梨棗柹之類殽止於脯醢菜羹器用磁漆當時士大夫家皆然人不相非也會數而禮勤物薄而情厚

近日士大夫家酒非內法果殽非遠方珍異食非多品器皿非滿案不敢會賓友常數日營聚然後敢發書苟或不然人爭非之以爲鄙吝嗟乎風俗頽弊如是居位者雖不能爲禁忍助之乎又聞昔李文靖公爲相治居第于封丘門內廳事前僅容旋馬或言其太隘公笑曰居第當傳子孫此爲宰相廳事誠隘爲太祝奉禮廳事已寬矣參政魯公爲諫官眞宗遣使急召之得于酒家旣入問其所來以實對上曰卿爲清望官奈何飲於酒肆對曰臣家貧客至無器皿殽果故就酒家觴之上以無隱益重之張文節爲相自奉養如爲河陽掌書記時所親或規之曰公今受俸不少而自奉若此雖自信清約外人頗有公孫布被之譏公曰吾今日之俸雖舉家錦衣玉食何患不能但俸豈能常有身豈能常存一旦異於今日家人習侈已久不能頓儉必致失所豈若吾居位去位身在身亡常如今日乎嗚呼大賢之深謀遠慮豈庸人所及哉昔正考父饘粥以餬口孟僖子知其後必有達人季文子相三君妾不衣帛馬不食粟君子以爲忠

管仲鏤簋朱紘山楶藻棁孔子鄙其小器公叔文子享衛靈公史鰌知其及禍及戍果以富得罪出亡何曾日食萬錢至孫以驕溢傾家石崇以奢靡誇人卒以此死東市近世寇萊公豪侈冠一時然以功業大人莫之非子孫習其家風今多窮困其餘以儉立名以侈自敗者多矣不可徧數聊舉數人以訓汝汝非徒身當服行當以訓汝子孫使知前輩之風俗云

臨襄兩河分界說　明高登龍

龍祠之水以四十分爲則下官等河北條也剖二十分臨汾全用之南横等河南條也剖二十分臨汾與襄陵兼用之渠規尚在溝界井然諸無爭者不必具論惟是下官河與南横渠壤址相接水道相連源頭之外有枝泉三穴其一在北其二在南北雖一泉而流衍頗盛南二泉僅足以當之間之故老考之册卷兩河分界處原有牛心石或又曰中心石石旣久湮亂是用長下官人妄欲兼其三而南横人並不讓其

一喙鳴穴鬭滋蔓無已本府會同三廳及臨汾襄陵等縣親詣水濱講求故界少少得其緒始知每歲雀角之訟初不在大即在三泉是也三泉無界則爭故其要在於分界本府矢諸天日反覆揹迷參伍求當輿論僉協乃畫其地而兩分之據勘北一泉原與下官河逼近即本河舊物也而今歸之下官矣南二泉原出南橫地畔亦即本河故有也而今歸之南橫矣剖分既明中立石堤一道自碑亭前分水處起斜迤而南至中地止高四尺濶三尺三寸長一十丈共九樁每樁高五尺以樹不朽之疆以止無窮之禍本府三廳與臨襄等縣各稱爲善招申三院俱蒙俞允猶恐其易敗也因議立石表其顛末雖然水者千百世之利賴也官茲土者傳舍也官各爲其民民各行其私安知今日之石不又爲當年之石乎尚須汾襄二縣剖破封畛明示三尺自今每歲每縣各報一公直渠長同守疆界永絕侵陵每月朔投結到縣每季終縣申報府每歲終府申報道杜漸防微遵而勿失兩縣正官仍於春秋二祭同赴龍祠躬親相視若有作

奸毁界先犯禁令者必重懲之即於祠前枷示一月從重治罪且以其地没官庶法行而亂止當不至以養民者殃民矣亦不至以長民者並受累於民矣

河崖蛇說

明薛瑄

瀕河居者爲予言近年有大蛇穴禹門下巖石中常東尾崖樹顛垂首於河伺食魚鼈之類已而復上入穴如是者累年一日復下食於河遂不即起但尾東樹端牢不可脱毎其身一上下則樹爲起伏如弓張弛狀久之樹枝披折蛇墮水中數日蛇浮死水之漩隈竟不知蛇得水物貪其腥羶不舍而墮耶抑蛇爲水之怪物所得欲起不能而墮也余聞之喟然曰是蛇負其險毒恣其貪婪以食於河所恃以安者尾東於樹耳使樹不折則其生死猶未可知惟樹折身墜遂死於河此殆天理非偶然也且使蛇得水物貪其腥羶不舍而死固可爲怙強貪不知止之戒使蛇爲水之怪物所得而死亦可謂害物必報之戒蛇惡物

所不足道者但其事有近乎理故書以告來者

碧落碑說

明王世貞

絳州碧落碑篆書在石像背州將以不便摹搨別刻置廟中今本乃別石耳李旋之輩以爲陳惟正李譔李𤩽書不可辨按洛中紀異錄稱刺史李諶爲母房大妃追薦造像成忽二道士來云君刻石須篆書乎我天下能篆者李巽之聽所爲則扃户三日乃開化二白鴿飛去篆文宛然像背矣此涉誕妄不可信然李陽氷覧之七日而不忍去習之十二年而不成其妙如此豈惟正譔𤩽小子所辨乎字書雜出頡籀鍾鼎欵識以故與斯體小異即識之以俟知者

注

河水注　　後魏酈道元

河水又南洛水自獵山枝分東派東南注于河

昔魏文侯築館洛陰指謂是水也皮氏縣王莽之延平也故城在龍門東南不得延遲皮氏方届龍門也

又南出龍門口汾水從東來注之

昔者大禹導河積石疏决梁山謂斯處也卽經所謂龍門矣魏土地記曰梁山北有龍門山大禹所鑿過孟津河口廣八十步巖際鐫跡遺功尚在岸上並有廟祠祠前有石碑三所二碑文字紊滅不可復識一碑是太和中立竹書紀年晉昭公元年河赤于龍門三里梁惠成王四年河水赤于龍門三日京房易妖占曰河水赤下民恨

河水又南右合暢谷水

水自溪東南流逕戛陽縣西北東南注于河

河水又南逕梁山原東

自原山東南出至河晉之望也在馮翊夏陽縣之西臨于河上山崩壅河三日不流晉侯以此問伯宗郎是處也春秋榖梁傳曰成五年梁山崩遏河水三日不流召伯尊遇輦者不避使車右鞭之輦者曰所以鞭我者其取道遠矣伯尊因問之輦者曰君親縞素率羣臣哭之斯流矣如其言而河流

河水又南崌谷水注之

水出縣西北梁山東南流橫溪注之水出三累山其山層密三成故俗以三累名山按爾雅山三成爲昆丘斯山豈亦昆丘乎山下水際有二石室葢隱者之故居矣細水東流注于崌谷側溪山南有石室西面有兩石室北面有二石室皆因阿結牖連扃接闥所謂石室相距也東廂石上猶傳杵臼之跡庭中亦有舊宇處尚髣髴前基北坎室上有微涓石溜豐周瓢飲似是栖遊隱學之所昔子夏教西河疑郎此也而無辨之溪水又東南逕夏陽縣故城北故少梁也秦惠文王十一年更從今

名矣王莽之蕣亭也其水東南流于河昔韓信之
襲魏王豹也以木罌自此渡

河水又南右合陶渠水
水出西北梁山東南流逕漢陽太守殷濟精廬南
俗謂之子夏廟河水又南逕高門南蓋層阜墮缺
故流東門之稱矣又東南逕華池南池方三百六
十步在夏陽城西北四里許故司馬遷碑文云高
門華池在兹夏陽西城北漢陽太守殷濟精舍四
里所今高門東去華池三里溪水又東南逕夏陽
縣故城南服虔曰夏陽虢邑也在大陽東三十里
城南又歷高陽宮北又東南逕司馬子長墓北墓
前有廟廟前有碑永嘉四年漢陽太守殷濟瞻仰
遺文大其功德遂建石室立碑樹栢太史公自叙
曰遷生於龍門是其墳墟所在矣溪水東南流入
河昔魏文侯與吳起浮河而下美河山之固即於
此也

河水又西徐水注之
水出西北梁山東南流逕漢武帝登仙宮東東南

流絶疆梁石逕劉仲城北是漢祖兄劉仲之封邑
也故徐廣史記音義曰郃陽國名也高祖八年侯
劉仲是也其水東南逕子夏陵北東入河
河水又南逕子夏石室
東南北有二石室臨側河崖卽子夏廟室也
又南過汾陰縣西
河水東際汾陰脽縣故城在脽側漢高帝六年封
周昌爲侯國魏土地記曰河東郡北八十里有汾
陰城北去汾水三里城西北隅曰脽丘上有后土
祠封禪書曰元鼎四年始立后土祠於汾陰脽丘
是也又有萬歲宮漢宣帝神爵元年幸萬歲宮東
濟大河而神魚舞水矣昔趙簡子沈欒激於此曰
吾好聲色而是子致之吾好士六年不進一人是
過而黜吾善君子以爲能讓矣
河水又逕郃陽城東
周威烈王之十七年魏文侯伐秦至鄭還築汾陰
郃縣卽此城也故有莘邑爲太姒之國詩云在郃
之陽在渭之涘又曰纘汝維莘長子維行謂此也

城北在北瀵水南去二水各數里其水東逕其城內東入于河又於城南側中有瀵水東南出城注於河城南又有瀵水東流東注于河水南猗有文母廟前碑去城一十五里水即郃水也縣取名焉故應劭曰在郃水之陽也河水又南瀵水入焉水出汾陰縣南四十里西去河三里平地開源濆泉上湧大幾如輪深則不測俗呼之爲瀵魁古人壅其流以爲陂水種稻東西二百步南北一百餘步與郃陽瀵水夾河中渚上又有一瀵水皆相潛通故呂忱曰爾雅異出同流爲瀵水其水西南流歷朔坂西西流注于河

河水又南逕陶城西

舜陶河濱皇甫士安以爲定陶不在此也然陶城在蒲坂城北城即舜所都也南去歷山不遠或耕或陶所在則可何必定陶方得爲陶也舜之陶也斯或一焉孟津有陶河之稱蓋從此始之南對蒲津關汲冢竹書紀年魏襄王七年秦王來見于蒲坂關四月越王使公師隅來獻乘舟始罔及舟三

注三

百箭五百萬犀角象齒焉
又南過蒲坂縣西
地理志曰縣故蒲也王莽更名蒲城應劭曰秦始皇東廵見有長坂故加坂也孟康曰晉文公以賂秦秦人還蒲於魏魏人喜曰蒲反矣故曰蒲反也薛瓚注漢書曰秦世家以垣爲蒲反然則本非蒲也皇甫謐曰舜所都也或言蒲坂或言平陽及濩者也今城中有舜廟魏秦州刺史治太平遷都罷州置河東郡郡多流離謂之徙民民有姓劉名墮者宿擅工釀採挹河流醖成芳酎懸食同枯枝之年排於桑落之辰故酒得其名矣然香醑之色清自若滲漿爲別調氛氲不與佗同蘭薰麝越自成馨逸方土之貢選最佳酌矣自王公庶友牽拂相招者每云索郎有顧思同旅語索郎反語爲桑落也更爲籍徵之雋句中書之英談郡南有歷山也謂之歷觀舜所耕處也有舜井嬀汭二水出焉南曰嬀水北曰汭水逕歷山下上有舜廟周處風土記曰舊說舜葬上虞又記云耕於歷山而始寧

剡二縣界上舜所耕田於山下多柞樹吳越之閒名柞爲櫪故曰歷山余按周處此志爲不近情傳疑則可證實非矣安可假木異名附山殊稱彊引大舜即北寧懷更爲失誌記之本體差實錄之常經矣歷山媯汭言是則安於彼乖矣尚書所謂釐降二女於媯汭也孔安國曰居媯水之内王肅曰媯汭虞地名皇甫謐曰納二女於媯水之汭馬季長曰水所出曰汭然則汭似非水名而今見有二水異源同歸渾流西注入于河

河水又南逕雷首山西

山臨大河北去蒲坂三十里尚書所謂壺口雷首者俗亦謂之堯山山上有故城世又曰堯城闞駰曰蒲坂堯都按地理志曰縣有堯山有祠雷首山在南事有似而非非而是千載眇藐非所詳耳

又南涑水注之

水出河北縣雷首山縣北與蒲坂分山有夷齊廟闞駰十三州志曰山一名獨頭山夷齊所隱也山南有古冢陵栢蔚然攢茂丘阜俗謂之夷齊墓其

水也西南流亦曰雷水穆天子傳曰壬戌天子至于雷首犬戎胡觴天子于雷首之阿乃獻良馬四六天子使孔牙受之于雷水之干是也昔趙盾田首山食祁彌明翳桑之下即於此也涑水又西南流注于河春秋左傳謂之涑川者也俗謂之陽安澗水

又南至華陰潼關渭水從西來注之

汲冢竹書紀年曰晉惠公十五年秦穆帥師送公子重耳涉自河曲春秋左氏僖公二十四年秦伯納之及河子犯以璧授公子曰臣負羈紲從君巡於天下臣之罪多矣臣猶知之而況君乎請由此亡公子曰所不與舅氏同心者有如白水投璧於此子推哭曰天開公子子犯以為功吾不忍與同位遂逃焉

河水歷船司空與渭水會

漢書地理志曰舊京兆郡之屬縣也左丘明國語云華嶽本一山當河河水過而曲行河神巨靈手盪脚蹋開而為兩今掌足之跡仍存華巖開山圖

曰有巨靈胡者偏得神元之道能造山川出河所謂巨靈贔屓首觀靈山者也常有好事之人故升華嶽而觀厥跡焉自下廟歷列栢南行十一里東廻三里至中祠又西南出五里至南祠謂之北君祠諸欲升山者至此皆祈請焉從北南入谷七里又屆一祠謂之石養父母石龕木主存焉又南出一里至天井井裁容人穴空迂廻傾曲而上可高六丈餘山上又有微涓細水流入井中亦不甚沾人上者皆所由涉更無别路欲出井望空視明如在室窺窗也出井東南行二里峻坂斗上斗下降此坂二里許又復東上百丈崖升降皆須扳繩挽葛而行矣南上四里路到石壁緣傍稍進逕一百餘步自此西南出六里又至一祠名曰胡趨寺神像有童子之容從祠南歷夾嶺廣裁三尺餘兩箱崖數萬仞窺不見底祀祠有感則雲與之平也然後敢度猶須騎嶺抽身漸以就進故世謂斯嶺爲搦嶺矣度此二里復屆山頂上方七里靈泉二所一名蒲池西流注于澗一名太上泉東注澗下上

宮神廟近東北隅其中塞實雜物事難詳載自上
宮東北出四百五十步有屈嶺東南望巨靈手跡
唯見洪崖赤壁而已都無山下上觀之分均矣河
在關內南流潼激關山因謂之潼關灌水注之水
出松果之上北流逕通谷世亦謂之通谷水東北
注于河述征記所謂潼谷水者也或說因水以名
地也河水自潼關東北流水側有長坂謂之黄巷
坂傍絶澗涉此坂以升潼關所謂泝黄巷以濟潼
關矣歷北出東崤通謂之函谷關也邃岸天高空
谷幽深澗道之峽車不方軌號曰天嶮故西京賦
曰巖嶮周固衿帶易守所謂秦得百二并吞諸侯
也是以王元說隗囂曰請以一丸泥東封函谷關
圖王不成其敝足覇矣郭緣生記曰漢末之亂魏
武征韓遂馬超連兵此地今際河之西有曹公壘
道來原上云李典營義熙十三年王師曾據此壘
西征記曰沿路逶迤入函道六里舊城城周百餘
步北臨大河南對高山姚氏置關以守峽宋武王
入長安檀道濟王鎮惡或據山爲營或平城結壘

爲大小七營濵帶河嶮姚氏亦保據山原阜之上
尙傳故跡闗之直北隔河有層阜巋然獨秀孤峙
河陽世謂之風陵戴延之之所謂風堆者也南則
河濵姚氏之營與晉對岸
河水又東北玉澗水注之
水南出玉溪北流逕皇天原西周固記開山東首
上平博方可里餘三面壁立高千許仞漢世祭天
於其上名之爲皇天原上有漢武帝思子臺又北
逕閿鄉城西郡國志曰弘農湖縣有閿鄉 世謂
之閿鄉水也魏尚書僕射閿鄉侯河東衛伯儒之
故邑其水北流注于河
河水又東逕閿鄉侯河東與全鳩澗水合
水出南山北逕皇天原東述征記曰全節地名也
其西名桃原古之桃林周武王克殷放牛之地西
征賦曰咸徵名於桃園者也晉太康地記曰桃林
在閿鄉南谷中其水入北河注于河
又東過河北縣南
縣與湖縣分河蓼水出襄山蓼谷西南流于河

河水又東永樂澗水注之
水北出于薄山南流逕河北縣故城西故魏國也
晉獻公滅魏以封畢萬卜偃曰魏大名也萬後其
昌乎後乃縣之在河之北故曰河北縣也今城南
西面並去大河可二十餘里北去首山一十許里
處河山之間土地迫隘故魏風著十畝之詩也城
內有龍泉南流出城又南斷而不流永樂溪水又
南入于河余按中經卽渠豬之水也太史公封禪
書稱華山以西名山七薄山有其一焉薄山卽襄
山也徐廣曰蒲坂縣有襄山山海經曰蒲山之首
曰甘棗之山共水出焉而西流注于河東則渠豬
之山渠豬之水出焉而南流注于河如淮封禪書
二水無西南流河之理今診蓼水川流所趨與共
水相扶永樂溪水導源注于河又與渠豬勢合蒲
山統目總稱亦與襄山不殊故楊雄河東賦曰河
靈矍踢掌華蹈襄注云襄山在潼關北十餘里以
是推之知襄山在蒲坂蓼水卽渠豬之水也
河水自河北城南東逕芮城

二城之中有叚干木冢干木晉之賢人也魏文侯過其門軾其廬所謂德尊萬古芳越來今汲冢竹書紀年曰晉武公元年尚一軍芮人乘京荀人董伯皆叛匪直大荔故芮也此亦有焉紀年又云晉武公七年芮伯萬之母芮姜逐萬萬出奔魏八年周師虢師圍魏取芮伯萬而東之九年戎人逆芮伯萬于郟斯城亦或伯萬之故晝也

河水又會槃澗

水出湖縣夸父山北逕漢武帝思子宫歸來望子臺東又北流入于河

河水又東逕湖縣故城北

昔范叔入關遇穰侯于此湖水出桃林塞之夸父山廣員三百仭武王伐紂天下旣定王及嶽濱放馬華陽散牛桃林卽此處也其中多野馬造父於此得騂騮綠耳盜驪之乘以獻周穆王使之馭以見西王母湖水又北逕湖縣東而北流入于河魏土地記曰弘農湖縣有軒轅黃帝登仙處黃帝採首山之銅鑄鼎於荆山之下有龍垂胡於鼎黃帝

登龍從登者七十人遂升於天故名其地爲鼎湖荆山在馮翊首山在蒲坂與湖縣相連晉書地道記太康記並言胡縣也漢武帝改作湖俗云黃帝自此乘龍上天也地理志曰京兆湖縣有周天子祠二所故曰湖不言黃帝升龍也山海經曰西九十里曰夸父之山其木多㯶枏多竹箭其陽多玉其陰多鐵其北有林焉名曰桃林其中多馬湖水出焉北流注于河故三秦記曰桃林塞在長安東四百里若有軍馬經過好行則牧華山休息林下惡行則決河漫延人馬不得過矣

河水又東合柏谷水

水出弘農縣兩石隄山山下有石隄祠銘云魏甘露四年散騎常侍征南將軍豫州刺史領弘農太守南平公之所經建也其水北流逕其亭下昔公子重耳出亡及柏谷卜適齊楚狐偃曰不如之翟漢武帝嘗微行此亭見饋亭長妻故潘岳西征賦曰長徵客於柏谷妻覩貌而獻餐謂此亭也谷水又北流入于河

河水又東右合門水

門水即洛水之枝流者也洛水自上洛縣東北於拒城之西北分爲二水枝渠東北出爲門水也門水又東北歷陽華之山即華陽山海經所謂陽華之山門水出焉者也又東北歷峽謂之鴻關水東有城即關亭也水西有堡謂之鴻關島世亦謂之劉項裂地處非也余按上洛有鴻臚澗池是水津渠沿注故謂斯川爲鴻臚澗鴻關之名乃起是矣

門水又東北歷邑川燭水注之左水出于陽華之陽東北流逕盛墻亭西東北流與右水合右水出陽華之陰東北流逕盛墻亭東北與左水合即山海經所謂豬茹之水出于陽華之陰東北流注于門水者也又東北燭水注之水有二源左水南出于衙嶺世謂之石城山其水東北流逕石城西東北合右水右水出石城山東北逕石城東東北入左水地理志曰燭水出衙嶺下谷關山圖曰衙山在函谷山西南是水亂流東注于豬茹之水二水悉得通稱矣歷澗東北出謂之閈方口水側有

阜名之方伯堆宋奮武將軍魯方平建威將軍薛安都等與建威將軍柳元景北入軍次方伯堆者也堆上有城卽方伯所築也又東北逕入川城南卽漢封賁門之故邑川受其名亦曰賁門城在函谷關南七里又東北田渠川水注之出衙山之白石谷東北流逕故丘亭東是薛安都軍所從城也其水又逕鹿蹄山西山石之上有鹿蹄自然成者非人功所刊歷田渠川謂之田渠水西北流注于燭水燭水又北入門水水之左右卽函谷山也門水又北逕弘農縣故城東城卽故函谷關校尉舊治處也終軍棄繻於此燕丹孟嘗亦義動雞鳴於其下可謂深心有感志誠難奪矣昔老子西入關尹喜望氣於此也故趙至與稽茂齊書曰李叟入秦及關而歎亦言與嵇叔夜書及關尹望氣之所異說紛綸並未知所定矣漢武帝元鼎四年徙關於新安縣以故關爲弘農縣弘農郡治王莽更名右隊劉桓公爲郡虎相隨渡河光武聞而善之其水側城北流而注于河河水於此有洹津之名說

者咸云漢武微行栢谷遇辱竇門又感其妻深識
之饋旣返玉階厚賞賚焉賜以河津令其鬻渡今
竇津者是也故潘岳西征賦酬匹婦其已泰胡厥
夫之謬官袁豹之徒並以爲然余按河之南畔夾
側水濆有測謂之洹津河北縣有洹水洹津其水
南入於河河水故有洹津之名不從門始蓋事類
名同故作者是之竹書穆天子傳曰天子自寘軨
乃次于洹水之陽丁亥入于南鄭考其沿歷所鍾
路直斯津以是推之知非因門矣俗或謂之偃鄉
澗水也河水又在左右一水其水三源疏引俱導
薄水南流會成一川其三水之内世謂之閑原言
虞芮所爭之田所未詳又南注于河河水右會水
注之水出南山北逕曹陽亭西陳涉遣周章入秦
少符章邯斬之於此魏氏以爲好陽晉書地道記
曰亭在弘農縣東十三里其水西北流入于河河
水又東菑水注之水出常烝之山西北逕曲沃城
南又屈逕其城西西北入河諸注述者咸言曲沃
在北此非也魏司徒崔浩以爲曲沃地名也余按

春秋文公十三年晉侯使詹嘉守桃林之塞處此以備秦時以曲沃之官守之故曲沃之名遂爲積古之傳矣河水東得七里澗澗在陝西七里故因名焉谷水自南山通河亦謂之曹陽坑是以潘岳西征賦曰行於漫瀆之口憩於曹陽之墟袁豹崔浩亦不非其地矣余按漢書昔獻帝東遷逼以寇難李傕郭汜追戰于弘農澗天子遂露次曹陽楊奉董承外與傕和內引白波李樂等破傕乘輿於是得進復來戰奉等大敗兵相連綴四十餘里方得達陝以是推之似非曹陽然以山海經求之菑曹字相類是或有曹陽之名也河水東合譙譙水導源常烝之山俗謂之爲于山蓋先後之異名也山在陝城南八十里其川流也二流雙導同注一壑而西北流注于河

又東過陝縣北

橐水出橐山西北流又有干水出南山北合逕崖峽北流與干山之水會出于山東谷兩川合注于崖水又東北注橐水北流出谷謂之漫澗矣與安

陽溪水合水出石崤南西逕安陽城南漢武帝封上官桀爲侯國也潘岳所謂我徂安陽也東合漫澗水北有逆旅亭謂之漫口客舍也

又西逕陝縣故城南

又合一水謂之瀆谷水南出近溪北流注橐其水又西北逕陝城西西北入于河河北對茅城故茅亭茅戎邑也公羊曰晋敗之大陽者也津亦取名焉春秋文公三年秦伯伐晋自茅津濟封崤尸而還是也東則咸陽澗水注之水出北虞山南至陝津注河河南卽陝城也昔周邵分伯以此城爲東西之別東城卽虢邑之上陽也虢仲之所都爲南虢三虢此其一焉其大城中有小城故焦國也武王以封神農之後於此王莽更名黄眉矣戴延之云城南倚山原北臨黄河縣水百餘仞臨之者咸悚惕焉西北帶河水湧起方數十丈有物居水中父老云銅翁仲所投處又云石虎載經於此沉没二物並存水所以湧所未詳也或云翁仲頭髻常出水之漲減恒與水齊晋軍當至髻不復出今唯

見水異耳嗟嗟有聲聲聞數里按秦始皇二十一年長狄十二見於臨洮長五丈餘以爲善祥鑄金人十二以象之各重二十四萬斤坐之宮門之前謂之金狄皆銘其胸云皇帝二十六年初兼天下以爲郡縣正法律同度量大人來見臨洮身長五丈足六尺李斯書也故衛恒叙篆曰秦之李斯號爲公篆諸山及銅山銘皆斯書也漢自阿房徙之未央前俗謂之翁仲矣地皇二年王莽夢銅人泣惡之念銅人銘有皇帝初兼天下文使尚方工鐫滅所夢銅人膺文後董卓毀其九爲錢其在者三魏明帝欲徙之洛陽重不可勝至霸水西亭之漢晉春秋曰或言金狄泣故留之石虎取置鄴宮苻堅又徙之長安毀二爲錢其一未至而苻堅亂百姓推置陝北河中於是金狄滅除以爲鴻河巨瀆故應不爲細梗躓湍流長津碩浪無宜以微物屯流斯水之所以濤波者蓋史記所云魏文侯二十六年虢山崩壅河所致耳獻帝東遷自夕潛渡墜坑爭舟舟指可掬亦是處矣

又東過大陽縣南

交澗水出吳山東南流入河河水又東路澗水亦

出吳山東逕大陽城西西南流注水入于河

河水又東逕大陽縣故城南

竹書紀年曰晉獻公十有九年獻公會虞師伐虢

滅下陽虢公醜奔衛獻公命瑕父吕甥邑于虢都

地理志曰北虢也有天子廟王莽更名勤田應劭

地理風俗記城南大河之陽也

河水又東沙澗水注之

北出虞山東南逕傳巖歷傳說隱室前俗名之爲

聖人窟孔安國傳傳說隱於虞虢之閒即此處也

傳巖東北十餘里即巔軨坂也春秋左傳所謂入

自巔軨者也有東西絶澗左右幽空窮深地壑中

則築以成道指南北之路謂之爲軨橋也傳說傭

隱止息於此高宗求夢得之是矣橋之東北有虞

原上道東有虞城堯妻舜以嬪于虞者也周武王

以封太伯弟虞仲於此是爲虞公太原地記所謂

北虞也城東有山世謂之五家冢冢上有虞公廟

春秋穀梁傳曰晉獻公將伐虢荀息曰君何不以屈產之乘垂棘之璧假道於虞公曰此晉國之寶也曰是取中府置外府也公從之及取虢滅虞乃牽馬操璧璧則猶故馬齒長矣郎宫之奇所以謂虞虢其猶輔車相依脣亡則齒寒虢亡虞亦亡矣其城北對長坂二十許里謂之虞坂戴延之曰自上及下七山相重戰國策曰昔騏驥駕鹽車上於虞坂遷延負轅而不能進此蓋其困處也橋水東北山溪中有小水西南流沙㵎亂流逕太陽城東河北郡治也㵎水南流逕注于河河水又東左右合積石土柱二溪並北發太陽之山南流入於河是山也亦通謂之爲薄山矣故穆天子傳曰天子自鹽巳丒南登于薄寘軨之隥乃宿于虞是也

又東過砥柱間

砥柱山名也昔禹治洪水山陵當水者鑿之故破山以通河河水分流包山而過山見水中若柱然故曰砥柱也三穿既决水流踈分指狀表目亦謂之三門矣山在虢城東北太陽城東也搜神記稱

齊景公渡于江沇之河黿銜左驂沒之衆皆惕古冶子於是拔劍從之邪行五里逆行三里至于砥柱之下乃黿也左手持黿頭右手挾左驂燕躍鵠踴而出仰天大呼水爲逆流三百步觀者皆以爲河伯也亦或作江沅字者也若因地而爲名則宜在蜀及長沙按春秋此二士並景公之所不至古冶子亦無因而騁其勇矣劉向叙晏子春秋稱古冶子曰吾嘗濟於河黿銜左驂以入砥柱之流當是時也從而殺之視之乃黿也不言江沅矣又考史遷記曰景公十二年公見晋平公十八年復見晋昭公旌軒所指路直斯津從黿砥柱事或在茲又云觀者以爲河伯賢於江沅之證河伯本非江神又何可知也

汾水注　　　　後魏酈道元

汾水又南過平陶縣東文水從西來流注之

汾水又南與石桐水合郎綿水也水出介休縣之

綿山北流逕石桐寺西即介子推之祀也昔子推逃晉文公之賞而隱於綿上之山也晉文公求之不得乃封綿爲介子推田曰以志吾過且旌善人因名斯山爲介山故袁崧郡國志曰介休縣有介山有綿上聚子推廟王肅喪服要記曰昔魯哀公祖載其父孔子問曰寧設桂樹乎哀公曰不也桂樹者起於介子推子推晉之人也文公有內難出國之狄子推隨其行割肉以續軍糧後文公復國忽忘子推子推奉唱而歌文公始悟當受爵祿子推奔介山抱木而燒死國人葬之恐其神魂賈於地故作桂樹焉吾父生於宮殿死於枕席何用桂樹爲余案夫子尚非璵璠送葬安能問桂樹爲禮乎王肅此證近於誣矣石桐水又西流注于汾水又西南逕介休縣故城西王莽更名之曰介美矣城東有徵士郭林宗宋子浚二碑宋冲以有道司徒徵林宗縣也辟司徒舉太尉以疾辭其碑文之云將蹈洪崖之遐迹紹巢由之逸軌翔區外以舒翼起天路以高峙稟命不融享年四十有三建寧

四年正月丁亥卒凡我四方同好之人永懷哀痛乃樹碑表墓昭銘景行云陳留蔡伯喈范陽盧子幹扶風馬日磾等遠來奔喪朋友服心喪朞年者如韓子助宋子浚等二十四人其餘門人著錫衰者千數其碑文故蔡伯喈謂盧子幹馬日磾曰吾爲天下碑文多矣皆有慙容唯郭有道無愧於色矣汾水之右有左部城側臨汾水葢劉淵爲晋都尉所築也

又南過冠爵津

汾津名也在介休縣之西南俗謂之雀鼠谷數十里間道臨水左右悉結偏梁閣道累石就路縈帶巖側或去一丈或高六丈上戴山阜下臨絶澗俗謂之爲魯般橋葢通古之津隘又亦在今之地嶮也

又南入河東界又南過永安縣西

故彘縣也周厲王流于彘即此城也王莽更名黄城漢順帝陽嘉三年改曰永安縣霍伯之都也歷唐城東瓚注漢書云堯所都也東去彘十里汾水

又東與彘水合水出東北太岳山禹貢所謂岳陽也即霍太山矣上有飛廉以善走事紂惡來多力見知周王伐紂兼殺惡來飛廉先爲紂使北方還無所報乃壇於霍太山而致命焉得石棺銘曰帝令處父不與殷亂賜汝石棺以葬死遂以葬於霍太山有岳廟廟甚靈烏雀不棲其林猛虎常守其庭又有靈泉以供祭事鼓動則泉流聲絕則水竭湘東陰山縣有侯壘山有上靈壇壇前有石井深數尺居常無水及臨祈禱則甘泉湧出周用則已亦其比也彘水又西流逕觀阜北故有邑也原過之從襄子也受竹書於王澤以告襄子襄子齊三月親自剖竹有朱書曰余霍太山山陽侯天史也三月丙戌余將使汝反滅智氏女亦立我於百邑也襄子拜受三神之命遂滅智氏祠三神於百邑使原過主之世謂其處爲觀阜也彘水又西流逕永安縣故城南西南流注於汾水汾水又南逕霍城東故霍國也昔晉獻公滅霍趙夙爲御霍求公奔齊晉國大旱卜之曰霍太山爲祟使趙夙召霍

君奉祀晉復穰也蓋霍求公之故居也汾水又逕趙城西南穆王以封造父趙氏自此始也汾水又南霍水入焉水出霍太山發源成潭漲七十步而不測其深西南逕趙城南西流注于汾水

又南過楊縣東

間水東出穀遠縣西山西南逕楊縣霍山南又西逕故城北晉大夫僚公去安之邑也應劭曰故楊侯國王莽更名有年亭也其水西流入于汾水汾水逕楊城西不於東矣魏土地記曰平陽郡治楊縣郡西有汾水南流者是也

西南過高梁邑西

黑水出黑山西逕楊城南又西與巢山水會山海經曰牛首之山勞水出焉西流注于潏水疑是水也潏水即巢山之水也水源東南出巢山東谷北逕浮山東又西北流與勞水合亂流西北逕高梁城北西流入于汾水又南逕高梁故城西故高梁之墟也春秋僖公二十四年秦穆公納公子重耳於晉寗懷公於此竹書紀年晉出公三十年智伯

垣城高梁漢高帝十二年以爲侯國封恭侯酈介於斯邑也

又南過平陽縣東

汾水又南逕白馬城西魏刑白馬而築之故世謂之白馬城今平陽郡治汾水又南逕平陽縣故城東晉大夫趙鼂之故邑也應劭曰縣在平河之陽堯舜並都之也竹書紀年晉烈公元年韓武子都平陽漢昭帝封度遼將軍范明友爲侯國王莽之香平也晉立平陽郡治此矣水側有堯廟前有碑魏土地記曰平陽城東十里汾水東原上有小臺臺上有堯神屋石碑永嘉三年劉淵徙平陽於汾水得白玉印方四寸高二寸二分龍紐其文曰有新寶之印王莽所造也淵以爲天授改永鳳二年爲河瑞元年汾水南與平陽合水出平陽西壺口山尚書所謂壺口治梁及岐也其水東逕狐谷亭北春秋時狄侵晉取狐厨者也又東逕平陽城南東入汾俗以爲晉水非也汾水又南歷襄陵縣故城西晉大夫郄犨之邑也故其地有犨氏鄉亭矣

縣蓋即陵以名氏也王莽更名曰幹昌也
又南過臨汾縣東
天井水出東陘山西南北有長嶺嶺上東西有通
道即鈃蹬也穆天子傳曰乙酉天子西絶鈃蹬西
南至鹽是也其水三泉奇發西北流總成一川西
逕堯城南又西流入汾
又屈從縣南西流
汾水又經絳縣故城北竹書紀年梁武王二十五
年絳中地坼西絶於汾汾水西逕虒祁宮北横水
有故梁截汾水中凡有三十柱柱徑五尺裁與水
平蓋晉平公之故梁也物在水故能持久而不敗
也又西逕魏正平郡南故東州治太和中皇都徙
洛罷州立郡矣又西逕正橋澮水入焉
又西過長修縣南
汾水又西與古水合出臨汾縣故城西黄阜下其
大若輪西南流故横溝出焉東注于汾今無水又
西南逕魏正平郡北又西逕荀城東古荀國也汲
郡古文晉武公滅荀以賜大夫原氏也古水又西

南入于汾汾水又西南逕長修縣故城南漢高帝
十一年以爲侯國封莊悟也有修水出縣南而西
南流入汾汾水又西逕清原城北故清陽亭也城
北有清原晉侯蒐清原作三軍處也汾水又逕冀
亭南昔臼季使過冀野見郤缺耨其妻饁之相敬
如賓言之文公文公命之爲卿復與之冀京相璠
曰今河東皮氏縣有冀亭古之冀國所都也杜預
釋地曰平陽皮氏縣東北有冀亭即此亭也汾水
又西與華水合水出北山華谷西南流逕一故城
西俗謂之梗楊城非也梗楊在榆次在此非案故
漢上谷長史侯相碑云侯氏出自倉頡之後踰殷
歷周各以氏分或著楚魏或顯齊秦晉卿士蔿斯
其裔也食于華陽今蒲坂北亭也即是城也其水
西南流注于汾汾水又逕稷山北在水南四十許
里山東西二十里南北三十里高十三里西去介
山一十五里山上有稷祠山下有稷亭春秋宣公
十五年秦桓公治兵于稷以畧狄土是也

又西過皮氏縣南

汾水西逕鄧丘北故漢氏之方澤也賈逵云漢法
三年祭地汾陰方澤澤中有方丘故謂之方澤丘
即鄧丘也許愼說文稱從邑㚇聲河東臨汾地名
矣在介山北山即汾山也其山特立周七十里高
三十里顔言在皮氏縣東南側可三十里乃非也
今準此山可高十餘里山上有神廟廟側有靈泉
祈祭之日周而不耗世亦謂之子推祠楊雄河東
賦曰靈輿安步周流容與以覽于介山嗟文公而
愍推兮勤大禹於龍門晉太康記及地道記與永
初記並言子推所逃隱於是山即實非也余按介
推所隱者緜山也文公環而封之爲介推田號其
山爲介山杜預曰在西河介休縣者是也汾水又
西逕耿鄉城北故殷都也帝祖乙自相徙此爲河
所毁故書叙曰祖乙圮于耿杜預曰平陽皮氏縣
東南耿鄉是也盤庚以耿在河北迫近山川乃自
耿遷亳後晉獻公滅之以封趙夙後襄子與韓魏
分晉韓康子居平陽魏桓子都安邑號爲三晉此
其一也漢武帝行幸河東濟汾河作秋風辭於斯

水之上汾水又西逕皮氏縣南竹書紀年魏襄王十二年秦公孫爰率師伐我圍皮氏翟章率師救皮氏圍疾西風十三年城皮氏者也漢河東太守潘係穿渠引汾水以溉皮氏縣故渠尚存今無水

又西至汾陰縣北西注于河

水南有長阜背汾帶河阜長四五里廣二里餘高十丈汾水歷其陰西入河漢書謂之汾陰脽應劭曰脽丘類也汾陰男子公孫祥望氣寶物之精上見祥言之於武帝武帝於水獲寶鼎焉遷於甘泉宫改其年曰元鼎卽此處

澮水注　　後魏酈道元

澮水出河東絳縣東澮交東高山

澮水東出詳高山亦曰河南山又曰澮山西逕翼城南按詩譜言晉穆侯遷都于絳翼孫孝侯改絳爲翼翼爲晉之舊都也後獻公又北廣其城方二里又命之爲絳故司馬遷史記年表稱獻公九年始成絳都左傳莊公二十六年晉士蔿城絳以深

其宮是也其水又西南合黒水㶇水導源東北黒
水谷西南流逕翼城北右引北川水出平川南流
注之亂流西南入澮水澮水又西南與諸水合謂
之澮交竹書紀年曰莊伯十二年翼侯焚曲沃之
禾而還作爲文公也又有賀水東出近川西南至
澮交入澮又有高泉水出東南近川西北趣澮交
注澮又南紫谷水東出白馬山白馬川逕甲闕山
圖曰絳山東距白馬山謂是山也西逕熒庭城南
而西出紫谷與乾河合郎教水之枝川也史記白
起傳稱起涉河取韓安邑東至乾河是也其水西
與田川水合水出東谿西北至澮交入澮又有女
家水出于家谷竹書紀年曰莊伯以曲沃叛伐翼
公子萬救翼若叔軫追之至于家谷有范壁水出
於壁下並西北流至翼廣城昔晉軍北入翼廣以
築之因即其姓以名之二水合而爲西北流至澮
交入澮澮水又西南與絳水合俗謂之白水也非
也水出絳山東至寒泉奮涌揚波北注縣流奔壑
十一許丈青崖若黙黛素湍如委練望之極爲奇

觀矣其水西北注流于澮應劭曰絳水出絳縣西南蓋以古絳爲言也史記稱智伯率韓魏引水灌晉陽不沒者三版智氏曰吾始不知水可以亡人國今乃知之汾水可以浸平陽絳水可以浸安邑時韓居平陽魏居安邑魏桓子肘韓康子韓康子履魏桓子肘足接于車上而智氏以亡魯定公問一言可以喪邦有諸孔子以爲幾乎余覩智氏之談矣汾水灌平陽或以有之絳水澆安邑未識所由也

西過其縣南

春秋成公元年晉悼公謀去故絳欲居郇瑕魏獻子曰土薄水淺不如新田有汾澮以流其惡遂居新田又謂之絳卽絳陽也蓋在絳澮之陽漢高帝六年封越騎將軍華無害爲侯國縣南對絳山面背二水古文瑣語曰晉平公與齊景公乘至于澮上見乘白驂八駟以來有犬貍身而狐尾隨平公之車公問師曠對首陽之神有犬貍身狐尾其名曰者飲酒得福則激之蓋於是水之上也

又西南過虒祁宮南

宮在新田絳縣故城西四十里晉平公之所搆也時有石言於魏榆晉侯以問師曠曠曰石不能言或憑焉臣聞之作事不時怨讟動于民則有非言之物言也今宮室崇侈民力彫盡石言不亦宜乎叔向以爲子野之言君子矣其宮地背汾面澮西則兩川之交會也竹書紀年曰晉出公五年澮絕于梁卽是水也

又西至王橋注於汾水

晉智伯瑤攻趙襄子襄子奔保晉陽原過後至遇三人於此澤自帶以下不見持竹二節與原過曰爲我遺無卹原過受之於是澤所謂王澤也

涑水注　後魏酈道元

涑水出河東聞喜縣東山黍葭谷

涑水所出俗謂之華谷至周陽與洮水合水源東出清野山世人以爲清襄山也其水東大嶺下西流出謂之啗口又西合涑水鄭使子產問晉平公

疾平公曰卜云臺駘爲祟史官莫知敢問子產曰
高辛氏有二子長曰閼伯季曰實沈不能相容帝
遷閼伯于商丘遷實沈于大夏臺駘實沈之後能
業其官帝用嘉之國汾川由是觀之臺駘汾洮之
神也賈逵曰汾洮二水名司馬彪曰洮水出聞喜
縣故王莽以縣爲洮亭也然則涑水殆亦洮水之
兼稱乎

又西過周陽邑南

其城南臨涑水北倚山原竹書紀年晉獻公二十
五年正月翟人伐晉周有白兎舞于市即是邑也
漢景帝以封田勝爲侯國也涑水西逕董澤陂南
即古池東西四里南北三里春秋文公六年蒐于
董澤即斯澤也涑水又與景水合水出景山北谷
山海經曰景山南望鹽販之澤北望少澤其草多
藷藇秦椒其陰多赭其陽多玉郭景純曰鹽販之
澤即解縣鹽池也按經不言有水焉西北流注于
涑水也

又西南過其縣南

涑水又西逕仲郵鄉北又西逕桐鄉城北竹書紀年曰翼侯伐曲沃大捷武公請城于翼至洞庭乃返者也漢書曰漢武帝元鼎六年將幸緱氏至左邑桐鄉聞南越破以爲聞喜縣者也涑水又西與沙渠水合水出東南近川西北流注于涑水涑水又西南逕左邑縣故南城故曲沃也晉武公自晉陽徙自秦改爲左邑縣詩所謂從子于鵠者也春秋傳曰下國有宗廟謂之國在絳曰下國矣郎新城也王莽之洮亭也涑水自城西注水流急濬輕津無緩故詩人以爲激揚之水言不能流移束薪耳水側即狐突遇申生處也春秋傳曰秋狐突適下國遇太子太子登僕使曰夷吾無禮吾請帝以畀秦對曰神不歆非類君其圖之君曰諾請七日見我於新城西偏及期而往見於此處故傳曰鬼神所憑有時而信矣涑水又西逕王官城北在南原上春秋左傳成公十三年四月晉侯使呂相絕秦曰康猶不悛入我河曲伐我涑川俘我王官故有河曲之戰是矣今世人猶謂其城曰王城也

又西南過安邑縣西
安邑禹都也禹娶塗山氏女思戀本國築臺以望之今城南門臺基猶存余案禮天子諸侯臺門隅阿相降而已未必一如書傳也故晉邑矣春秋時魏絳自魏徙此昔文侯縣師經之琴於其門以爲言戒也武侯二年又城安邑蓋增廣之秦始皇使左更白起取安邑置河東郡王莽更名洮陽縣曰河東也有項寧都學道昇仙忽復還此河東號曰升仙漢世又有閔仲叔隱遁市邑罕有知者後以識瞻而失涑水又西南逕監鹽縣故城城南有鹽池水承鹽水出東南薄山西北流逕巫咸山北地理志曰山在安邑縣東海外西經曰巫咸在女丑北右手操青蛇左手操赤蛇在登葆山羣巫所從上下也大荒西經云大荒之中有靈山巫咸卽巫盼巫彭巫姑巫真巫禮巫抵巫謝巫羅十巫從此升降百藥爰在郭景純曰言羣巫上下靈山采藥往來也蓋神巫所遊故山得其名矣谷曰巔上有巫咸祠其水又逕安邑故城南又西流注于鹽池

地理志曰鹽池在安邑縣西南許慎謂之鹽監長五十一里廣六里周一百一十四里從鹽古聲呂宿曰沇沙煮海謂之鹽河東鹽池謂之鮮鹽今池水東西七十里南北十七里紫色澄渟渾而不流水不鹽自然印成朝取夕復終無減損唯水暴雨澍甘潦奔泆則鹽池用耗故公私共堨水徑防其淫濫故謂之鹽水亦爲堨水也故山海經謂之鹽販之澤也澤南面層山天巖雲秀池谷泉深左右壁立間不容軌謂之石門路出其中名之曰徑南通上陽北壁鹽澤池西又有一池謂之女鹽澤東西二十五里南北二十里在猗氏故城南春秋成公六年晉謀去故絳大夫曰郇瑕地沃饒近鹽服虔曰土平有溉曰沃鹽監也土人鄉俗引水裂沃麻分灌川野畦水耗竭土自成鹽即所謂鹽醢也而宋若號曰鹽田鹽監之名始次是矣本司鹽都尉治領兵一千餘人守之周穆王漢章帝並幸安邑而觀鹽池故杜預曰猗氏有鹽池後罷尉司分猗氏安邑置縣以守之

又南過解縣東又西南注于張陽池
涑水又西逕猗氏縣故城北春秋文公七年晉敗秦于令狐至于刳首先蔑奔秦士會從之闞駰曰令狐即猗氏也刳首在西三十里縣南對澤即猗頓之故居也孔叢曰猗頓魯之窮士也耕則常饑桑則常寒聞朱公富往而問術焉朱公告之曰子欲速富當畜五牸於是乃適西河大畜牛羊于猗氏之南十年之間其息不可計貲擬王公馳名天下以興富於猗氏故曰猗頓也涑水又西逕郇城詩云郇伯勞之蓋其故國也杜元凱春秋釋地云今解縣西北有郇城服虔曰郇國在解縣東郇瑕氏之墟也余按竹書紀年云晉惠公十有五年秦穆公率師送公子重耳圍令狐桑泉臼衰皆降焉秦師狐毛與先軫禦秦至于廬柳乃謂秦穆公使公子縶來與師言退舍次于郇盟于軍京相璠曰春秋土地名桑泉臼衰並在解東南不言解明不至解可知春秋之文與竹書不殊今解故城東北二十四里有故城在猗氏故城西北鄉俗名之爲

郇城考服虔之説又與俗符賢於杜氏單文孤證
矣涑水又西南逕觧縣故城南春秋晋惠公因秦
返國許秦以河外五城内及解梁卽斯城也涑川
又西南逕瑕城晋大夫詹嘉之故邑也春秋僖公
二十年秦晋圍鄭鄭伯使燭之武謂秦公曰晋許
君焦瑕朝濟而夕設版者也京相璠曰今河東解
縣西南五里有故瑕城涑川又西南逕張陽城東
竹書紀年齊師逐鄭太子齒奔城張陽南鄭者也
漢書之所謂東張矣高祖二年曹參假左丞相别
與韓信東攻魏將孫林遬軍東張大破之蘇林曰
屬河東卽斯城也涑水又西南屬于陂陂分爲二
城南面兩陂左右澤渚東陂世謂之晋興澤東西
二十五里南北八里南對鹽道山其西則石壁千
尋東則磻谿萬仞方嶺雲廻奇峯霞舉孤標秀出
罩絡羣山之表翠柏蔭峯清泉灌頂郭景純云世
所謂鸑鷟也發于上而潛于下矣厥頂方平有良
藥神農本草曰地有固活女踈銅芸紫菀之族也
是以緇服思亙之士鹿裘念一之夫代徃遊焉路

出比巘勢多縣絶來去者咸援蘿騰崟尋葛降深

於東則連木乃陟百梯方降巖側縻鎖之跡仍今

存焉故亦曰百梯山也水泉山北流五里而伏云

潛通澤渚所未詳也西陂卽張澤也西北去蒲坂

一十五里東西二十里南北四五里冬夏積水亦

時有盈耗也

樊紹述絳守居園池記注　　國朝趙師尹

絳卽東雍爲守理所稟参實沈分氣蓄兩河潤有陶

唐冀遺風餘思

絳治雍州之東規天星得參實沈括地蘊介兩河

間揆人理則陶唐冀方地

晉韓魏之相剥剖世説總其土田士人令無磽雜擾

宜得地形勝瀉水施法

由晉暨韓魏來競剥削剖析世稱各總理其地與

人俾無磽薄及紛驚者宜乘勝迹恒涎其地治其

人

豈新田又蕞猥不可居州地或自有興廢人因得附

爲奢儉
乃既徙新田慮蕞陋猥還復返故絳又州地屢遷
土風亦異
將爲守悅致平理與盆修心耗物害時與自將失敦
窮華終披夷不可知
詰爲園者易制治耶易驕恣耶無亦失敦朴窮華
麗將終至披靡陵夷巳乎
陴緬孤顛跒㑩亙武
城因山勢女牆縣邈北聳
踞守居割有北自甲辛苞大池泓横硤旁潭中
地右觚園巇守居之北苞而爲池深廣東西横硤
其旁而潭其中
癸次木腔瀑三丈餘涎玉沫珠
池北右次是水所由入奔溜硤錯
子午梁貫亭曰徊漣虹蜺雄雌穹鞠覷蜃㠑倨島坻
淹淹委委莈靡縲蘿薔翠蔓紅刺相拂綴
梁穹窿中踞貫池南北搆亭名徊漣上視虹掣下
趨如窺蜃宫列奇石行步觸齧猶島坻間淹没委

折岸莎披靡緵布蘿蔔間羣蔓紅刺亂相牽拂點
綴
南連軒井陴中踴曰香承守寢睟思
豐香亭鑑有熊氏井陣法四繞木籬連瑣布罫藉
守寢室睟潤足人深思
西南有門曰虎豹
闔門守居之右繪兩壁虎象有武豹象有文
左晝虎搏立萬力千氣底發彘匿地努肩腦口牙快
抗雹火雷風黑山震將合
虎伏彘底厲努發忿快扜抗舉似擊烈將撼山欲
合極其猛鷙
右口人鬅黃帬纍珠丹碧錦襖身刀囊韡楇縚白豹
立斑趺距掌髀意相得
口人馴豹髮鬅髻服歷錄幡箠刀佩亂耿豹斑飽
于鉤距手抵背膊閒人獸相胥殊無怖迸
東南有亭曰新前舍曰槐有槐眉護霽鬱薈後顧渠
泱泱綠池西直南折蕪赴可宴可衙
東南新亭之頷巨槐作力擁護靃霽陰鬱自前頷

蔭亭後頋有渠自西直南曲折向廡來赴玆亭可
宴息亦可判決衙事
又東騫渠曰望月
池東騫舉過望月渠
又東騫窮角池研雲曰柏有柏蒼官青士擁列與槐
朋友嬗陰洽色
又極東爲柏亭柏影研摩池雲蒼者官青者士與
槐間植高陰渥色穠郁莫京
北俯渠憧憧來刮級廻西
北瞰渠沉靡定水與階平又瀰漫西折
巽暍閒黄原決天汾水鉤帶白言謁行
巽隅所見原如玦水如鉤據地宏敞有以考言察
行來告謁者亦于斯亭
旦艮閒遠岡青縈近樓臺井閭點畫察可四時合奇
士觀雲風霜露雨雪所爲發生收斂賦歌詩
晨覗艮方納遝青灼微抝恒聚士人游詠時物
正東曰蒼塘蹲瀕西㳘望瑆翻碧瀲光文切鏤梨深
撓撓文窍

塘在東故名曰蒼由林木間俯瞀沉漭瓘璨淪漣
水紋深刻動撓抵岸涘始收
正北曰風隄乘攜左右北叫股努墹換蹴墉銜渠歆
池南楯檻景怪燭蛟龍鉤牽寶黿靈鼉文文章章陰
飲埶歔煙漬靄聚桃李蘭蕙神君仙人衣裳雅冶可
會脫赤熱
受風曰風隄蹲正北纚連左右相陵駕攜持旁隄
返抱大似兩髀努力止嶷紾轉蹴墉之半銜帶小
渠而歆亭于大池直南接子午梁倒影在水光怪
咸燭檻格則蛟龍之鉤牽柱礎則黿鼉之游泳鏤
則文合則章真若鱗介羣來隱嘐下嵡有時煙四
浮靄蒙錦桃李蘭蕙正芳水涌花明雖神人仙子
衣裳婀婀夌波以度不是過矣風斯隄也卽長夏
多人暍暑可祛
西北曰鼇蝝原關咍儲虛明菼菼嵬眼頹耳可大客
旅鐘鼓樂提鷴葦鷺伯池豪渠憎乖憐圍
萛西北宇平原瞰水如鼇掘地卽取鼇蝝名原信
開大儱儲蓄其涵光寥廓則開咍也奇嵋拄目矚

簪盈耳則儲也開咍儲嘉賓樂矣復俯睇鷗鷺若
在提挈仙滿乎池豪視乎渠故作向背可嫌也實
亦可愛
正西曰白濱蒼深梨素女雪舞百俗水翠披鄉鄉千
幅迎西引東土長厓挾橫埒曰卯酉樵塗塢徑幽委
蟲鳥聲無人風日燈火之晝夜漏刻詭媿絢化
西濱樹梨百本得白之名瞪深舞動水翠間之驚
視若千幅畫迎此引彼土厓挾持而橫亘者卯酉
埒也塗徑隱折歷日夕動定諸時詭異媿雅絢釆
幻化
大小亭館池渠間走池隄上亭後前俾乘墉如連山
羣峯擁地高下如原隰隄谿
凡亭置小池渠間蓄洩四注走池水隄上紆折旁
流間自諸亭周顧塘原濱埒則皆以堞連墉如亂
山之環擁由上池下若眉翟之迭承
水引古自源三十里鑿高槽絕實墉爲池溝沼渠瀑
潨瀉終出汨汨衎衎畦町阡陌間入汾
引古水自九原之麓二泉所叵不三丈許清一濁

一滙流過郡鑿其高槽其絶竇其墉以爲斯池疏
鑿異形具衆水名義纖流以出厥聲汩汩然經民
巷陌復竇墉南入于汾
巨樹木資土捍水沮宗族盛茂旁薈逵映錦繡交葉
枝香畹麗絶地郡
土剛水泇卉木所由盛也枝實離離畹葩郁郁甲
于州界
考其臺亭沼池之增葢豪王才侯襲以奇意相勝至
今過客尚往往有指可創起處余退常吁後其能無
果有不補建者
考唐刺是州如徐王元禮鄭王元懿韓王元嘉許
王素節岐王範絳王悟及孔禎張錫趙彥昭嚴浚
韋陟韋武崔弘禮輩或于園池不無增易即過客
嬉游猶有可指建者是以退甚之餘懷往音悲方
來知將創改失制匪記搆所克常保
池由于煬及者雅文安發土築臺爲拒諒幾附于汧
宮
池則由隋大業間附漢王諒反者爲絳人薛雅聞

喜人裴文安伐土爲臺拒周羅睺之誅幾比禮檀弓所云洿其宮而豬焉者

水本于正平軌病井滷生物瘠引古沃瀁人便幾附于河渠

水則自隋開皇間正平令梁軌開十二渠便人溉沭幾比司馬遷所言河渠之利

嗚呼爲附于河渠則可爲附于汙宮其可書以薦後君子

嗚呼河渠而可爲也汙宮而不可爲也擇而取之將進後人正告之矣

問對

晋問　唐柳宗元

吴子問於柳先生曰先生晋人也晋之故宜知之曰然然則吾願聞之可乎曰可晋之故封太行椅之首陽起之黄河迤之大陸靡之或巍而高或呀而淵景霍汾澮以經其壖若化若遷鈞嬰蟬聯然後融爲平川而侯之都居大夫之邑建焉其高壯則騰突撑拒聲呀聱怒若熊羆之咆虎豹之嗥終古而不去攫秦搏齊當者失據燕狄惴怯若卵就壓振振業業覛闞蹂戶踢若僕妾其按衍則平盈旋緣紆徐夷延若飛鳶之翔舞泅水之容與以稼則碩以植則茂以牧則蕃以魚則庶而人用是富而邦以之阜其河則濬源崑崙入于天淵出乎無門行乎無垠自匈奴而南以介西鄙衝奔太華運肘東指混潰后土瀆濁糜沸黿鼉詭怪于于汩汩騰倒騃越委泊涯涘呀呷欱納摧雜失墜其所盪激則連山參差廣野壞裂轟雷怒風

摵鴒于巉崩石之所轉躍大水之所擢拔淵汗洞踏者彌數千里若萬夫之斬伐而其軸轤之所負撞擣之所御鱗川林谿衆雲遁雨瞬目而下者榛榛沄沄百舍一赴若是何如吳子曰先生之言豐厚險固誠晉之美矣然晉人之言表裏山河者備敗而已非以爲榮觀顯大也吳起所謂在德不在險皆晉人之籍也願聞其他先生曰大鹵之金棠谿之工火化水淬器備以充爲棘爲不爲鍛爲鈞爲鏑爲鏃出太白徵辟收居招提伏虫尨肅肅徙徙合衆靈而成之博者狹者曲者直者岐者勁者長者短者攢之如星奮之如雷運之如榮浩浩奕奕淋淋滌滌熒熒的的若雪山水谷之積觀者膽掉目出寒液當空發耀英精互繞晃蕩洞射天氣盡白日規爲小皦雲破霄踣墜飛鳥弓人之弓函人之甲膠角百選犀兕七屬乃使踉超掖夾之倫服而持之南墩諸華比轡羣夷拔擊節制聞于天下是爲善師延目而望之固以拳拘喘汗免胄肉袒進不敢降退不敢竄若是何如吳子曰夫兵之用由德則吉由暴則凶是又不可爲美觀也先

軫曰師直爲壯曲爲老況特以堅甲利刃之爲上哉
先生曰晉國多馬屈焉是産土寒氣勁崖拆谷裂草
木短縮鳥獸墜匿而馬蕃焉師師駪駪溶溶紜紜輼
輼轔轔或赤或黃或亙或蒼或醇或驪黚然而陰炳
然而陽若旌旃旂幟之煌煌乍進乍止乍伏乍起乍
奔乍躓若江漢之水疾風驅濤擊山盪壑雲沸而不
止羣飲源槁迴食野赭洛川處浪噴震攝灑潰潰焉
若海神傌雪而來下觀其四散惝恍開合萬狀喜者
鵲厲怒者人搏決然砉躍千里相角風駛霧亂斷山
抉壑耳插層雲腹捎衆木寂寥遠遊不夕而復攫地
跳梁堅骨蘭筋交頸互齧鬭目相馴聚潑更噓昂首
張鬛其小者則連牽繳繞仰乳俯齕壤雜蠡集馺馺
濼濼旋走叢立其材之可者收斂攻教掉手飛麾指
毛命物百步就羈牽以荀息御以王良超以范軼軒
以藥鍼以佃以戎獸獲敵摧若是何如吳子曰特險
與馬者子不聞乎故曰冀之北土馬之所生是不一
姓請置此而新其說先生曰晉之北山有異材梓匠
工師之爲宮室求大木者天下皆歸焉仲冬既至寒

氣凝成外凋內貞瀋液不行乃堅乃良萬工舉斧以入必求諸巖崖之欹傾磵壑之紆縈凌巑岏之秋顛激泉源之塗濇根紋怪石不土而植千尋百圍與石同色羅列而伐者頭抗河漢刃披虹霓聲振連巒梆輿屑谿丁丁登登硠硠稜稜若兵車之乘夌其響之所應則潰潰崩崩洶洶䃴䃴若奔若崩若螭龍之鬬風霆相騰其殊而下者札嘎捎殺摧崪坱圠霞披電裂又似共工觸不周而天柱折鵾鶤鷲鶬號鳴飛翔貙豻虎兕奔觸讋慄伏無所入遯無所脫然後斷度收羅捎危顛芟繁柯乘水潦之波以入于河而流焉盪突硉兀轉騰月沒類泰神驅不以梁大海抵曲鐑蹙滙流雷駢前者汨越後者迫隘乃下夫龍門之懸水摺拉頹踏捽首軒尾頓入重淵不知其幾百里也濤波之旋滔山觸天既渟既平爾望悠焉良久乃始昂屹漏溢挺拔而出林立峯崒穿雲蔽日渙然自撓復就行列渾渾而去以至其所惟良工之指顧叢𦘦阿房長樂未央建章昭陽之隆麗詭特皆是之自出若是何如㝐子曰吾聞君子患無德不患無土患無

土不患無人患無人不患無宮室患無宮室不患材之不已有先生之所陳四累之下也且虒祁旣成諸侯叛之先生曰河魚之大上迎濤波羅塵淩涯千里雷馳重馬輕車遂以君命矢而縱觀焉大喜斷流修網亘山罩罶麗罣纖紝其間巨舟軒昂仡仡迴環水師更呼聲裂商顏于是鼓譟沓集而從之捨龍吭拔鯨鰭戮白鼉逐毒蛸叱馮夷立水滑搜攪流離掬貀推移梁會網魘騰天彌圜掉擗攤蹋以登夫歷山之垂加川之歸如山之摧如雲之披其有乘化會神振拔連淪擿奇文出帷鱗騰飛濤而上逸生電雷于龍門者猶仰綸飛繳頻踏而取之莫不脫角裂翼牙赫匍匐復就鬻切莫保龍藉甘掾五味布列雕俎風雲失勢沮散遠去若夫魮鱨鮪鯉鰋鱧魴鱮之瑣屑莬裂者夫固不足悉數漏脫紘目養之水府而三河之人則已塡溢饜飫腥膏爲鹵聞膾炙之美則掩鼻蹙頞賤甚糞土而莫顧者也若是何如吳子曰一時之觀不足以夸後世口舌之味不足以利百姓姑欲聞其上者先生曰猗氏之鹽晉寶之大也人之賴之與

轂同化若神造非人力之功也但至其所則見溝塍畦畹之交錯輪囷若稼若圃斂兮匀匀渙兮鱗鱗邐瀰紛屬不知其垠俄然決源灑派交灌互澍若枝若股委屈延布脉寫膏浸溱濕滑汩彌高揜痺漫壠冒堤決泆沒沒遠近混會抵値隄防瀴瀛沛濊偃然成淵滐然成川觀之者徒見浩浩之水而莫知其以及神液陰漉甘鹵密起孕靈富媪不愛其美無聲無形慓結迅詭迴眸一瞬積雪百里皛皛暴暴奮僨離析鍛圭捶壁䃂轉的皪乍似隕星及地明潵相射冰裂雹碎寵嵸增益大者卵纍小者珠剖涌者如坻坳者如坌日晶熠熠熒駭電走亘步盈車防尺數斗于是裒斂合集舉而堆之皓皓乎懸圃之巍巍隞乎渼乎狂山太白之淋漓駭變化之神奇卒不可推也然後驢蠃牛馬之運西出秦隴南過樊鄧北極燕代東逾周宋家獲作鹹之利人被六氣之用和鈞兵食以征以貢其賚天下也與海分功可謂有濟矣若是何如吳子曰魏絳之言曰近寶則公室乃貧豈謂是邪雖然此可以利民矣而未爲民利也先生曰願聞利民

吳子曰安其常而得所欲服其教而便于已百僨通行而不知所自來老㓜親戚相保而無德之者不若兵刑不疾賦力所謂民利民自利者是也先生曰文公之覇也援秦破楚囊括齊宋曹衛鮮裂魯鄭震恐定周于溫奉册受賜夾輔糾逖以爲侯伯齊盟踐土低昂王帛天子恃焉以有諸侯諸侯恃焉以有其國百姓恃焉以有其妻子而食其力叛者力取附者仁撫推德義立信讓示必行明所嚮違禁止一好尚春秋之事公侯大夫策文馬馳軒車出入環連貫于國都則有五筵之堂九几之室大小定位左右有秩飧牢餼饋交錯文質饗有嘉樂宴有庭實登降好賦儀象畢出犒勞贈賄率禮無失六卿理兵大戎小戎鐘鼓丁寧以討不恭車埒萬乘卒半天下鼓之則震旆之則畏其號令之動若水之源若輪之旋莫不如志當此之時咸能驩娱以奉其上故其民至于今好義而任力此以民力自固假仁義而用天下其遺風尚有存者若是可以爲民利也乎吳子曰近之矣然猶未也彼覇者之爲心也引大利以自嚮而擭他人之

力以自爲固而民乃後焉非不知其化不令而一異乎吾嚮之陳者故曰近之矣猶未也先生曰三河古帝王之更都焉而平陽堯之所理也有茅茨采椽土型之度故其人至于今儉嗇有溫恭克讓之德故其人至于今善讓有師錫僉曰疇咨之道故其人至于今好謀而深有百獸率舞鳳凰來儀於變時雍之美故其人至于今和而不怒有昌言儆戒之訓故其人至于今憂思而畏禍有無爲不言垂衣裳之化故其人至于今恬以愉此堯之遺風也願以聞于子何如吳子離席而立拱而言曰美矣善矣其蔑有加矣此固吾之所欲聞也夫儉則人用足而不淫讓則遵分而進善其道不闘謀則通于遠而周于事和則仁之質戒則義之實恬以愉則安而久于其道也至乎哉今主上方致太平動以堯爲準先生之言道之輿者若果有貢于上則吾知其易易焉也舉晉國之風以一諸天下如斯而已矣敬再拜受賜

鹽池問對　　明　呂子固

正德戊辰秋逸人逾河西遊登梁山之顛觀秦川之勝下歷宜川歸息坟底有羽士接延起問曰先生世居河東之解解有鹽池其形何似逸人曰近在解城之東遠至安邑之左南限中條北濱峨嵋形若沭盤平如砥石袤狹廣長幅員百里花浮地面雪湧水底誠天設地造之區也羽士曰弟子少遊幽燕歸經青齊彼之鹽或出于土或煮于海則有盎鑊之勞將入蜀川順流淮浙彼之鹽或汲于井或掃于鹵則有煎熬之苦至于山崖草木皆假人力何獨此鹽若天然乎逸人曰水惟潤下潤下作鹹解池下深百仞傍多輔相北有淡水泉乃幻化鹽花之腴南有分雲嶺乃尸主鹽澤之神東南有鹽風洞鹽花得此一夕而成東北有湧金泉鹽花以此滋養而生然鹽雖賴水多亦能敗故池外有垣垣外有塹塹外有堰連環數重渟蓄百水俾滲漉潛入交相培養方成作鹹之利故大鹹魚鱉不生性溫隆冬不氷春秋生鹽多硝夏月生鹽獨美若春葩之媚目秋蕚之耀日晶瑩百里取之不窮誠大寶也羽士曰敢問生育何如逸人曰在

宋池次爲溝布畦其間歲以二月一日畦戶入池蓋
庵治畦淘溝俟風日至引水灌種水深一二寸乃巳
經數時水面鹽花浮上若凝脂皎雪謂之塌花以其
必擊塌而後成鹽也乃用木杴遍打沉于水底風力
滚蕩逼以烈日映水視之若編貝然色即縈白粒如
斗顆歲旱色乾白粒細而芒霖雨過多日色不烈則
青頭色正南風或正東風則紅白顆成小印子狀東
北西南風則塌花不浮滿池如沸稀粥謂之粥發其
味苦澁不堪食刮棄畦外俟風轉則上水收種俗謂
朝種暮收是也國朝和氣所召川原呈祥不必治畦
灌種蓋池以瀦水下有淤泥中有鹽根根上有鹽板
歲四五月烈日映池水面生花如薄冰東南鹽風震
蕩其花翻花枝上自成顆粒古謂之漫生鹽今謂之
斗粒鹽若得小雨則顆愈鮮明故曰顆鹽也羽士曰
于古今何如逸人曰青州貢鹽未聞解鹽周官以鹽
人掌鹽而有盬鹽謂不煉冶者蓋解鹽也穆天子傳
有安邑觀鹽池語左傳魯成公六年有晉人郇瑕沃
饒近盬之說則解鹽載之籍亦久矣秦之鹽利二十

倍于古猗頓富與天子埒漢以山澤爲私奉唐以鹽
鐵佐國軍則解鹽之利博矣宋則解鹽通商陝京爲
便商以納錢之鈔輸鹽袊官以給鹽之鈔在解池公
家無輦運之勞民用無泥沙之雜爰至于元雖取用
解鹽而興替不常國家以鹽通商以利佐邊故封以
墻塹巡以警邏而又貌以風紀民不得竊商不得冐
防範周矣羽士曰治葦何如逸人曰自鄭當時舉齊
之鬻鹽者解鹽在官始悉後魏及隋嘗舍其禁與民
共取但富民獨專利貧者重困乃復歸于官唐隸度
支五代漢置解州榷鹽院宋分兩池爲兩場置官八
員而州亦有榷鹽院守貳領之總其事曰制置金因
之元初置司于池之北阜曰路村後罷解鹽使徙陝
西都轉運司于路村罷西場爲兩場故明朝因兩場
之制鹽歸司成化末年撫鎮奏開東場于安邑西場
于解州又添中場于路村均沾其利矣其食鹽之廣
三省十府州三十二縣一百八十九則山西平陽澤
潞遼沁陝西西安延安鳳翔漢中河南開封河懷南
陽汝寧也羽士稽首曰微先生則弟子未知其由矣

平陽府志　卷之三六　二百八

跋

寶賢帖跋　　國朝傅山

古人法書至淳化大備其後來橅勒工拙固殊大率皆本之淳化逮至有明則有肅藩之淳化仍其舊名卷次不少變更周藩之東書堂晉藩之寶賢堂則稍有顛倒增益今此三本並行人間沂帖橅勒無乎采肅帖豐肥濃態側出晉帖圓秀遒媚出周肅上二王鈎勒猶爲精妙獨獻之授衣一帖不及肅帖遠甚然肅本此帖亦不及汝刻也故老或傳以爲截取絳帖之石而目之以寶賢之名往聞諸府中老尉言取庫中分藩時所得絳帖鈎之上石按絳帖始於潘師旦或謂爲潘駙馬帖蓋潘氏世居絳郡故也單炳文考論最爲精密曹士冕甚服其傳於其所謂東庫本下注謂潘所居石分而爲二其後絳帖公庫得其半于是補刻餘帖是名東庫本由此言之石在宋代已分爲二晉藩又焉得截而取之且寶賢卷次與絳帖差

互非絳帖之原石可知單氏謂大令復画帖面字右邊轉筆在石空缺處新絳無右邊轉筆第七行行書止字新絳作草書心字今寶賢面字不缺右轉止字不作心字鈎之絳帖之證一曹氏言宣示帖報字右邊直畫向左鈎起夔字下夕字微仰曲今寶賢鈎起仰曲皆與曹氏言合鈎之絳帖之證二又謂宋儋帖多燥筆今寶賢此帖猶有燥筆鈎之絳帖之證三且其自叙亦言取庫中淳化及絳帖鈎之謂鈎之絳帖者爲是石經亂不全棧櫪糞壤僅得七十餘塊其廿餘塊有得之東門人家水竇中者吾向稱此不全本爲寶本遲至汝翁令君釆烹鮮之暇流覽感慨於兵征催科鞅掌之間與及銀鈎鐵畫乃延晉水段生絣鈎補鐫勒五十三塊而頗欲還其舊觀迂人且以爲不急之務非夫風流醞藉孰能若此者乎老來諸緣牽卒一切皆斷惟水墨積習未能頓除復此勝舉但有贊歎全者不全不全者全時節因緣蔚成之際正自爾馨但此工速成當再因榻本而端睨修飾之與寶本神彩不遠卽名寶賢寶本亦可使曹氏見之不

知快當何如定不作武岡新本觀也賓本余別有說此不贅

書曹月川先生傳後

國朝孫奇逢

濂溪之太極橫渠之西銘實三代以下庖犧也然後世知元公者鮮紹興乾道間屢以二程夫子請配孔子之廟而祀于學宮皆不及元公至有疑無極之說出自老子訟言排之噫可謂文之厄矣若訂頑砭愚上推極于乾父坤母下推極於戲言戲動語大天下莫能載語小天下莫能破深哉誰其知之月川子于太極圖說暨西銘大都以朱子爲依歸獨辨袁一則所効忠于考亭者良工心獨苦不知者謂與紫陽爲難則豈知大道無我之公哉

平陽府志　卷之三十六　一百

記

段干木廟記

唐盧士牟

陝之芮東有祠署于道曰魏文侯師段干木廟謹按史傳諸文侯過其廬必式呂覽云秦攻芮司馬康以先生深諫其君又按圖經云先生以原上草廬中高枕而卧秦遂弭兵昔子貢救魯挾辯詐扶危主然後僅而獲免豈若先生靡勞師徒曠然宴息而國不加害民受其賜誠以德充氣融道義純備者矣貞觀元年秋八月七日將仕郎前守河南府伊陽縣主簿范陽盧士牟載想退蹤願誌遺廟銘曰鼎湖在南中條在北洪河横流以紀魏國天地淑靈山澤粹精惟公克生爲魏之禎鄰不加兵民用舒寧秦號虎狼殺厲重傷毒螫斷斷侵軼西疆聽我仁人沛然知方以義以暴以柔以剛舍師不陣古稱至德先生宴然婆娑偃息蓬居草廬是敬是式比彼干戈俄成禮則士之生世人爵爲貴功成不居惟德之懿士之避土或蹈

遐裔公則靖民以義爲利我行其野祠宇巋然播詠
仁風精誠若傳條山如礪河水如帶先生之德永永
不昧

碧落天尊象記　唐李訓

有唐五十三祀龍集敦牂哀子李訓誼諶銜恤在
疚寘懷靡所永言報德思樹良因敬立大道天尊逮
侍真像粤若稽古藐覿遂初真宰貞乎得一混成表
於冲用亙之叉亙賾超言象之域惟恍惟惚理寘視
聽之端是以峒山順風勞乎靡索汾陽御辯窅然自
喪曠矣哉道之韞也其寄于寥廓之場焉至于玉笈
宣徽瑤函吐秘方壺神闕蒙轂靈遊倏忽九陔導飛
廉而從敦圉俯仰六合戴列星而乘雲氣固亦昭章
逸軌聆嚮孤風淳化其暸幽契無爽伏以先妣含貞
載德克懋壼儀延慶台華正位藩閫動容資于典禮
發言光乎箴訓故紘綖是肅粢盛無違大當叶曜中
闈以睦兕倚閭分茸之澤徙居則聆之規義越八倫

恩深振古重以凝神道域抗志澄源淮館儀山忝鴻
寶之靈衔楚壇敷教暢微言之盛範脩亙兼洞真俗
兩該德冠母儀事高嬪則豈圖昊天不惠積善無徵
咎罰奄鍾荼蓼俄集訓等痛纏過隙感切風枝泣血
攀號自期顛殞祗奉嚴訓慈勉備隆偷存視息適棲
氣序几筵寂寞瞻望長違劍巨徒深寄哀何地所以
貪建餘漏祈福亙宗敬寫真容庶幾終古而土木非
可久之質鎔鑄為誇盜之先肅奉冲規圖輝貞質琿
容伊穆玄儀有煒金真摛耀疑金闕之易奔琳華揚
彩若琳房之可覲霓裳交映風駕斯留帝晨餙翠雲
之美香童散朱陵之馥載彫爰斁式展歲祈以此勝
因上資神理伏願栖真碧落飛步黃庭謁群帝于天
關携列仙于雲路融心懸解宅美希夷注儀鄰以洞
煥指乾坤而齊極介茲多祉藩度惟隆如山作固永
播熊章之烈循陔自勔冀申烏鳥之志孔明在鑒匪
日道遐昌言嗥闊庶斯無救昔人銜哀罔極鉛槧騰
聲柔紛克劭義切張憑之誄至德與思痛深陸機之
賦況清輝懋範宛若前蹤瞻言景行敢忘刊紀餘魂

弱喘情不逮文謹託真猷直書心事音儀日遠風烈
空傳叨心感慕終天何及

中條山居記　唐司空圖

中條蹴蒲津東顧虞鄉纔百里亦猶人之秀發必見于眉宇之間故五峰頹然爲其冠珥是谿蔚然涵其濃英之氣左右函洛乃滌煩濟賞之境會昌中詔毁佛宮因爲我有谷之名本以王官廢壘在其側今司空氏易之爲禎陵谿亦曰禎貽云愚以家世儲善之祐集于厥躬乃刻像大悲跂新構於西北隅其亭曰證因證因之右其亭曰擬綸志其所著也擬綸之左其亭曰修史勗其所職也西南之亭曰濯纓濯纓之窓曰一鳴皆有所警堂曰三詔之堂室曰九籥之室皜其壁以模玉川于其間備列國朝至行清節文學英特之士庶存聳激耳其上方之亭曰覧照懸瀑之亭曰瑩心皆歸于釋氏以栖其徒愚雖不佞猶幸處于鄉里不侵不侮處于山林物無夭伐亦是少庇子孫且詎知他日復覩辟容訪陳跡者非今茲誓願之

證哉久于斯石庶幾不昧有唐光啟三年丁未歲記

休休亭記

唐司空圖

休休也美也既休而其美在焉司空氏禎貽谿休休亭本濯纓也濯纓爲陝軍所焚愚竄避踰紀天復癸亥歲蒲稔人安既葺于壞垣之中構不盈丈然遽更其名者非以爲奇蓋量其材一宜休也揣其分二宜休也且耄而瞶三宜休也而又少而墮長而率老而迂是三者皆非救時之用又宜休也尚慮多難不能自信既而晝寢遇二僧其名皆上方刻石者也其一曰闉顚謂吾曰吾常爲汝之師也汝昔矯于道鋭而不固爲利慾之所拘幸悟而悔將復從我于是谿耳且汝雖退亦嘗爲匪人之所嫉宜以耐辱自警庶保其終始與靖節醉吟第其品級于千載之下復何求哉因爲耐辱居士歌題於亭之東北楹自開成丁巳歲七月距今以是歲是月作是歌亦樂天作傳之年六十七矣休休乎且又殁而可以自任者不增愧負

于家國矣復何求哉天復癸亥秋七月記

師曠廟記　唐　失名

竊嘗考之春秋史傳師氏世系未得其詳不敢以疑而傳故闕而不序公諱曠字子野師姓河東古羊城人也耳聰于聽度正音律測明歷數仕晉二世職樂太師凡所論諫必本仁義悼公即位之十五年衛獻公以射鴻于囿戒食而弗與爲孫文子所逐晉侯因公之侍而問之衛人出其君不亦甚乎公對曰或者其君實甚良君將賞善而罰淫養民如子蓋之如天容之如地民奉其君愛之如父母仰之如日月敬之如神明畏之如雷霆其可出乎夫君神之主而民之望也若困民之君匱神乏祀百神絶望社稷無主將安用之弗去何爲天之愛民甚矣其使一人肆于民上以從其淫而棄天地之性必不然矣平公虒立三年十月會諸侯尋湨梁之言同討不廷齊侯守于平陰及登巫山望晉師之衆而畏之脫歸于夜公告晉

侯曰烏烏之聲樂齊師其遁矣果如其言冬楚子伐鄭涉于魚齒之下其雨及之晉人聞楚師而疑公曰無害吾驟歌北風又歌南風不競多死聲楚必無功其師果凍役徒幾盡而返秦伯之弟鍼如晉修成叔向子朱有撫劍拂衣之忿平公曰晉其庶乎吾臣之所爭者大公曰公室懼卑臣不思忠而恃力不務德而競善私欲已侈能無卑乎悼夫人食輿人城杞者絳縣老人與之食而疑年使其實曰臣小人也不知紀年生之歲正月甲子朔四百有四十五甲子矣其季于今三之一也吏莫之知走問諸朝公曰魯仲叔惠伯會郤成子于承匡之歲七十三年矣時魯使在晉歸以語季武子曰晉有師曠而咨度焉君子在朝其庸可偷乎勉使之而後可石言于魏榆晉侯問于公曰石何故言對曰石不能言或馮焉不然民聽濫矣臣又聞之作事不時怨動于民則有非言之物而言今宮室崇侈民力彫盡謗讟並作莫信其性石言不亦宜乎是時方築虒祁之宮叔向曰子野之言君子哉君子之言信而有徵是宮也成諸侯必叛君

必有咎夫子知之逾年而平公果卒衛靈公將之晉舍于濮上夜半聞鼓琴聲乃召師涓曰吾聞琴音狀似鬼神爲我聽而寫之明日師涓曰臣寫而得之矣遂行見晉侯會飲于施惠之臺酒酣靈公曰今者來聞新聲乃命師涓援琴而鼓公撫而止之曰此亡國之聲也公曰何謂也公曰此師延與紂所爲靡靡之樂武王伐紂師延東走自投濮水故聞之者必于濮上先聞此聲者國削晉侯曰音無此最悲乎公曰有然君之德義薄不可以聽不獲已爲鼓之一奏有玄鶴二八集于廊門再奏延頸而鳴舒翼而舞晉侯大喜起而爲公壽公之于音盡天下之至賾豈徒區區與群生輩伍哉無何天不與明丁斯時也於戲周道卽衰列國不啻數百而晉室疆臣尸諸侯之盟者久矣逮靈公至于厲其間政失而寖以微削悼周始立大夫以治國之本勉而行之于是振滯匡乏施舍已責民無謗言所以復文襄之業故九合而弗敢拒三駕而莫與爭平公亦藉規誨宜其明德而諸侯靡不懷畏公之力于晉不爲不多矣頌曰有覺德行四國順之無競

維人四方其訓之其是之謂歟戰國以來綿歷千載行事久遠而無所攷信僕亡敢臆說但據春秋之所載者實書之時太和二年歲在壬戌三月上巳日記

媧皇廟記　　宋裴麗澤

臣聞羲帝之先大樸未散大古已降淳風尚扇玄黃之位雖設高卑之義孰分及乎大道喪而庶類生聖人作而萬物覩指龜文而畫卦以龍圖而紀官乃服衣裳始有文字由是君臣之道漸著仁義之風聿興旣生蒸民必有司牧聖人間出實惟媧皇接帝王世紀云女媧氏風姓也當火化之初以木德而王象日月以明臨照肇嫁娶以序人倫分定九州自我而始變化萬物非聖而何天有缺于是鍊石以補之地有傾于是斷鼇以立之故得天無不覆地無不載萬世之下仰之如神明噫自非天之精地之英上古之粹靈曷能若是哉今我應天廣運聖文神武明道至德仁孝皇帝撫天下也功業冠乎邃古睿聖通于神明

祥瑞荐臻響應交感八方魋魅指夏鼎以姦銷萬里氛霾蒙堯日而氷釋甲子歲三川未格合雲馳如雨之師辛未春五嶺不庭偃草問苞茅之罪靡逾數稔連平兩邦括地三百州拓土數萬里戴斗戴日之野皆入提封太平蒙澤之人盡在臣妾莫不蹋金門而請吏駕鐵聲以獻琛譯有外夷貢無虛日皇帝尚或日愼一日雖休勿休以爲受命上玄庇民下土弗矜弗伐唯將百姓爲心無怠無荒欲使九功惟叙嘗謂侍臣曰朕以道涖四海恩臨萬邦非先王之德教不敢行非先王之謨訓不敢道念風雨之咸若而災害之不生感于神明告于天地常展奉先之義伸報本之誠升中泰壇昭事上帝當百神之受職俾無文而咸秩因思前代帝王常牧黎庶居人之上爲一代之君或立事立功有列于祭受其賜者豈可千載之下寂寥無聞景象相傳聆蠁如在乃詔諸郡縣應境內有先代帝王陵寢之處俾建祠廟使四時祭享庶百姓祈福焉乃于平陽府故都得女媧之原廟遂命中使蕆事有司揆功選良材召大匠以堅易脆去故就

新欝欝之松難藏澗底岩岩之石盡出它山上棟下宇以如裁左碱右平而若畫一日爰葺千室俄成長廊窈窱以生風大厦崚嶒而拂漢南北百丈東西九筵霧罩簷楹香飛戸牖虬負檐以欲動馬承阿而若馳金碧相輝丹青平暎既嚴且肅不矜而莊神寢載新廟貌如故成一時之輪奐壯萬古之威靈若非我后事天明事地察神道設教孝治天下布無爲之化施不測之功行前王不行之恩成近代難成之事化乎區外澤滲地中與夫漢武帝起通天之臺惟求羽化陳後主造迎春之閣止是荒遊商榷聖功何啻九牛毛之遠矣微臣不佞奉詔爲文曾無磊落之才曷叙馨宜之德夌兢進牘謹爲銘曰二儀初剖四維來張大樸閎閎元氣煌煌洎服𨽽于四大孰權與于百王伏羲巳降實惟媧皇始造琴瑟始制笙簧以調天地以和陰陽煉石補天兮神功莫測斷鼇立極兮聖德寧量我何無運妙用無方事天地以明察薦鬼神以馨香言念前代聖帝明王曾無廟貌空載縑緗俾特新于祠宇用永薦于蒸嘗祠旣崇兮肸蠁交感神

有知兮報應昭彰享蠲潔兮千年萬歲福蒸黎兮地
久天長

成湯廟碑記　宋李瑩

天不以大寶鍾于湯則徵尤之災孰爲恤湯不以至
仁救其敝則盛明之道孰爲彰旱者天之數也仁者
湯之行也數既有時雖大聖而不可挽行有于已雖
上天而不可違則知旱不作無以思湯之仁仁不施
無以救時之旱中外萬國嗷嗷咸廹于焦勞寒暑七
年擾擾終逃于殄絕者則湯大有造于天下也是知
宣湯之德祛民之戾歷古而下其功不忘嗚呼天能
覆也不能載地能載也而不能覆苟覆載之一闕顧
人物以何依此道在相須理由共濟者其如較湯之
功量民之賜斯所謂全其覆載之惠廣于天地之能
者乎加之五反求賢八遷定國視其綢澤流于禽獸
把其鉞功革于潘荒則比夫禦一時之災捍一方之
患登吾祀典忝我國章者安可同年而語哉應天廣
運聖文神武明道至德仁孝皇帝之有天下也比女

媧之鍊五色以正上玄類文命之乘四載以寧下土
昔者否運相繼英風不興四疆侵割以弗還六府耗
竭而奚有我后投袂而起按劒不平南指荆衡越重
湖而靡繫一葦西顧巴蜀闢三峽而何假五丁并汾
暫駕而頓空交廣長驅而大定掃蕩之速開闢無儔
既而武功成文德備千官翼以揚職萬國熙而樂天
端冕凝旒于以示華下之無事豐財利用于以示富
庶之有程載還淳風允屬丕運然後舉墜典沛豐恩
鑑盛德于前王啓嚴祠于舊國尊帝者之制殫梓人
之功土木所興奢儉成式而復備衣冠之數于以見
車服以肅定牲牢之秩于以見祭祀不絶非獨振輝
華于萬古展豐潔于百王表烝民之受賜俾後代以
知勸仍揭貞石克揚英規聖人有象曼古無對臣也
位忝烏府學謝鴻都振朝野之宏綱已非稱職紀皇
王之能事尤匪當仁徒奉綸言强抽秘思庶使禁其
樵採何勞枯太戊之桑享以盤盂不假負阿衡之鼎
謹爲銘曰把鉞而麾天下服其威負鼎而至天下知
其歸惟湯之舉烝民所依爰歷千古宛然清輝剪髮

而祀天下受其賜觧網而祝天下知其惠惟湯之理蒸民攸乂爰歷千古焯有餘羙湯之舉也既如彼湯之理也又如此乃較功肅定位天地今我后舉豐恩修盛禮棟宇門闥于是乎啟牲牢衮冕于是乎備今古遺典皇王能事仍勒貞石俾光來裔昔如是今如是天長地久今何言哉有以見表明王而旌聖帝

伯夷叔齊祠記　　宋黃庭堅

伯夷叔齊墓在河東蒲坂雷首之陽見于水經地志可考不妄其郎墓為廟則不知其所始以二子之賢意其為唐晉祀典也舊矣元祐六年予同年進士臨菑王闢之為河東縣政成乃用四年九月大享赦書以公錢七萬及廢徹淫祠之屋作新廟凡三十有二楹貴德尚賢聞者興起顏象祠器皆中法程五月辛未有事于廟乃相與謀記歲月來乞文于豫章黃庭堅謹按伯夷叔齊蓋有國君之二子逃其國而不有者也予常求其說伯夷之不得立也其宗與國人必有不說者矣叔齊之立也其宗與國人亦有不說者

矣于是時紂又在上虐用諸侯則二子之去亦以避紂耶二子雖去其國其社稷必血食如初也事雖不經見以曹子臧吳季札之傳考之意其若是也故孔子以爲不降其志不辱其身身中清廢中權求仁而得仁又何怨又曰齊景公有馬千駟死之日民無得而稱焉伯夷叔齊餓于首陽之下民到于今稱之孟子以爲非其君不事非其民不使不立惡人之朝不與惡人言故聞伯夷之風者貪夫廉懦夫有立志此則二子之行也至於諫武王而不用去而餓死則予疑焉陽夏謝景平曰二子之事凡孔子孟子之不言可無信也其初蓋出于莊周空言無事寔其後司馬遷作史記列傳韓愈作頌事傳三人而空言成寔若三家之學皆有罪于聖人者也徒以文章擅天下學者又弗深考故從而信之以予觀謝氏之論可謂篤信好學者矣然可謂智者道也予觀今之爲吏喝日玩歲及爲政者鮮矣政且不舉又何暇教民今河東爲縣吏治膚敏政成而舉典祀以教民可謂知本矣故樂爲之書並書余所聞二子事以告來者

聞喜儒學記　　宋司馬光

太古之人何如曰不今日如也何以言之曰古之人寒衣而饑食貪生而畏死不殊于今也喜怒哀樂愛惡畏欲與民俱生非今有而古無古之人食鳥獸之肉草木之實而衣其皮鳥獸日益殫草木日益稀人日益衆物日益寡視此或不足視彼或有餘能與守死而無爭爭而不已相賊傷相滅亡人之類蓋可計日而盡也聖人者愍其然於人作而治之擇其賢知而君長之分其土田而疆域之聚其父子兄弟夫婦而安養之施其禮樂政令而綱紀之明其道德仁義孝慈忠信廉耻而教導之猶有狂愚傲狠之民悖戾而不從者于是鞭朴以威之鈇鉞以懼之甲兵以震之是以民相與安分而保常養生而送終繁衍而久長也及周之衰先王之道蕩覆崩壞幾無餘矣其不絶者纖若毫芒非孔子起而救之廓而引之闓大顯融以迄于今則生民之衆幾何其不淪而爲禽獸耶今國家所以奉事孔子非輕也廟食于國于州于

縣以歲時陳其俎豆鳴其金石以禮享之自天子之尊親北面而拜焉所以然者非人之私爲道存也然吏于州縣者或以簿書期會爲急務視孔子之祠及學校廢爲餘事置之曾不誰何彼眞俗吏無足道者聞喜自前世固縉紳大夫之林藪也縣有孔子廟咸平中武吏慈釋囘修之尉李垂爲之記厥後繼而爲長者其嚴事孔子之心不能及釋囘于是廟屋聚傾垣墉圮缺草樹荒椔碑石斷仆況于鄉飲酒之容絃誦之音固不得而覩聞矣今大夫馬君至而嘆曰爲川者知防而不知濬則横潰而不禁爲民者知怒而不知教則愁怨而不從故善爲川者相高下而導之善爲民者明是非而告之是以爲者逸而從者易物遂性而功速成也今爲吏者不能揭先王之道教人而曰吾以刑法爲治者是掩民之耳目而以陷穽俟之也不仁孰大焉乃屬邑中之賢士大夫而告之曰今孔子之廟廢不修士無所講其業民無所承其化斯豈惟令之辜亦二三子之耻也皆曰斯固邑人日夜所不忘而不敢請者也今明府有命是天相繼聖

人之道而以明府賜邑人也孰不奔走承之乃相與斂財聚工葺屋之漏而壯大之修垣之圮而高厚之去朽之楹而改樹之起碑之仆而更刻之民不加賦吏不告勞不日而新廟煥然成矣其前爲祠殿後爲講堂左爲齋宿之室右爲俎豆之府其兩旁皆爲學舍然後邑中之賢士大夫得以朝夕誦堯舜之書咏商周之詩于其中彬彬然有造矣噫馬君之于學也始正其基矣猶未也今之吏不三歲而更後之人繼而爲長者宜勿替馬君之功而引伸之學者宜卒成馬君之志而張大之知人之所以嚴事孔子者非徒飾其祠誦其文也固將明其道修其法心喻而身行之也是故近者觀而化遠者聞而慕由邑及于鄉及于家父靡不慈兄靡不友弟靡不恭夫然後睹學之成而知其爲益大也夫道汚隆豈有常邪人爲之則存不爲之則亡非道去人人去道也古之人或耕者讓畔行者讓塗暴亂無所生刑罰無所施若是者豈古則有而今則亡邪曰敎之未至故也今基既正矣若其餘則勉之而已矣于廟之成也馬君以書謂光

必爲之記光以不文辭不敢爲使者三返而不獲命竊慕馬君知治之本而所存者遠思附寄名其上以傳于後不敢不悉所聞而書之時至和二年也

待濟亭記　宋邵伯溫

芮巖邑也阻大河限中條民鄙而俗陋冠蓋車馬素所罕至或閒見之則惶駭逃匿以爲甚異爲吏者往往擅有一壑安于鄙陋而無復有意於興作也自縣城東出三十里下重岡絕洪渡以達於桃林驛路屬焉平日部使者官府之按行率由此途當夏狂瀾怒漲祁寒堅氷凝結與夫震風凌雨之際舟不得渡至于暴露原野彷徨草莽茫然四顧無所休止吏之不職孰大于是予頃攝事茲邑竊嘗經營之不竟而去今再承乏亦已期年譾才綿力無補事功然邑之闕政不敢不勉遂伐道側無用之木儆農隙餘暇之工構亭河壖廚廄什百之器亦畧具備門之兩傍又起挾屋可容居人且以爲之藩籬莫夜菽粟水火皆得

而求也因榜之曰待濟予每讀易至需之彖曰需須也險在前也剛健而不陷其義不困窮矣未嘗不三復斯言有以見聖人之深意也以乾之剛健步坎之險難宜不爲難猶有需焉則君子出處言動可不慎哉亦必有所待而後能有所濟也苟違斯道不知度量擬議乃干疇眛理直情徑行則波濤起于平地既釁生乎不測豈直有沉淪溺喪之患適足以敗天下之事貽無窮之憂顧雖萬死亦將奚益予少也賤險阻艱難備嘗之矣其立言制行畏縮不振類皆如此回視疇昔率意妄作招辜取辱不寒而慄今以是名名是亭也姑以自警而已凡百君子無我誚焉政和元年正月望日河南邵伯温記

雙泉記　宋鄧忠臣

孤山之東南有祠曰風伯雨師右有泉二源在山之上下介鄉之人常謂此泉可飲數千户歲旱禱能興雲雨蓋有德于民者世之人未之或知也廣陵朱康叔行縣與余同謁祠下因探源留觀久之顧謂余曰

兹勝境也惜其未名可名曰雙泉因書于石余以物之爲利質不在大地不在顯今涓涓之水不盈潤壑隱翳于窮山幽巖之下老圃灌畦孺子濯足曾不得與五嶽四瀆並祀而能興雲雨于百里之內百里之人特見百里之內霑沐膏澤而已蓋不見于百里之外者又安知不油然沛然不崇朝而遍天下耶余疑雙泉爲天地閟祇其迹姑施陰功潛德于不用之際將有護持待人而後發歟何昔之湮晦如此噫微康叔名之則將與行潦之水奚異哉

徙置翼城縣文廟記　宋文彥博

聖宋圓葉上繼明之五年彥博以進士舉中甲科得大理評事宰是邑秋八月二十九日始涖事宰今始至則郡縣之祠廟悉詣之恭于神訓于民政之本也由是詢于邑吏質之縣圖載祀典享廟食者惟宣聖之祠焉翌日伸祠謁之禮已事而退立于廡下覩其石記卽後唐長興三年創是廟也歲月滋久廟貌弗

叢屋瓦皆隳梁木其壞上不庇于風雨下不容于俎豆縣署直其北裁十數步日有敲朴之喧澮水流其東不三四尺歲虞漂溺之患雖賢哉囘也不改其樂君子居之何陋之有而守土事神崇奉之禮豈不闕與乃謀于屬僚規是改作方營善地將構新宮而縣西北隅適有廢廟俗老承傳爲湯王行宮事出不經理無常祀旣絕蘋蘩之薦鞠爲荊棘之墟像設都亡廊廡全隳獨有正殿巋然中立雖丹堊已晦而甍棟頗崇異乎哉天將以斯室遺夫子耶不爾則胡爲十室九廢而獨完茲中宇虛其正位者安所俟乎宜其卽是遺構以正兩楹之坐起茲頹垣以崇數仞之墻踵其故以謀新材則易備變其本而加飾工不告勞命薙氏以芟除集優人而塗墍興廢起墜務實去華昔之湫陋者䡮䡮而雲廕矣曩之荒穢者殖殖而砥平矣翼以東西二室增之屏樹閈閎凡屋壁之間堵數盈百危昏中而戒事日南至而卒功動適其時不愆于素邑人張會元以文行稱于鄉曲累舉進士敗于垂成運舛事違退而講授一日覩新廟之旣成以

列像之未備乃率其徒躬營其事明年春募工于別郡得繪塑宣聖暨十哲之像逾十旬而告就八月上丁釋奠之禮落之且曰能事畢矣不可無聞于後盍書以志故述其經始之由直識夫歲月而已杜牧云稱夫子之德莫如孟子稱夫子之尊莫如韓吏部孟子所謂生民以來未有如夫子賢過堯舜遠矣韓所謂自天子至郡邑守長北面拜跪禮如親弟子然則夫子之德之尊韓孟言之詳矣今茲爲記

絳州鼓堆泉記　宋司馬光

鼓堆在州治所西北二十五里樊紹述守居記作古州之圖志作鼓鼓者人馬踐之逢逢如鼓狀蓋水原充滿石下而云然紹述之文其必有據然今以耳目驗之則圖志亦未可全廢也堆之西山白馬首其東長陵纏屬相傳以爲晉之九原其北水出澤堂別名清泉堆周圍四里高三丈穹隆而圓狀如覆釜水原數十環之觱沸雜發匯于南溶爲深淵中多魚鱉蝌蟬水極清潔可鑑毛髮盛寒不冰大旱不耗霪雨不

溢其南釃爲三渠一載高地入州城周吏民園沼之用二散布田間灌溉萬餘頃所餘皆歸於汾田之所生禾麻稌穱肥茂蘙茸異佗水所溉堆上有神祠葢以水陰類也故其神爲婦人之像而祠中石刻乃妄以爲堯后及舜之二妃噫是水也有清明之性溫厚之德常一之操潤澤之功雖古聖賢無以加其廟食于民也固宜何必假于堯后舜妃然後可祀也嘉祐元年九月壬寅通判并州事司馬光以事至絳州從州之諸官尚書比部員外郎薛長孺元卿國子博士劉常守道尹仲舒漢臣判官陳太初寓之同遊祠下愛其氣象之美登臨之樂而又功德及人若此其盛愍流俗之訛不可以莫之正也于是題云

改修董池神廟記　金　賈葵

太歲在癸丑之春葵自安武幕承乏聞喜視事旣三日禮諸神之祠越翼日史以祝告言境內之神歲時致告者有四禹也稷也成湯也董池神也禹稷成湯皆古之聖人山川故在風壤仍存民到于今有懷而

無戳祠在境内禮亦宜之董池則何神也言其神則
老母之像俗謂之婆廟在東鎮北歲以鎮官祀焉本
末則不知也葵視事之初未暇詢訪屬總府有命令
佐吏廵其境内而訓諭之一日過乾河登清原想晋
文治兵之迹觀明皇御書裴大師之碑躊躅四顧既
而南下望澄瀾浩渺草木蓊欝原下居人數十家皆
臨水而居問則董澤之蒲可勝既乎杜預謂在縣之
東北即此地耶澤畔之民藝麻殖稻接畛連溝或織
蒲而席或鼓棹而漁大兵之後雖未盡復業安居亦
可樂也沿澤而東茭蒲映水楊柳參雲其北有高平
之地則廟在焉垣墉半頹屋宇多罅而一堂巋然獨
完肅禮既畢循階而上正位之神乃古婦人象葢俗
所謂婆神也東偏而坐者則古男子像人皆曰董父
各在祀典而象設不正豈禮也哉意以水爲至陰之
物故其神爲婦人之象也抑爲有董父之號其配宜
爲老母之容也然亦宜正父之位矣寧亦訛傳之乆
亦董父之名爲婦人之婦乎若以母言則亦不經見
又無所傳聞必非祀典之所取也按左氏傳昭二十

九年晋史墨曰昔飂叔安有裔子曰董父實甚好龍能求其嗜欲以飲食之龍多歸之乃擾畜龍以服事舜帝舜帝賜之姓曰董封諸鬷川生受其封殁宜享其祀然則董池神廟蓋後人念董父有豢龍之功尸而祝之也舜都蒲此去舜都二百里而近意其地也澤上之村以董爲名者蓋四五處近澤之民以董爲姓者亦數百家豈董父之德在民而後裔如此其蕃乎夫龍神物也實難制畜見于絳郊鬬于時門或觸山抉石發大水以盪城邑或迅雷奔電降大雹以傷禾稼時出而爲大害者蓋常有之當洪水汎濫草木暢茂龍蛇居之而民不得安息驅龍蛇而放之沮雖曰伯禹之功能豢龍以致其馴擾亦董父之力也世享其祀不亦宜乎噫自帝舜而至于今餘三千年矣陵谷屢遷而董澤之水湛然常存蓋神龍所憑也城邑屢改而董父之廟巋然獨立蓋神物所護也命祀之初必以董父爲正今爲老母之像是淫誣愚俗狃于鄙妄訛而至此也抑常見神女廟中多有爲男像而坐其側是何矯誣淫妄以瀆明神也如此宜革而

正之以嚴神明之位亦常聞江西有孤山祠矣俗訛爲婦姑因爲神姑之容鄞中有西門豹祠矣俗訛爲虎豹之神因爲文豹之象董父之廟乃爲董婆之容其亦訛而至此將誰使正之葵預知其事不可使董父之靈久受誣于冥冥之中也乃諭其士人播告其百姓正其位毋作神羞因爲之銘以昭後世

猗氏創建儒學記　元段成巳

孔子適衛見衛人物之繁盛曰庶矣哉冉有問何加焉曰富之復問又何加焉曰教之此夫子一時問對之言實萬代爲邦之良法也觀夏商周三代之仁政所以淑諸人者始于井田而成于學校求其意初不外夫子之一言三代之學考于經可見教之有本末行之有次第培植養育積久而後教化成風俗美太平之基立培之深故其成之也大養之漸故其傳之也遠計其效往往見于數百年之後有天下者莫長焉此王者之道也王者之道夫子之道也有國者賴之猶人之于穀帛不可無也故世尊以爲先聖祔之

於學而以王者禮享之以門人配之百世不易非僭也宜也一治一亂學有弊而夫子之道無弊自天地大變天下之學所存者不十一國朝革命事倥偬不暇給已常致意于學矣有以儒自名者命復其家恩之渥古無有也中統改元天子深惟致治之本在于富而教之分田畯之職以賞罰勸農桑設置學官以教養學者與夫子之言聖王三代育材之仁政其揆一也郡縣承風學次第以立猗氏居秦晉之衝冠葢結轍于道有司疲於奔命學校事未暇計也至元癸酉李侯仁來主縣簿會釋奠先聖執事者掃地爲位俟旣發以出周覽廟學遺址噫嘆良久曰國家開設學校廢如是可乎他邦皆有學而吾邑獨不能柢順德意耻也相基之舊以步武計其縱九十五衡二十五規模下窄不足以營度邑人荆鑑施東偏地以廣基長闊分數與舊基址均共計地得畝三十卜之日吉揭竿樹表構正室二延廣輪十一華而不浮儉而不陋輪焉奐焉神足以安宇廟曲匝計二十架門弟子配享內外上下之序一循舊制春秋二仲三獻入

奠各有其位麗牲登歌各有其所兩廡繪像飾地爲
學者藏修之室應門居中皋門居外大小異制壯偉
閎耀過者起敬始于至元丁丑七月成于戊寅九月
學之始基也越明年二侯靳鱗跆剌帖木兒相繼而
至議以克協惟匡輔翼不以餘事妨其後使李侯得
盡心爲工告訖功李侯曰非二長之賢吾無以展其
勤學之成二長之功也二長官曰學卒所圖簿之勤
至矣吾二人何與三侯相濟此廟學所以成也伻來
主王生思永丐文以記之生邑人也常學于予乃語
之曰學以養材才爲國家異日之用非徒儌富貴利
達而已大學之道誠意正心修身以治國家天下其
原在于致知格物格物之理以致吾之知達則行道
於天下而收兼善之功否則修身以自見猶能誦所
聞以歌詠太平之盛美矣此朝廷立學本指亦三侯
所蘄于一邑之士子者如此爲士者勉之無媿三侯
之用心可也前侯黒台奴有始基之勞今遷河東縣
教諭曹蕭典史劉瑞董正先後勞亦與焉堂有基完
而葺之尚有望于後之君子乃作詩曰惟此廟學三

侯所共李始基之二長繼踵維匡調護初終克輩土
木金石取共其用乃新斯宫神罔時恫春秋釋奠典
禮攸重翼翼元聖衣垂手拱學者見之惕焉增悚歲
未再周功成何敏培植教基其永無隕

康澤王廟碑記　　　元　毛　麾

蓋聞水經云平水出平陽西壺口山自壺口而西南
二百餘里曰平山水潛出其下曰平水州圖經亦曰
晉水其源亂泉如蜂房蟻穴觱沸于淺沙平麓之間
未數十步忽巳驚湍怒濤盈科漲溢南北溉田數百
頃動碾磑百餘東匯爲湖曰平湖秔稻菱芡晉人取
足焉其事見于宋名士謝景初記宋敏求書泉之旁
有舊祠世祀神龍爲此水之主相傳劉元海僭據時
重築陶唐金城有韓媼得巨卵嬰兒化蛇之異斬蛇
尾而泉湧焉遂資以灌溉新舊圖經寰宇記並載其
事後因祀之日龍子祠遇旱致禱郇應宋熙寧八年
守臣奏請封澤民侯廟額曰敏濟崇寧五年再封靈
濟公宣和元年加康澤王廟有唐天祐二年宋寶元

三年政和四年感應碑傳祀既久官民崇敬廟制侵廣草木蔽翳清流白石爲州勝地封逮疃接凡斷岸絕澗則架以垂虹之橋採蓮捕魚則泛以畫鷁之舟當春之時花光柳色作紅雲翠霞蒸照遠近太守與州人來遊簫鼓相聞車馬相望于山水清暉之際不知浣花曲江之美較此孰多兵火蕩盡將四十餘年民思所以興起而未有倡之者江陵黃公來宰臨汾理成化洽匹古循良之吏故能一新縣署再創宣聖祠繼大修陶唐祠又審民心欲成龍子祠而修之創獻殿設齋廳置風師雷師山靈河伯之殿庇二庫以序前鑿養魚池長廊周步幾二百間至于廚庫廡不周備廟門仍舊曰敏濟中門三門曰善利正殿曰康澤後設龍母殿以事韓媪增葺溪上舊亭曰清音然後見公善政與此山此水俱無窮焉廼合衆願以志于石作迎神送神之曲以侑神云

穎川忠襄王廟碑記　　　元孫　元

至德十一年妖賊起汝南明年陷江淮又明年陷河
洛又明年斷函谷關據陝州城震擾秦晉解爲州界
秦晉交勢引殽函去陝咫尺阻一河其州人少長老
弱咸大震恐怖懼謂朝夕焚溺水火中無𡉏地矣俄
聞潁川王將大兵數萬衆轉戰南來拔𦲷關直薄陝
州城攻圍計數日賊分遣奇兵渡河北躡解南鄙王
將騎夜渡靈寶要擊于安邑南原大破之乘勝逐北
數十里抵平陸賊下陽津賊爭赴水死無噍類遺城
中賊大奪氣會食盡棄城乃遁去明年襄樊賊入武
關奪秦嶺直犯長安王復引兵戰同華再戰秦隴徽
鳳大擊破賊走巴蜀遂定秦隴又明年春東賊分道
突太行陷冀雲中鴈門代郡烽火數千里大掠復南
還出故道抵絳將及解解人復大震恐王復出關渡
蒲坂勒兵解之聞喜以伺賊賊走南山設伏兵橫擊
之賊驚棄輜重散走山谷虜獲萬計晉冀地悉平歷
數年環解境皆兵燹賴王力解之民卒脫兵難後二
年王靖大梁定中原又二年收魯復下齊夏六月薨
于軍哀音至解之士民及郡守僚屬相屬聚計議曰

天下初發難也羣盜所過燔城府殺長吏屠黔黎毒流遍海內罔不殘滅吾觧梁閭境爲完城四野爲全民邑里有屋廬父子夫婦長幼昆弟有倫飲食有節出入有數抱子弄孫不殊平時若是者果誰之賜耶傳曰有功于民國有祀能捍災禦患國有祀王有大功活大衆宜世世血食吾土衆口儔應咸曰安思所危恩思所自是謂知報德者乃卽日擇高阜肇營王廟于乾隅官府捐俸金士民輸土木衆樂效役不閱月而告成殿宇巍如廟貌儼然兩廡靈星拱揖左右中條太華掩擁後先壯麗雄偉聳甲首郡訖事其同知卜嗣真等走洛陽求文于予用刻石以昭不朽吾喜王勳業在王室聞望在天下德澤在四方復觧人感王大德追思感慕永世能不忘是可記王名察罕帖木兒字廷瑞沈丘人初監汝寧府中書平章政事知河南山東行樞密院事陝西諸道行御史中丞薨謚忠襄追王潁川其子擴廓鐵穆邇繼總大兵先克成功今爲太尉中書平章政事樞密院事太子詹事家乘國史具載始末茲不録云

中鎮霍山廟記 并詩　元劉祁

九州皆有山必以其魁碩偉傑者爲鎮謂其能蒸雲洩雨障蔽囿圉繫民望而安地德也故其神必廟其廟必爵有天下者以時舉禮典遣使薦享祝文自署名惟謹所以崇祭祀之儀昭誠敬之道交於神明以祈景福周禮職方氏載九州之鎮山在揚曰會稽在荆曰衡在雍曰華在豫曰嵩在兖曰岱在青曰沂在并曰恒在幽曰醫無閭在冀曰霍名于後世不可易惟冀州據北方地最曠邈河東尤稱山水之雄而獨以霍爲鎮意在其巍大隆峻深厚廣博子諸峰而隸羣培其氣象有以冠境內余常見晋人談其山跨趙城絡洪洞瞰平陽而萃秀于霍邑東北横壓汾流與太行接遠而望之如亂屏如列壘崧嵸崒嵂撑九霄納三光岌岌凛凛掩歷山而吞姑射矣神之廟俊于唐貞觀間歷代增修爵則先公後王公曰應聖王曰應靈起唐開元迄宋政和益著朝家以時祭不少缺邑人奔走奉事儀物爛然其靈應隨感而有蓋不可

殫紀金貞祐之亂河東河朔名山大川神祠無不灰燼瓦礫一空是廟也巋然獨存可謂異特其年深歲久摧頹罅漏日就湮廢里翁邑士跂盻嗟咨是則崇飭汎掃之力其待人歟惟中書省左右司郎中李侯禎一旦謂其府官張仲良暨寮吏曹經曰茲吾鄉標望四海所知而坐視荒寂顔實有靦遂乃發財募工相與經營由之達官貴人及浮屠道士之有識者同聲趨應風動雲委輦木于山陶甓于地市丹碧于四方喘汗供給莫之敢慢蓋經始于壬寅之四月逮仲秋畢工于是榱之腐折者完瓦之缺碎者易壁之傾圮者圬棧之雜駁者一華榱文杜煥若一新敞帷幕拭珠埃而神像儀衛整整皆有生氣若欲起立邪人過客瞻拜奠爵加肅敬而山之雲烟草木亦皆改容動色蔚乎爲一郡之光亦可壯也時余在安陽聞之恨未得一謁而李侯書來曰今茲廟事告成鄉人父老皆欲刻文于碑誠得吾子筆爲幸繫官戒行不獲走請于門惟吾子圖之余謂舉曠典修廢事尊神祇崇祭祀非常人所能也李侯自少年騫躍臺省出而

贊謀帥幕以才氣聞一時今有此舉甚偉其府帥寮吏皆知爲政佐長之道合心叶力以成其事皆可嘉乃直書其始末且爲之詩使刻之其詩曰奕奕霍山冀州之鎮南臨澤潞西界汾晉崔嵬磅礴雄峭巇嶙草木蕃滋雲雷奮振偉彼神廟有國所修牲牷馨醪以荐以羞廼興祠禱廼事觀遊令風其澍一方蔭庥時危世季祀典莫舉木老瓦腐不可觀顧鄉人興嗟無力完具惟神鑒茲亦不以處卓哉李侯倡率經營扶傾補頹半載告成麾幢鮮麗圖繪精明萬民瞻揖鬼神亦驚里閭父老再拜感泣自今以往神來血食吾兒得耕吾婦得織歲稔家安皆神之力奉承祭荐無怠無嬉何以示後刻文于碑茲山之久天地與齊茲廟之傳與山無移李侯之名亦廟之隨千秋萬古神之聽之

帝堯廟記畧　元王磐

平陽府治之南堯帝廟李唐顯慶三年所建歲遠漸就傾圮有靖應真人姜善信欲更撡爽塏重建廟貌

請于朝上嘉其意賜銀二百錠仍勑有司下太原木
場給官材二千根皆辭不受勤力節用以身道俗凡
閱歲而廟成爲地七百畝爲屋四百間翬翬翼翼儼
然帝王之居郊與土階三尺茅茨不剪者易觀矣經
始于至元二年之春落成于至元五年之八月詔賜
其額曰光澤之宫殿曰文思之殿門曰賔穆之門賜
白金二百兩良田十五頃爲贍宫香火費仍詔詞臣
製碑文以紀其成翰林直講學士臣磐當屬詞謹按
祀典諸前代帝王三年一祭其時以春之仲月其地
以當時所居國邑祭伏羲于陳州神農于亳州少昊
于兖州顓頊于開州高辛于歸德府唐堯于平陽府
蓋聖人之心其于天地萬物雖一視同仁不以遠近
爲親疎至于父母親戚所居松楸墳壠所在則亦不
能漠然無情與陌路同也是以周公封于魯而四世
反葬于周孔子去齊接淅而行去魯則曰遲遲吾行
也其不以鄉黨同陌路也昭然矣由是觀之因其功
德之懋而有祭祭而必于其鄉者聖人制禮緣人情
也因其歲年之遠而有敝敝而改圖其新者智者創

物從時宜也善信讀老莊之書從方外之教以虛無淡泊爲宗以因循自然爲用然而嘉聞仁義之言樂道堯舜之事前修禹廟數載功成今建堯祠三年有効可謂知慮明敏操守堅固通方不滯好謀能成者也堯大聖人也德被群生澤流萬世即欲稱道其美是猶褒天地之大譽日月之明無所容其辭矣乃述立廟之本末如此

帝舜廟記畧　元郭思真

維帝以大孝登庸克協堯聖揖讓都俞垂衣而治天地之不可爲容日月之不可爲光其德至矣孔子叙定典謨載其賓四門叙百揆徽五典齊七政殛四凶舉禹稷皋夔二十二人水土以之而平播殖以之而修生民莫極萬世時賴則其任人之功也而孟軻氏謂不以天子貴爲悅惟順父母爲悅是故夔夔齋栗瞽瞍底豫去今三千五百餘歲愚夫孺子皆能道之大哉孝乎天地之經人道之本歟河中惟古蒲坂實

爲舊都其耕稼陶漁生卒之地紀載不一所都則弗有異矣是祠不究始于何代五季之際斷城以守故外乎東門祠有二井相距纔四步或謂象謨蓋之迹宋真宗謁之號曰廣孝泉汲賜朝臣樞密使王欽若引皇甫謐刻碑以志今濟南亦有二井及城之斷築疑在金宋以碑驗之可必濟南爲非是祠燬于兵我元統有天下聖帝明王若祠與墓咸爲加葺自至元二十五年經始迨至順改元歷四十寒暑而成嗚呼帝之功德覆被萬世至孝格天闡發民彝乾坤不毀斯理不㓕夫何世降俗變滛佟之祠充斥海宇而帝之故都廢宮音響寂寞如明詔何哉繼今有賢守令作式是彝典廸吾民而教化之聳其善良懲其不率俾夫孝友惇讓之風洋洋然吾邦不忝帝德以爲朝廷舉治之最顧不美歟

禹王廟記畧　元歐陽玄

盛德必百世祠有廟則人心萃所由來尚矣在昔唐虞之世洪水橫流民無底居而天下幾不國矣大禹

出而治之然後九州以平五行以順而民生衣食于彝倫攸叙之中逆于今歲四千年矣所謂盛德當祀宜與天地相爲無窮也安邑夏后氏之故都邑之人尤重事禹後魏分其東爲夏縣邑之故墟存焉上有大禹廟四楹創始歲月莫有記者且隘陋弗稱歲从將傾泰定甲子初靜海縣達魯花赤瑞著致仕家居爰咨于衆合謀新之時主廟事臺可明與邑人薛政實相其事于是人心翕然富者輸財彊者輸力群財鱗集五工成能既底法矣廟成有日而瑞著卒遂中寢邑士劉思義慨然曰大禹功德不可忘也瑞著之志不可以不成迺諗于衆而出已貲以竟其功聞者以勸財力裕如迺荒度故殿址廣植八楹殿之北復作四楹以塗山后配焉左右翼以邃廡嚴侐宏敞信足以萃人心祀盛德矣而思義又卒其子大有能繼父志自大禹而下舉像焉樊君益吉邑佳士也至正甲申秋應江淛行省辟來武林迺狀其顛末徵予以記之昔聞龍門之水噴薄激越聲如萬雷意其疏鑿之初其功炳與神明侔也歷代廟祀固宜在焉然安

邑山川形勢則太行王屋箕山三門在其東龍門壺口在其西其陽則雷首汾陰其陰則平陽霍岳也邑大夫士庶歲時則具牲牷舉粢盛潔酒醴登于廟而左右瞻顧其隨山刊木跋履險阻舟車檋梮之載蹤鑿擗决之勞膚肢胼胝過其門而不入者可想像而見也傳曰見河洛而思禹功況其故都實治水之功所在而朝覲謳歌歸于吾君之子之地其感人思深矣是尤宜爲廟食之所在也雖聖人之德與天地同夫死而爲神在帝左右然聖人之心不忘天下豈無監視故鄉之時乎宜瑞著一倡之而人心之響應者不約而同也乃萬歌詩九章補九功之歌以遺夏人俾刻于麗牲之石而歌以侑祀云天地攸產非水不生或失其維物受其殃以淡以洒廼清廼平於皇時功永言不忘維昔洪荒茹毛飲血燧人氏作俶載烹飪澤水既平民出昏墊奏艱奏鮮以炊以焰惟木之生維民之財洪水湯湯或鬻或菑水功告成乃苞乃條斧斤時登民用以優陰陽之精山岳之英乃生五金用冶而成鼎兮象物國器以利荊陽三品厥貢惟

貴維土厚德萬物攸載九埜既平既宅既藝於皇聖功萬世永賴天地之德爰在稼穡立我烝民莫非爾極勞而不伐爰暨于稷洪蕾治兮洛書呈兮皇建極兮正民之德兮民有欲兮亦孔之衆兮通百貨兮斯利其用兮八政之疇食貨其首養豐于老罔匱于少民生斯厚兮

董澤書院記　元虞集

帝王之爲天下治與教而已自聖賢不必有位而其事分是故表程子之墓曰周公沒天下無善治孟軻死百世無眞儒治不出于眞儒雖治弗治也昔伯子之師友則周子邵子與其叔子也程子之學出于周邵氏雖若別出及伯子論其學之所至謂之安且成者則固無以異矣前聖既遠此數君子者出而後聖賢之學帝王之道始大明于天下有知其說者而得以見諸行事焉此孟子謂一治一亂之所繫者也周邵與伯子廣大而精微高明而平實渾融磅礴人莫知而窺焉及叔子之時邪說益以用事有待于匡闢

而爭者起矣門人徒以其說相傳衆人囿于利害兼絶而弗之從也時則有若故宋丞相忠簡趙公鼎奮自閩喜諸生獨能學邵氏于其子學程子于其門人得其說而尊信之死生以之而弗變也及相其君于危難之間庶幾行其道而竟以貶死非天也夫公子孫以此多留江南而其族人之在董澤者無恙也我國家混一始得以音問相通今國子博士賀翁公之六世孫也得請于朝祠公聞喜縣學董澤之族人聞之來走京師見賀翁賀翁謁告與之歸作書院于其鄉以淑其人庶幾公之遺意焉蓋距公之時幾二百年矣賀翁來求集記之集受言而作曰嗚呼公爲相五年人心天理之所存者遠矣而害之者日衆卒于不得盡行其志以爲天喪斯文乎而周邵張程之說至朱元晦氏而條理發明以推致其極則天之未喪斯文也夫博士將有教其人也公之德業在國史論定百世人得而觀焉若夫其所以爲學者則凡朱氏之所述者有之矣昔者周子之言必合伊尹顏淵而並論之而後賢之誨學者亦曰立志以明道希文

自期待游于董澤者其以是求之哉

趙忠簡公祠記　元歐陽玄

初臨川王安石爲相以新學誤宋致天下騷然河南程氏兩夫子出而救之卒不能勝旣而蔡京爲相宗王氏說出程氏學宋遂大壞京客張舉教京亟召程氏門人楊中立用之庶幾捄其半及宋中趙忠簡公鼎爲相首罷王安石從祀尊尚二程子書凡其門人之僅存者悉見召用江左乃復振不幸秦檜相忠簡公斥程氏門人散亡迫中興業浸衰又不幸韓侂胄相禁建安朱文公熹之徒之爲程氏學者其後禁稍弛宋已日削皇元唱與江漢趙氏復能背誦程朱書北度江私筆以授竇文清公默默以許文正公衡衡神明其書進以所得相世祖興禮樂文太平後是四十年貢舉法行非程朱學不式于有司于是天下學術凜然一趨于正時相尋定濂洛以下九儒及衡爲十人祀孔子廟廷天子從之至順二年春趙忠簡

公之六世孫國子助教質翁請郎解之聞喜縣學爲忠簡祠其辭曰公當宋南渡排王氏邪說崇程子正學以至于今有功斯世甚大宜祠于其鄉冑監集賢是其議中書禮部告晉寧路以符屬其同年歐陽玄記之玄平居讀孟子書至承三聖一章未嘗不掩卷汗下以爲何至是烈也及畧考近世儒者爲學之邪正有關于國家之隆替氣運之盛衰民物之榮悴其可徵者葢于是於虖是祠豈細故哉公師邵伯溫友胡寅其問學源委措諸行事詳見宋史質翁延祐二年進士卓然有志先生亦可槩見于斯

淮陰侯祠記　元歸　暘

靈石南二十里有廟祀漢淮陰侯廟巋然踞道上南北過者多入謁至正庚子夏前陜西諸道行御史臺中丞某河南行中書省叅知政事某過而謁焉懲其久不治日入于壞各出私錢付縣主者重修之侯漢佐命臣也有大功世咸思之故祀之也侯之功在漢漢祀之可也夫何祀之今尊有德貴有功古與今一

也侯之功可貴也貴之斯祀之矣又因以爲勸非有私于侯也世之稱侯者類曰善戰吾以爲不知侯夫善戰者以殺人爲功者也殺人爲功者庸可祀乎殺人而祀之是率天下以殺人也方項羽去咸陽歸彭城也諸侯皆其所樹置天下莫強焉高帝失職王漢中崎嶇山谷間栖栖如遷人爾天下之勢以爲在項王者十九侯一起爲將漢遂爲雄拜而上坐從容數十百語而項王之爲人與其所以亡及漢之所以取楚者莫不具漢卒用以帝四海其得與張留侯蕭相國號三人傑識者以爲在此不獨以其戰也天下不爲漢則項王帝項王帝則生民之禍未有所息也有功于漢亦有功于天下也有功于天下者可無祀乎或曰侯以大逆死功固不足以蓋之矣雖不祀亦可也夫天下之所知者侯之功也其罪則漢獨知之漢知之而天下不知孰明其爲誣也天下公論之所在也淮南王布亦有功于天下者也未聞有祀之者以其反也反而祀之則亂臣接迹矣靈石之有廟何也侯所經也靈石者自漢適趙之道也侯常王齊王楚

矣而本侯之功者史所稱也且言祀侯者以其功不以其爵也廟始金明昌大德常增葺之間有故記不勒而文不屬所可見者如此也

蒲州重修文廟記

明薛瑄

蒲州廟學得州治東南爽塏之地爰自皇明混一寰區武功既偃文治誕興而廟學實肇建焉逮今歲月浸久大成殿以及兩廡門宇厨庫楝楹悉有腐撓穿漏漫弊鈌落之處殿之規制亦迫于庳隘每春秋釋奠鼎鉶豆籩几案羅列周旋執事殆不可容薦祼興俯不中法式行禮者病焉咸寧張公廉初以鄉貢士累官州判官未幾民皆安其政之良適州鈌守吏民相率狀其績于朝遂就陞知州事公念廟學實國家崇建教道人才所自出關係甚大一州之政宜莫先焉即謀諸僚佐量功度費鳩工取材廣大成殿爲門者五東西廡門宇厨庫悉易其木瓦腐折破壞者丹堊圬鏝之弗飾者新之作始于正統十二年二月訖

功於七月百需之出公處之有方民不知費而廟宇落成又視師生堂齋退息庖廚之舍有弊漏者有狹小者將次第完修而改作之學正張璁訓導杜翀柳儀以書來求爲記其事竊觀春秋凡用民力雖時且制亦書見勞民爲重事也當時魯僖公修泮宮矣而不見于經者以學校爲政之先務雖用民力不可廢也今郡守張公新理廟學而且民不告勞其知爲政之先務者歟昔之爲吏者類皆以簿書期會爲急于教道人材漫不加省甚至崇淫祠以徼福侈私居以肆志視公之政爲何如哉公他政之善尤多于此見其大者云

增修堯舜禹廟碑記　明韓　文

堯都平陽舊矣唐顯慶三年始于郡城南建廟祀焉後宋元相繼或遭坤輿之變或値兵燹之虞廟廢而興者屢矣我朝正統丙寅山西左布政臨漳石公璞奉命重修迄今歷年滋久巡按侍御崑山周伯明公

倫按臨河東偕孫魏二僉憲率府衛官僚恭詣展拜
徘徊顧瞻之餘惜其殿宇門廡等處率多傾漏且以
舜禹二祠配于堯殿之後殿之左爲老君祠右爲伯
王祠祠之後爲玉皇閣皆肖像其中乃謀諸二公曰
堯舜禹天下之大聖也以天位親相授受天下之大
事也况舜都蒲坂禹都安邑皆平陽支郡今置二聖
于殿後不得專尊于禮弗稱彼老君伯王皆祀典所
不載于禮不經誠有未宜而玉皇即上帝也惟天子
得以祀之今置老君祠後瀆莫甚焉悉命撤而正之
更老君祠爲舜廟伯王祠爲禹廟閣則三聖並祀其
上仍榜堯殿曰放勳舜曰重華禹曰文命閣曰執中
各分秩然禮法詳備使吾人于千百載之下謳歌擊
壤得以遐想陶唐虞夏之氣象如親見之者豈不休
哉是役也太守郭君二守李君通府柴君韓君推府
東君實綱維其事廟成復于三殿之前各樹門扁堯
曰俊德曰協和舜曰玄德禹曰祗德殿之周圍鼎建
新屋五十二間廊房六十八間翻瓦通計四百五十
間增蓋齋宿并盛饌房各一所共十八間至于碑亭

神廚階陛垣墉等處獘者葺之缺者補之卑者崇之隘者辟之由是易朽爲堅撤舊爲新凡衣冠縉紳之士得于瞻仰之際者孰不起敬起畏乎蓋經始于癸酉之冬落成于甲戌之春功甫告完太守郭君偕諸同寅請余爲記時予以司農謝事家居固堯民也敢書之以揚我公追崇三聖之意

重建行水碑記　明呂枏

李太守者京衛籍浙江景寧人舉進士諱琮字義方舊平陽知府也行水者成化末年修利澤渠及永利池也利澤渠者長沙李學士先生東陽有記曰元中統間有引汾水者由趙城衛店堰而東流合霍瀾二水爲渠以溉趙城洪洞臨汾三縣田四萬畝至順元年晉寧路達魯花赤朶兒只因地震渠壞又浚汧口五十二小夾口十有九桔槔護夫皆具以教農興事

國朝歲久渠湮木壅成化甲辰大旱太守請于當路重浚此渠引汾水于洪洞西北築壩以截其流復取霍瀾之合流于羊獬壩鑿地四區渟而級之以爲瓮

槽渟澳斯水叉于高河築壩二丈洼十有四節啟閉以時灌溉沃饒引其餘水入流城中資萬室飲傍水地價頓至十倍矣永利池者錢塘倪宗伯岳有記曰平陽郡城水脈鹻鹵不可民用宋慶曆初知州潘大博引東山卧龍岡黄蘆泉水入城爲池植蓮其中金源氏亂水塞池廢國初郡守徐仲聲鑵北引汾河滦利渠水穴城注池以供衆汲中爲土梁界池爲二甃以瓴甋四方各長二百有二十步其深七尋植檻于梁上便人往來名永利渠歲久衝泗兼豪右侵據民用攸賴成化乙巳太守委官募役重加濬治傍池鑿井朝夕利汲而鋇買車運之苦遽革叉慮池潴停濁鑿通池前郡學及不由兒濠環爲芹泮城外之水皆可引入城中無滯叉于羊獬之間葺石爲梁洞殺上流勢用去霖雨泛汾溲溺民田之患明年秋請諸當路翃爲引水洞長千有百尺過水洞長亦半之井橋既具花木茂植仍作書院於池側以居俊秀其利始永矣柟昔過洪洞汾趙之間見溝洫縱横禾麥肥美以爲江南湖東亦不過是詢諸田父皆曰李太守公

之滓也今見李倪二記不信然哉太守曾公解梁鹽
利主開西場門運入餽千金而不選有垣曲賊數千
為亂猖獗太守單騎招撫之賊感其恩信解甲設楊
寨中具牛酒享太守而降事聞上賞太守金帛甚厚
而垣曲父老以石刻太守相構祠以祀之此皆為人
所難為者使太守而在兩漢也龔遂杜詩當遜居下
風矣太守自平陽遷湖廣參政山西按察使福建左
方伯所至俱有政績云

臨汾重修文廟記　明呂柟

臨汾縣文廟在縣治西崇道坊本元季察罕帖木兒
之祠國朝洪武十一年建學于茲易扁為大成殿然
格制既乖復不當陽不厭士衆心宣德以來縣令相
繼葺其浮屠無能改作嘉靖丙戌任丘人袁尹淮請
諸太守開州王公溱巡按武城張公錄審方辨位依
式樹規殿材半搆工役方興巳癸狀請記于予而袁
適陞泗州去厥功未考嘉靖戊子膚施人董君珊繼
袁治汾覩厥墜緒心用弗寧會巡按三原穆公相令

郡邑修飭廟署，敦作文教，董是以獲請申揚前業，而新守磁州葛公諱亦視續加飭。于是殿堂龕室戶牖廊廡門臺墻序咸次第舉。諸生請諸學諭辛君珍列狀，發使濟江問記。柟惟茲役雖崇先聖，實爲後學。後學學先聖之道，不可他求，蓋道雖大，進之則有漸，理雖深，造之則有端。昔者先師以易道之未明也，辟諸出入之門，以開示後學，故斯門也，其闔闢則謂之乾坤，一闔一闢，往來不窮則謂之變通，見形則謂之象，器致用則謂之法，利用則謂之神。諸士子之于斯也，行乎其序，則必盈科而後進；覩乎其墻，則數仞之難窺；瞻乎其門，則奮獲入之或寡；循視廊廡，則嘆後賢亦可登；窺乎戶牖，則知納約之自明；登陟堂，則思仲子路之已升；優入室，則思衛武公之栢在。借物而遠取，即身而近求，凡絃誦歌舞之時，皆藏修遊息之地，然後聖道無往不可學，而此身無時而離道矣。諸士子勉旃，無負董君乎！董君字邦奇，舉嘉靖丙戌進士。廟落成在己丑秋七月。

修澇河渠記

明楊起元

臨汾縣治東北八里許有樊家河即澇河也其發源自浮山之陽山勢聳峙厥名龍角迺其下則黑泉流涌瀠洄蕩漾行數十里而龍神會西金水注北三川攸同流斯爲澇所過東張翟底諸鎮民往往引其水用溉田疇之渠亡慮千百然莫足數也洎再折而至樊家庄則瀕河之衆築堰壅導溉田可千餘頃蓋中蘆等九村咸得其饒而惟正之供始以水名矣歲久堰廢農工觖望一遇乾旱則汲井灌田漬爲斥鹵苗且稿而逋負靡所償河之爲利害也厥惟舊哉萬曆丙戌冬邢侯以名進士來君吾邑疇咨民瘼細大兼修湛恩汪濊淪洽于林林比比之衆四年所矣丙寅春大旱作苦侯痌瘝在念惓惓求所爲拯救之方已廉得樊家河水利狀則躬自相度銳意必興惟是愚者闇于成事而民情狃于目前且以一朝興大役動大衆故築舍之議紛焉盈庭侯迺輯父老詣河干徐諭之曰吾獨不恤而衆而竭而力爲無用之溝洫哉

第吾念之不一勞者不永逸不蹔費者不久寧天下事類如此矣且而所輸力不能毫髮而所以益而田利而生業者固恢恢大也爰捐俸金發廪粟以田夫數萬衆衆石爲堰以障河也鑿阜爲洞以注滂也浚地爲溝以達田也堰在洞之東高倍尋而廣以十軌長又倍之建大閘四而壅水注之洞洞通溝順流而下因地形也出洞口鑿蓮池以瀦蓄水也洞之上起亭亭又上搆樓登水勢驗禨祥也侯之制蓋其詳哉于斯時也侯以民之心爲心而抒猷念祛因仍籲衆感喜康共心須于計畫舌勤于告誡躬逐于塵囂蓋溽暑所不避而朝夕不暇食焉故九村之民皆以侯之心爲心鳩材趨事踴躍爭先不幾月而大工以建大利以興廼題其堰曰千金洞曰流膏亭曰觀瀾樓曰水雲各有取爾也事既竣九村父老濡侯之惠而歆侯之賜將築宮肖形時禩而永瞻之則相率而謀于楊子楊子曰善哉爾民之請也夫覩河洛而思禹咏芣棠而思召此在異世之後尚然況今之身承而圖報也豈顧問哉然侯之澤詎獨此一河之治而民

之戴侯詎獨爾九村之中蚩蚩爾民之見也其亦未
觀于侯之大者矣夫侯博貫天人上下今古文追兩
漢詩擬盛唐蓋世之所稱非常之人也夫有非常之
人然後有非常之事有非常之事然後有非常之功
故自下車以來含氷茹檗礪志貞守則萊蕪之甑未
爲寂矣布慈敷溫邇悅遠安則中牟之雉未爲馴矣
明倫廸士易俗移風則蒲亭之鸞鳳未爲豈弟矣心
和政平訟簡刑淸則單父之琴聲未爲暇豫矣發摘
如神群豪伏辜俄而靈雨四浹轉歉爲豐則京兆之
鈎距淮陰之隨車未爲踔絶矣故吾邑士者農者通
籍者負版者樵且牧者服工賈者其林林比比之衆
不啻處春臺而遊和風凡謀所以築宮肖形旃禩而
永瞻之者獨待爾九村哉顧侯方崇雅示朴絶名去
羡而豫設去思無乃拂侯心而干旃禁且以侯之治
行徵書且旦夕而吾林林比比之衆固有志而少需
焉者也夫九村一隅也治河一事也此曷能盡侯萬
一而爾固孜孜以請也于是諸父老相與瞿然而失
瞠然而顧久之乃曰吾等出作入息不知君侯之政

若是第吾伏思之徃河之未治而利之未興也荒旱頻仍斥鹵瀰望菽粟無蒸扆之積比閭多愁嘆之聲加之按焦壞供水賦而吾等之生日蹙今而藉侯寵靈漸涵覆露吾九村千百頃之地皆沃野無凶年吾且深吾哄畢吾稅退而井食其土之有以盡吾齒吾昔也待命于天而今也待命于侯矣吾即不遽築宮肖形時禩而永瞻之而伐石樹碑以紀渠溝阡陌之廣狹暨河工落成之歲月亦豈時之所禁而拂侯之心語畢楊子悚容而嘆曰于休哉是可以識治道觀民情矣夫導利以布下者上之所以好仁也銜恩而志感者下之所以好義也昔漢杜詩修召信臣之舊渠以溉民田百姓競謌之史氏亦侈譚之繇斯以觀于侯信今日之召父杜母矣後之與治利民者其尚俾之勿壞哉工始于春三月落成于夏五月其溝洫圖畝載在碑陰侯名雲路字士登號澤宇中輿辰進士北畿之安肅人

虞士師皋陶祠記　　明韓文

出洪洞縣南十里有虞士師臯陶氏廟在焉爲堂三楹庭稱之規度甲隘非直無以容俎豆崇吉蠲而庭與堂亦頹然弗治嘉靖癸未秋察按御史萊陽王公秀過而陋之乃肇公帑之餘若干緡以授平陽府推官喬年董縣之主簿王埤新之爲享堂一視昔加崇焉爲內外庭二廣視昔修倍之爲重門一爲棹楔于通衢又一則視堂若門之宜以爲之制而總著曰有虞士師之廟廟成謁記于文文惟士師古明刑官也古之刑非後爲條約待其入而懲之如今之爲也有教之道焉教者何君臣父子夫婦長幼朋友之倫也古之君如堯如舜如禹皆愼徽敦典以端是教于上而下之爲臣者惟明夫孝友睦婣任恤之刑以弼是教之行耳臯陶之謨曰愼厥身修思永敦叙九族意蓋可見矣斯義不明世之人遂有薄倫理駢嚚訟以犯于有司者矣甚或出其不韙之辭以邀庇於神幸而售焉則曰神誠予副也則操壺榼群巫覡以醉且嬉於廟而卒莫有悟焉嗚呼教之不明一至此哉聖人過化之邦固亦有是耶御史氏過平陽旣新堯舜

禹廟器茲復出其餘以新斯廟宣惟致其力于一代君臣殷祀之間哉亦示之教耳教之興則民之興可卜矣紀其事而繫之以歌且曰使後之執祼奠于斯廟者聞皋陶之德如將見皋陶焉歌曰惟天生民若有恒性哉惟辟奉天厥性之盡哉惟臣佑辟惟刑之愼哉性之弗盡教曷成教之弗成刑何側在昔先民惟性之明惟性之明惟教之興惟教之興刑期無刑哉惟彼陶唐有此冀方春秋報祀曰此方之常我祀旣辰我廟旣新匪神之私惟爾教之陳爾教旣陳爾民旣新惟從欲以治休于神神歸乎來哉惠此方之民哉

恩賜紫金山記

明呂乾健

曲沃南數里許有紫金山峰高嶺峻爲邑巨屏山間一區林叢可廬泉井草美蔚然清秀遥望之有蓬島仙屋之趣元末時邑西關廂郝公修已卜築于茲耽玩山林怡情翰墨丙辰以明經擢天下第一尋授户

科給事中犯顏諫諍無忝骨鯁且慈祥樂施至以常俸賑給軍士時都下皇城役作公與督焉民苦無水往往有至死者公求羅鎮撫井被此公將自縊忽上徵行詰公公以鎮撫事對上怒命公爲刑部監斬官而剹鎮撫役民萬億得水而濟者公之力也後官至刑部郎中年老乞骸骨允歸負囊步履道路間關覲者苦之而公怡如晷不介意上疑其有私詔回驗之止携俸一錠而已既放復驗則前金稍減矣詰之則曰爲旬日路費故也上悅曰真廉官也乃以操持清介明刑弼教褒焉隨賜公所居紫金山其山東至大水峪西至照殿峪南至石門界溝北至沙坡爲養老計且命子孫世守之賦其稅五斗焉噫嘻國法森嚴群臣多以奸貪被斥獨公忠廉故荷眷殊深萬曆辛巳歲邑令沈公承均田命丈及此詢賜山之由矍然曰君命不可違公德不可晦也即給符于其後益爲異時貪暴者慮耳故立石以記之

稷王廟記　明王時濟

稷山在邑南五十里有廟祀稷古矣按地界廬虞鄉內曩稷爲農師居此故以名邑云累朝尊奉太常定甲以夏四月十七日邑大夫率禮嚴祀肅若令典惟廟棲山嶺風雨易蠹雖有作者各沿儉陋承事不敬神明弗歆有以哉隆慶丁卯安化孫侯倌至則敷百里崇秋群祀未幾祗謁廟庭慨焉興思鋭意作新謀諸吏民僉曰如願乃捐俸易材卽山取石工獻功民樂役經始巳巳七月越庚午告成正殿三間前甃露臺方十四丈五尺周築蕭墻露臺東過蕭墻別殿三間祀姜嫄臺南甬道左神厨三間自甬道東行折北爲官廳三間稍西鐘樓一間外甃石垣厚六尺高倍二之三篠亘幾十丈幾尺役畢耆老劉尚禮介司訓華陰屈君徵涑水劉君廉列狀請記余觀古先聖哲王有功德大造于民者天下後世罔不尊禮各祀有土以示崇報載惟后稷生赫靈異出毗勳華當夫民奏艱食憂及堯舜爰教稼穡以開粒源故詩曰后稷之穡有相之道若乃禹抔昏墊匪食曷生故詩曰奄有下土纘禹之緒契敷五教匪食曷淑故詩曰無此

疆爾界陳常于時夏由茲言之堯舜同君不無讓德焉禹契同臣不無讓功焉他可知矣於惟大哉用是培西周之業克代二王享南郊之祀綿及八百宜也雖繼世以來禮廢員丘歲時般薦獨隆此邦若曰生所理者神必安爾肆我孫侯治邑課農教穡率乃舊章家安耒耜民迄康食尤以神宇所在宜崇瞻仰遂振久圯之基克成維新之觀所謂既成民而致力于神者非耶自茲神妥時格益永休和歲仍豐穰俾藉貺于無疆皆侯之賜也夫善舉必書記事之責況乃盛德惠及神人可無述焉敬勒嘉績昭垂遠裔俾繫以詞俾祭者歌之詞曰于穆后稷立極配天遡茲稼穡迄億斯年何以報之于登于豆秉德維虔亶胡以臭新廟孔碩敬明哉侯神用時享福祿來道

首陽書院記

明李東陽

蒲州舊有首陽書院元至元間郡人王弘善所建因山而名入國朝知州事者改爲倉場名亦俱泯弘治

初元山陽許侯鵬來知是州既修廟學詢諸士夫得所謂書院者圖與復之遍閱祠廟撤其非所當祀卽其居而重建焉中爲堂曰崇德以施講授後爲堂曰養正以藏古今圖籍傍爲左右廡以爲肄習之所叉後爲祠堂三區中以祀夷齊二賢左祀名宦右祀鄉賢而總名則圖其舊夫書院之制肇於宋初及學制大行而所謂書院亦未常罷要皆爲作人而設也然必有準則之地而後可以教必有趨向之塗而後可以爲學聖人者百世之師也孟子稱伯夷之風可以廉貪立懦韓子亦謂微伯夷亂臣賊子接跡後世矣故雖其覊遊饑死之鄉流風餘韻在人耳目天下之有君親者固于是有徵焉而況薰染漸漬出乎其地者哉然則院之有祀其義有所在而禮亦不爲無所起也學于是者亦知所以自勵乎

平陽府儒學記　　明薛瑄

平陽爲山右之大郡統屬三十有五而郡學實人才風化之所自出爲支屬所觀法焉郡之政固非一端

宜莫先于學政今姜守德政三循名家子蚤游太學出令上元上元爲應天劇邑素稱難治姜守歷職九載法無不舉遂陞禮部郎官又三年再陞知是府蒞位之初進謁大成至聖文宣王廟庭退見神廟學舍率多敝陋及配室當立而未備守因志諸心及半載間值時豐人和乃區畫規塲之具鳩削之材洎百需既合于是儆工集役先作神廟次作明倫堂作學門以及師生宅居退室繚垣道塗靡不增修完整坦易平直又表顏宮之扁覆以重屋始事于天順五年二月凡五閱月而訖工學舍爲之鼎然一新郡博葉純洎同官諸生咸願刻石以紀其事乃來求余文余惟道之大原出于天若昔唐虞三代之教人雖名有不同而皆本于道蓋道之明即人倫之明考諸載籍可見已自孟軻氏沒堯舜禹湯文武周公孔子顏曾思孟之道不傳至漢唐以來間而設學立經置師弟子員然道之既鬱而不傳而其所以爲教爲學者徒矻矻于訓詁名物口耳枝葉之淺陋甚至惑于異端雜于功利汩于百家衆技之偏曲支離雖有磊雅行愷

增廣生員如漢唐之盛者亦徒侈當時之觀美卒不能究大道之歸以復隆古明倫之盛至宋河南二程夫子出始有以接孟氏千載不傳之統于是發明性卽理也以見道之大原出于天表章大學中庸相表裏爲學之次第造道之閫與次讀論語孟子周子以剛柔善惡中焉而已矣謂爲師之道張子教人必欲變化氣質復天地之性至朱子會萃周程張子諸人而遡堯舜禹湯文武周公魯鄒之道註釋大學語孟中庸爲講學之本又集小學爲大學之根基以至詩易旣有傳義諸經亦發其大旨資治通鑑綱目則理一天人義兼巨細由是教人之法大備雖所入之塗各異而其要歸皆本于明道明倫如唐虞三代之教然當是時雖與同志講論往復極爲明備然屢爲狂言所阨竟莫能施其教于學政達其道於天下逮我

皇明統一萬方道隆千古內建國子監外設府州縣學而師弟子之所以講習小學四書諸經史之義理皆本于周程張朱之說以求堯舜以來千古聖賢之道而前季訓詁詞章異端功利偏曲支離諸說皆不

能有雜乎其間由是濂洛關閩之學得以儁明學政盛行于天下而大有以復古昔明道明倫之盛今平陽郡學人才風化所關姜守知爲政之先務而新化理政事神育才咸有作爲今爲師爲生徒者其必盡思聖朝建學之意相與篤志講明正學而無怠庶幾人材所出有實用而風化之美亦延及於支屬所謂明倫者將不爲虛語斯于姜守之興學與有稱焉于是乎書

霍州頒書閣記　明曹端

道在宇宙間充塞流行所以無物不有無時不然也若夫率而行之則本乎德行而莫大於三綱五常明而傳之則托于文學而莫精于六經四書苟微明而傳之者則率而行之者寡矣是故由一心一身以達之家國天下皆不能無一治一亂而充塞流行之本體則自如耳邃古之世相繼而作君師自皇而帝而王雖應時稱號不同而道則一其謨訓莫不孔昭焉其典法莫不垂憲焉至我先師孔子則道其道德其

德而惜乎無時與位要之公天下之心則一而已是
以取前聖之法之訓誦而傳之于其徒贊修删定以
成六經爲萬世則又以帝王大學教人之法詔門人
曾子述而傳之爲大學曾子有子又筆夫子傳道之
語爲論語至子思之作中庸孟子之述七篇是謂四
書遂與六經同爲載道之文經世之法嗚呼孔門之
學一帝王之教耳帝王之教一天地之化耳豈自私
用智者比哉降自秦漢經殘教弛由是士之所求乎
書者類以記誦剽掠爲功而不求乎窮理修身之要
其甚焉者則遂絶學捐書而相與馳騖于荒虚浮誕
之域道之不明不行也固宜逮有宋濂洛關閩大儒
輩出其于天地人物之理古今聖賢之藴靡不精究
厥衷説有宗指道雖賴以明而行之者尚寡欽惟我
太祖高皇帝行帝王之道紹帝王之統滌三代以下之
陋習還三代以上之淳風所謂闢乾坤于再造揭日
月于重明其作大誥三篇眞足以邁五超三爲臣民
福壽之至寶也太宗文皇承大統宣重光萬幾之暇
乃與儒臣講明帝學切劘治道精究千聖傳心之法

而爲五經四書性理大全與夫爲善陰隲孝順事實諸書悉頒賜天下學校以爲明道作人之具猗歟休哉端先正霍州學乃與諸生即講堂後龜頭作重屋貯之逮再正是學與州之守相庠之英彥郡之諸先生計新大成門作講堂抱厦經始閭黄門李公錫繡衣羅公信僉憲高公英以軍政按是州爰俯謁廟勸學知之僉曰與其堂前抱厦弗若堂後爲重屋以貯頒賜書籍端謹諸之暨書生白之司士時知州寧津趙公凱同知溧水葉公茂築而復之尋爲雨水所圮復白州倅建德徐公鎦再築之包以石完固整齊號爲石址建閣于上時州暨隣邑官吏士大夫靡不樂以貲力助之經始于是歲春仲至秋孟而落成焉咸謂端曰盍志于石端曰無石太守趙公即以家蓄成石遺端遂不辭而謹爲之記

河東運城記　　明呂柟

嘉靖三年秋大水運司城幾圮侍御盧公惻焉欲磚甃以圖久遠然以瓜期且屆姑甃東面以俟後哲落

成運城人嘆曰斯子孫千載之利也不可不記且此城郡省交會一方其贍然地近鹽則鹺易囂其足土挾沙則風易彫其膚拔帶礓礫則雨易剝其面故今歲霖霪幾淪乎郛也而又內處富賈盜易窺城大無兵盜易攻巷寡土著盜易取雜聚五方之民盜易入土無加實而有厚藏盜易剽故往年流賊幾突乎郛也公乃選官吏輕訾筭定征役謹命令由其舊規教其新矩裁其崇卑一其博狹均其厚薄凡兩月告成屹如重鎮呂柟曰聞之管夷吾曰大城不可不完郭周不可外通否則亂賊姦遁者作故莒廢渠丘楚克三都而智瑤思以涑水灌安邑也公斯舉所係乎國者重矣運城人又曰一面甃三面皆可甃也一面舉三面皆可俟也于此可觀五實焉險設而不驟力省而不廹財擣而不汰業廣而不專名成而不私于此可觀七教焉惠足以教畜衆廉足以教度財寬足以教節勞智足以教豫事厚足以教敦本信足以教經國呂柟曰此在公特一緒物耳柟近謂公論文貴質不貴艱論學貴行不貴辯論政貴平不貴刻是以編

掣常鹽商無退怨洞開三門民無偏利地不重給丁無積累訟不徇人獄無寃滯而又申修書院課藝不倦博愛運學周貧不私此則真巽運城者也且公之官可行道于天下當其志且欲城九州而守四夷曾以此城爲功也于是運城人日聞巽運城記得聞巽天下城記矣于是公聞之曰將判官不忘往日之同寅厚望于我耶知勉矣知勉矣公諱焕河南光山人

河東書院記　　明余光

夫西渠子敦學興士以建書院其知今日將廢爲荒圖者乎夫西渠子建樓藏籍以博士聞以防濕蠹其知今日既資其見復竊以歸而維人其蠹者乎是故作者之慮之叢也其始建院懼夫或隳其術以厲人或指以爲靡事而人將病已故涇野之叙及之其既藏籍懼夫尚名尚緯之習故谿田之記及之其終又懼夫誌弗行則爲具文地弗守則爲游場而士以自病故大復之論及之是故作者之慮之叢也而不慮

夫繼者之不同也今天下之人其上貪作者之名其
次慕修者之義貪作之名則作不自已而前之作者
廢矣慕修之義則修不自已而今之葺者不舉矣又
其下則托諸無事坐視其廢而不葺此荒圃之所以
成而勝事之所以泯也同我者繼則理斯院不至爲
圃勸斯士不至爲蠹院不爲圃則隳其術而詆其罹
者匪忍則妄士不爲蠹則實其名經其緯游息而學
成何游場之患也夫興學以作人俾其得志爲伊周
不得志爲思孟其功固上于作者修者且士而奮厲
日夕游業則齋宇不及于頹經史子集相携以博觀
亦無待于藏矣則是涇野谿田大復之作可以無述
也雖然西渠之建其思遠涇野師之倡其澤長數十
年之功一旦而廢余子不忍也今之日葺其舊以致
不廢所不敢辭所謂伊人相時敦士有志之士相與
興行則有所待者也

巫公祠記　明張孟

惟書曰在太戊時巫咸乂王家又曰在祖乙時則有若巫賢巫賢巫咸子也則巫咸父子世爲商輔相矣而巫咸尤見諸子百氏書夏邑有山曰巫咸頂志以巫咸隱于是爲名頂故有巫咸祠惟遺甓焉而莫知其所始山麓有廟毀廢蓋宋崇寧間邑大旱禱巫咸而雨請于國賜封王號見斷刻云洪武八年冬縣令閻育等即其頂作新祠而以巫賢偩惟巫咸古賢臣也生而爲治功在王室沒而爲神澤及後世剏能出雲爲風雨而民以望歲者望之其可謂靈也矣是宜食享其土不誣乃爲作迎享送神詩使敬祀之而以記其成焉詩曰巫山兮巉巉神隱兮中巖神去兮千古盡蹝兮我土神化兮爲雨風雲兮上下吁我民兮匪神何怙山雲兮浮浮神宅兮山之幽神降兮我留于薦兮我羞我享兮以雩匪鍾鼓兮爲娛吁願與民兮不渝神享兮何之風雨兮其馳神我兮不違我望兮以思吁樂年歲兮惟神自茲

重修海神河瀆廟記

明張四維

皇明奄甸萬國徧體群望凡嶽鎮海瀆咸就其近域
崇建祠宇令有司歲時修祀國有大事特命使臣將
祝幣往焉蓋自郊社而下祀典莫此爲重蒲郡介河
曲當禹貢所稱龍門華陰之中重岡連抱川靈聚結
故西瀆大河祟于是而以西海附焉其廟制閎鉅正
統中知州事闢西張侯廉奉勅修建歷久漸敝會嘉
靖乙卯之變一切傾圮雖頹墉斷木靡有遺者有司
歲時掃壇以祭天子前後凡遣使三至亦咸祇陳香
幣露禱而已殿禮弗稱神罔攸宇至隆慶庚子夏河
水暴發瀰漫郊郭奔湊西北二闉是時淮徐間連歲
河決漕道艱阻議者咸謂神宇宜以時葺用祈靈貺
于是巡撫山西副都御史楊公綵巡按山西御史饒
公仁侃桂公天祥俞公一貫會檄河東守巡參議馮
公叔吉僉事劉公宗岱相垣址議規度以重修二廟
爲請天子俞焉其經用所需即取之三院歲鮮贖鍰
之餘者而以州帑裨之經始于隆慶壬申十月越再
歲萬曆甲戌某月而工竣二廟竝峙左河右海廣輪
崇庳無尺寸異其爲正殿各七楹殿後爲寢殿各五

楹殿東西爲風雨雷電祠凡四座楹殺寢殿之二其儀門楹數準寢殿焉堦墀內爲井各二俱覆以亭碑亭視井亭之數建儀門外其外門則以大坊表之內環以連廊以楹計凡二百八十有六外繚以磚墉以丈計凡三百二十有二以及宰牲有亭齊宿有所而制度大備矣廣廡翼翼棼橑高舉邃深軒豁金碧輝煌信足以承奠明神系一方之瞻向已郡守陳侯以朝屬維爲文紀成將勒諸堅珉以徵久遠余惟名山大川類能興致雲雨施德博大故歷代尊命咸秩祀典河初祀朝邑唐開元中以西嶽祠華陰緣有司椽將靡逮遂徙河祀而東我高皇帝釐正嶽瀆名號刪定禮秩薦享牲幣靡有等殺又常御製祝詞遣功臣將祀良以嶽瀆之澤物同則其報禮同也乙卯之變嶽瀆廟同圮廼嶽廟匪久卽復合二郡之力徵費凡二萬餘金以速集厥事河海廟乃委爲瓦礫區者且廿年陳侯肅承明命知國之大事在此旣不欲苟且以俟後人又不欲加賦以滋衆擾殫心夙夜惟求以隆國典妥神休是務于是監司諸公嘉其工繕之鉅

商較財用慮有不給謀所㠯佐厥費者廼總督宣大王公崇古則㠯軍門俸給廵撫朱公笈則㠯各色會稅香課布政使史公直臣則㠯帑積羨銀分守馮公叔吉則㠯罪贖㠯及官民之義助河堤之贏積通計凡九千餘金蓋費視嶽廟之半而閎麗幾與埒矣用省而財不匱事集而民不擾神用悅懌歲以大穰信可㠯答天子尊禮方望懷保兆庶之深意哉是用紀其與建始末稽經費述規制俾後之嗣是者得有考焉是役也檄委而監督于上則平陽府同知王大夫敬朝夕工所綜其綱目則蒲州判官曹君廷栢其奔走于下則榮河縣典史李于田倉大使侯汝封咸效有勞勤云

河中書院記　　明韓邦奇

苑洛韓子河中書院記曰河中書院者故東嶽祠也世人言五嶽皆有神獨泰山神主地下人人死者皆隸泰山不與他嶽比故其祠遍天下蒲有祠在州東三里所州人率以歲六月歌舞爲會以樂神云九州

呂子云禮教不興而惟鬼之務有司者之過也今夫泰山非蒲人所可私事者也古者禮德則祀食功則祀然制無僭神而饗無淫鬼也夫擊鐘鼓灑牲醴群巫在前三老在後使其婦人女子群集而奔走焉此天下之弊俗也夫魯有杏壇絃歌之聲至漢不輟何則教化行而禮讓之俗可作也孟子曰經正則庶民與庶民興斯無邪慝矣吾將正其經焉呂子毀其祠以爲河中書院生徒入院而習業者幾百餘人呂子曰今夫學者群居而相識也窮志而竭思月月而程之卒歲而計功凡以爲道也舜之告禹曰人心惟危道心惟微惟精惟一允執厥中道之至也夫蒲舜之居也故度德而較莫舜若也清如殷伯夷叔齊大如文中子王通正如文清公薛瑄吾人如黄覇段干木諸子皆于德莫可貶少而功及于蒲者也呂子遂即書院爲祠祀舜以下呂子者常爲吏科都給事中舉劾無所避而留中不出至于甲戌之疏指陳時事畧盡尤非人所敢言丙子出爲蒲州同知呂子毀東嶽祠爲書院也乃在明年五月云得屋殿寢廊廡凡若

干間以其中殿爲重華殿重華者卽以祀舜配食者卽伯夷叔齊王通薛瑄凡四人以東堂爲名宦祠漢黄霸而下凡四十三人西堂爲鄉賢祠周段干木而下凡四十七人以旁殿爲講堂五所以露臺爲尊經閣以餘屋居生徒已而太守又盡取其舊屋而葺之爲坊牌四爲甎門一有扁爲井二有亭檢閒田二百八畝爲祀養作新屋若干間又與同知爲文告以意諭爲條約以勸生徒太守者甲戌進士王君治蒲有聲民悦而安之先是時太守適巡下邑故同知得自治書院事然卒成之者太守也昔者河水爲患父老乃爲河伯娶婦西門豹令鄴乃禁娶婦而穿三渠以濟民民獲其利至漢時乃毁渠爲馳道夫賢者作法不肖者疑焉君子所爲衆人固不識也故曰善作者不必善成善始者不必善終二君之爲書院也誠美矣予懼其他日之爲鄴令之三渠也後之人可不念哉

重修黄河石堤記

明王崇古

粤稽禹貢禹導河積石四曲下壺口東流直衝蒲城西岸城依河爲壍歷城南流經雷首復東流遶蒲南境廻視蒲城在河中央歷代表蒲爲河中郡建河瀆西海廟祭于委禮也蒲城河西爲大慶關夾河對岸每夏水漲歲多衝陷唐開元中東西修石岸鑄鐵牛繫鐵纜維浮橋歷代河患頻仍河西石岸鐵牛俱崩沒大慶關基地洗刷殆盡東岸勢廹蒲城僅數丈明初河崩城北前守臣常建河堤外樹樁木內填土石頗稱堅壯阻河西移遺近河膏腴灘地數千頃民藉耕牧逮正德中復東崩將及城闉時陜三原故端裕王公季子諱承祥以少參分守河東沿城創修石堤下釘柏樁上壘條石中貫鐵錠五十餘年城恃爲固士民誦之嘉靖癸丑雨水內浸隄間傾毀前守道東海程公重事修砌僅完三載歲乙卯地道違經夾河東西大震城復于隍堤廟盡崩壞河流直與岸平每派輒入城門歲壬戌河侵城南古鸛雀樓址城岌岌待傾時郡守嵋崍張公募民悉運雜石數萬下填湍激逼水西旋城免陷沒隆慶庚午夏河大漲高丈餘

環浸蒲城近城居民隙地田園皆湧泥沙數尺許惟瀆海廟基近河地卑水環注敗墉外獨未入民咸趨內避水說者謂河瀆有靈時故衰毅楊公家居議創修隄防顧州鮮積貯檢前甃磚城故牘括富民銀數千兩募夫沿河築土堤三百餘丈衛城垣越五六載水衝浸堤半就圮萬曆庚辰夏河自逸北南流直衝蒲城西岸古七里渡日崩數十武廹古護岸勢將直抵峨嵋原遶出蒲城東南矣士民震恐罔措時守道王公方奉檄入賀萬壽率郡守何公肅祀瀆海廟做張𡶈崍故事運石填湍瀨稍殺內侵王公行郎以事狀白撫臺高公請建石堤時當宁方務節省戒興作高公重難之王公執議拯溺恐緩則莫救蒲郡萬室宗戚士民咸懼胥溺隄當急建費誠難恤高勉王公行俟徐圖之時武林宋公署守道事何守復具狀告急宋公軫念民瘼親按視河勢如痌瘝在躬謀文責巳虔禱瀆廟未幾水漸緩郎鳩工估費先河衝激起七里渡至古越城計五百三十四丈中分東西二段東高十二尺西高十尺底濶四尺頂三尺計用工料

銀六千七百有奇費頗鉅民恐復曩捜括咸思逃避
予聞切殷憂力白臺司請議發官銀易木石率民力
事工作庶公私兼利宋公目擊民艱執議固請軍門
金台鄭公洎高撫公按臺新安黃公鹽臺德清房公
皆報可乃檄平陽郡守南陽王公盡發府貯歲收各
屬大户餘名銀如數充工用定委先通府今州守遼
陽鄭君至州率州判延安王君珦專督工作何守司
出納募民領價覓柏椿石匠採石河津之乾柴溝督
縣尹閻君監打造臨晋尹劉君集窑户即傺山燒石
灰自冬徂春木石稍備復募沿河船户順流運發刻
期興作適守道王公丁内艱歸東海胡公以大參代
任至蒲遍閱河滸相度水勢恐堤薄不足捍激流議
石堤内加頑石三尺雜築灰土以固内基仍用米汁
和灰砌石鐵錠貫注以固外凡三月而東工完夏水
稍退免内侵又中秋後河水漸淺石運稍滯鄭何二
君每禱瀆廟水輒增數尺至壬申春工始竣北及城
角而止沿城西面南至瀆廟故岸雖存率卑薄浸潰
莫禦漲漫士民咸乞接修長堤庶保城廟宋公會胡

公命鄭何二君估工費南北長七百八十五丈應用銀一萬三千九百餘中分三段高厚如西工期三年可續完二公復白軍門鄭公新撫臺安丘辛公按臺華州劉公鹽臺臨邑邢公咸允從事仍檄府王公續發銀如數督鄭何及諸委官刻期續修適胡公移鎮岢嵐隴右栗公以少參代任至蒲首事督建率遵成議選委文武各屬分趨任事先完二工乃何守王判先後轉官去未幾鄭君擢守蒲畢力經營越三載而先後工竣高出河數尺上列女墻間設渡口屹然如建重城王公起復至都適栗公晋臬司廵河東王公復以原官補守道既至而後工未竣仍督各官急催完工清查支費得餘銀若干定議修葺城垣門堞之崩缺文廟學宮舜禹廟之破壞重建首陽夷齊祠凡蒲境應祀故廟胥修飾維新率緣堤工撙節王公經畧焉通計新堤自北徂南長一千三百一十九丈先後工費銀二萬六百有奇肇工于萬曆庚辰歷辛巳壬午癸未越四載經始于王宋二公執議度費繼督于胡栗二公選委運料大工底績前守何力任艱虞

心力俱竭今守鄭始終督建四載勞瘁今堤成河遠
城安民賴諸公之德施蒲民孔厚惟予不文世家河
中與聞二議樂觀厥成常期表實河嵎彰諸公其𡙡
翻思蒲古舜都當堯之時洪水方割河中先受河患
禹平水土既載壺口卽今河津禹門斧鑿痕尚在歷
世既遠陵谷變遷地道違經岸土易傾河流轉激東
灘西没遠率數十里非禹跡之故矣官民隨勢堤防
動至衝城没壘民載胥溺然非心大禹溺由已溺之
心祗勤儉不自滿假之德何克格神孚上下永弭水
患今覩諸先後同心上下協衷克建大工永障河患
令覩河洛者思禹功蒲士民萬室奠安百世永賴目
覩河堤當思諸公功德如思禹云宜勒貞銘碑傳百
世王公諱基號對滄宋公諱應昌號桐岡胡公諱來
貢號順庵栗公諱彤庭號瑞軒王公諱汝魯號確叅
何守諱允升號晉吾鄭守諱文彬號三橋王判諱珂
號鳳池繼州判嚴汝聘始終監造石運守禦千户所
千户劉增榮繼統增日夙勤事没于工分委鎭撫段
金百户李斌榮河丞趙以莊倚氏典史朱文林咸效

勞績俲得備書銘曰瞻彼大河源泄自天禹導積石流蕩中原龍門既闢東廹舜阡崩溺靡常陵谷變遷爰恃隄障遏彼狂瀾河瀆有神監我民艱至誠可格濟危扶顛有斐群公一德後先四歷寒燠六易臯藩視民猶巳拯溺保安協衷集思創建隄垣屹如山立蜿如龍蟠危城永保萬世生全澤流大河德並條山禹功可繼舜垗永延功埀不朽名勒青編爰天篤祜君子萬年後有作者尚監銘言

萬泉縣鑿井記　　　　明　喬宇

萬泉縣隸平陽舊爲汾陰地以萬泉名雖因東谷多泉實志水少也城故無井率積雨雪爲蓄水計以甖瓶盎桶取汲他所往返動數十里擔負戴曳之艱百倍厥力然民不告病而安之者生於斯地有不獲不然爾三原穆君伯寅以名御史出按山西振舉憲度究訪民瘼所屬郡邑必親歷其處嘉靖戊子夏四月臨萬泉憂水之乏爰進父老諭之曰井固不可强鑿然精誠則可感格于神乃檄稷山令賈憲往董其役

前期齋沐告祭而後舉事百姓荷畚鍤就工者爭趨
効勞罔致後不踰月而鑿井之一民飲而喜曰自創
置縣治以來有此城郭即有此人民有此人民即掘
此井千百年中殆不知其幾掘也而卒不可得泉去
此地甚遠雖或有井又皆七八十丈許此井僅二三
十丈而已且清冽而井甲于他井匪懲按君惠念我
民我曷以有今日無老穉婦女無遠邇群黎衆觀駭
異以爲神哉此事也僉謂奇蹟不可不勒于石以永
其傳于是邑令張鯨以告和順令鄒瓚獻卿請余記
之余聞而歎曰天下之事安習故常弗克振建者恒
多苟因民所利利之至公無我則一施爲間神人胥
悦必有嘿祐其成者若耿恭之出泉韓朝宗之息井
患載於史策歷歷可徵信非偶獲而倖致之者也易
曰水上有風井君子以勞民勸相書曰至誠感神穆
君此舉恊人情宜土俗蓋出于澤民濟物之誠振古
所未有之功固其宜哉自今而後人將稱之曰此穆
公井也又將以井之清潔比其操履及泉受福比其
事業是皆不可以不書遂爲記

伯益墓祠記　　明魏公韓

有虞臣伯益之墓土人不知而犂鋤將及焉縣官之過也今查丘壠峻絶上有無糧地百四十餘畆就其近墓與祠者築墻數百堵爲衛重葺正宇新增享殿一樂亭一門二旁植以松檜墻外閒地聽守祠人蓺麥以爲歲獻之資亦以永兹緒焉耳嗚呼聖人之澤功在天下萬世一抔之土若㓕若没誠痛乎有餘悲也况生若地居若里族黨世系猶可彷而彿之者乎後之君子應有同心興起者崇禎四年夏黄岡魏公韓記

遊三門記　　明王翰

三門集津在平陸縣治東六十里道廸東西延至黄堆循河東下再行十里至其處河南山脊峻下其尾屬於北山鑿山作三門以通河流南者爲鬼門中爲神門次北爲人門又次北爲開元新河又以中爲夜

义門北爲金門新開河爲公主河未詳其說也鬼門廹窄水勢極峻急人門水稍平緩直東可五十步中流有小山乃其底柱也東又十步其水瀠廻謂之海眼深不可測神門最修廣水安妥蓋唐宋漕運之道山嵓上有閣道且牽泐石深尺許正南下五步有石聳起側視若香爐然東又三十步一峰可高數丈不甚奇新開河南北廣約計二丈其岸石如甃又直如繩取者行百餘步與神門水合其南一峰壁立度二百尺極奇秀石紋青黄相雜其巔多鶻鶵巢壘石爲爐形非飛舉者不可至不知其始有人謂老君煉丹爐蓋以神之也其新開河左就嵓石下刻宋金人題名並詩且刻翠陰禹功二巖稍東刻忠孝清慎四字字畫若顔魯公書者其南山上有石巉然如鵰蹲者人號爲挂鼓石蓋禹用以節時齊力也自新開河東口涉水上山上舊有開化寺今不存有小祠像龍神前碑剥落不可摩不知何時立祠檐下二石其狀如碑無字上作三㲉一碑蓋金源興定十二年修禹廟記也面至西可二里上山謁禹廟而還所至處皆用

小律記之偕行者生員張恭馬嘉王興也時洪武七
年二月二十八日記

姜嫄聖母廟記　明　失名

絳縣之歷庄舊有姜嫄聖母廟世代推易肇建不知
金泰和中進士王藻石刻載常有因伐木得斷碑于
土中者文字漫滅已不可攷而居民香火歲時特盛
祈禱輒應歷年既多風雨弈碎祠宇頹壞里人黃英
倡爲一新黟黯者鮮傾欹者端缺裂者完什伯改觀
于疇昔矣願有文以記歲月予曰若姜嫄后稷之德
澤山川廟貌之形勝前碑載之詳矣奚復贅辭然予
攷諸書之說姑舉姜嫄生后稷之異非帝嚳之妃及
絳人所祀之意而記之史記謂姜嫄出野見巨人跡
心欣然踐之身動如孕及期而生棄生民詩曰履帝
武敏歆朱傳謂姜嫄出祀郊禖見大人跡而履其拇
遂歆然如有人道之感先儒或疑其巨跡之說何也
張子曰天地之始人固有化而生者予謂上古邈矣
且以論之禹之母日修巳見流星貫昴夢接意感又

吞神珠薏苡胸坼而生殷之母曰簡狄行浴見玄鳥墮其卵吞之而生薛氏謂麒麟之生異于犬羊蛟龍之生異于魚鱉神人之生異于常人何足怪哉大戴禮云帝嚳四妃元妃有邰氏曰姜源生后稷次妃有娀氏曰簡狄生契又陳鋒氏曰慶都生堯下妃娵訾氏曰常儀生摯史記亦曰姜嫄帝嚳之元妃或曰帝嚳聖夫姜嫄正妃配合人之常道詩曰厥初生民時維姜嫄又曰赫赫姜嫄其德不回何故歎其母而不美其父歟鄭氏謂當堯之時姜源爲高辛氏之世妃乃帝嚳後世子孫之妃也若謂帝嚳之妃堯稷契皆賢兄弟也堯在位七十載而不能用稷契必待舜爲臣而舉之又何邪然則非帝嚳之妃明矣朱傳亦曰姜姓有邰氏女名源高辛氏之世妃是也詩又曰卽有邰家室朱傳謂堯以后稷有功于民封於有邰卽其母家而居之以主姜嫄之祠故周人亦世祠焉邰在京兆武功縣去絳千有餘里其起廟祀于此豈非因后稷之功追念姜源氏之德久而不忘者歟廟傍有古塚故老相傳以爲姜嫄墓亦無所攷歷觀後世

凡匹帝者莫敢不母未聞高辛氏之世妃后稷之母千載而下猶以姓名稱之歷代而不更者可謂闕典且堯之二女爲舜妃屈原謂娥皇曰湘君女英曰湘夫人前碑謂姜嫄聖母者尊周之心事神之義大矣韓愈氏曰祀而徧天下者惟社稷與孔子焉社稷句龍棄乃配享之姜嫄爲母棄爲子安有子享天下之祀而母爲之過歟况后稷公劉皆以農事開國文武成康積德累功紹周家八百年之基業皆本始于姜嫄氏歟嗚呼絳人祀之未若天下之通祀也茲又望乎明禮者著之盛典是爲記

夏縣禹廟記　明王象乾

夏縣西十五里許有禹王城城之中有青臺焉世傳禹治水八年于外塗山氏望思之地也居民即臺之上廟禹而祀者其來久遠矣維時邑令陳侯以路廻曲歲時伏臘無以展衣冠爲禮將廟于邑乃進諸父老而詢之僉曰可于是首捐俸金數十爲士民倡衆益翕然即事無令督無貪富咸輸財效力若爲己謀

廼考位于邑之西北隅邑西北隅故沮洳地也先是邑大水瀰原隰郭西諸膏腴蘙翳沙石鞠蒿萊民靡穡事城隅水亦日浸浸就溢壞廬舍且數十傾椅枝柱棖闑之內悉偃瀦矣侯乃按籍出穀佐之食俾闔除其田疇借其力囊沙而投之壑物土方覆壤搏而聚之布周廬易湫隘爲爽塏遂並即其南度地二十五丈沙壤間錯相藉使無聚散憂樹之堵即堵中數區域而奠位焉爲殿四楹可以棲神爲閣五仞可以樹觀爲門屏一爲坊表二可以肅儀而遠慢言言噲噲奕奕堂堂斲鏤丹雘之飾煥然稱美觀焉計首事迄成凡徒庸若干護民廬若干得民田若干泉借所欲如挾纊曰廟之作非我用也余曰嗟有是哉非民孰役惟能勿用以即庸陳侯之用皆因也因夏以祀禹因禹以樹廟因廟以用民因沙防水俾毋溢因水聚沙俾毋萊侯非不用民而不輕用其民民亦孰能不用其力而惟即安之爲用故官不勞而民不擾是之謂用皆因也雖然侯蓋有深思焉傳記載禹文命敷四海黎民敏德茲夏臺其首善地也今去禹上下

千載遼絶矣顧遺教在人未泯也無以興之耳今而後覩茲廟也入其門拜伏其階陛將有勃勃焉者試又進而登諸閣憑高而四望環邑之土平疇廣隰疆畔縱横禹之所經理也四圍之山奇峯聯嶂雄據矗起禹之所刊隨也又益稍稍引而西爲龍門折而東而北爲底柱爲岳陽汾澮大河映帶經紀胼胝之蹟不出簷宇可立見而夏臺丁其中爲都會故地實權輿所先及也居夏之故墟爲夏之遺民于其所疆理隨刊者剖而食環而居焉顧其所爲教可遂弁髦乎爾邑人士暢然而省或庶幾所謂尚忠之遺者則茲廟興之也嗟是又因俗而成化侯之意也思深哉侯姓陳名世實默軒其別號也先世居青丘之丘至六世祖始遷鉅鹿嘉靖中以易魁畿内莅夏者凡四載用民力者新文廟修河渠建喜安庄暨今廟無非因也因則我無事矣故民不知勞太史公遷曰善者因之茲可以觀侯政哉時邑先生柏崖郭君東郊雲鶴司馬君聯偕博士弟子趙登劉士亨郭一風劉士舉劉芳張習張經正劉日章馬化龍郭連城王希聖來

請記于余余故備書之以爲夏人告俾知永思云

水利記

明　許維新

平陽有小水利如龍祠霤鳴渠等是也然渠有長導有夫皆自爲紀綱如官政然其鷙而悍者率舞智力爭之或應後而爭先或應少而求多衆人之利勢不能下則群起而噪介恃其衆往往鬬殺人如郭進書等殺三人于前盧光裕等危而縣于後獄之不大亦其幸耳楊天青郭禮娃諸人尚其小格殺也太平稷山諸縣時見告矣此由坐鎮者不足畏故人敢雄行亦法無蚤決故謀始或當議也然各地之爭由來久矣竪有石畫有界卽尺寸不可易也唯是官無常案水有壅塞界有埋沒則爭端起而鷙悍者或故爲壅塞埋沒以生端今欲止其爭須先其始凡有渠之處各理其案各正其疆各檢其石府州縣案皆合符斷碣之文咸録在案農祥未興徧爲經正一番經正則一年難爭有爭則亦易定此或止亂息事之道也如

近日臨襄之爭求諸舊碣而碣已潛移訪諸渠條而條無掌故遂使奸人借口官無定憑杜當陽之石一置山頭一沈淵底此其爲慮則今日平水之石畫也

鼓堆泉記　　明　喬　宇

自太原西南其泉溉田最多利民久者莫若晉祠之泉自平陽西南其泉溉田最多利民久者莫若龍祠之泉自絳州以北其泉溉田最多利民久者又莫若鼓堆之泉其泉發源於九原山之西北突有二山高圓如鼓則泉以形似而名泉上有䇾如覆釜形履之聲如鼓則泉以聲似而名泉有清濁二穴清在北濁在南北穴爲石口尺五許自匯而爲池幅員一丈其深稱是中有小魚喁喁往來沙石間池溢而南折而東流南穴爲土口尺許亦匯池溢而北折而東合于清流泉之西則隆然高厚其南北皆平疇低野亦資泉而溉幽村明墟垂楊灌木帶接于陂塘間其東則經連緯通溉田至于絳州方五十里而南並入于汾

焉穴上二山在西者昔人樓其上敞然三楹壁間有唐宋石刻樊宗師司馬君實者皆在焉

虞帝祠記

明韓爌

帝有虞氏都于蒲以有祠今在郡之東郛規制宏敞蓋國朝倣前代㳄建者載在祀典有司以時修葺侍祠無怠而自嘉靖丙辰重建以來歷歲滋深時一塗餙久之乃大壞萬曆丁未夏巡按御史康公丕揚行部謁祠顧謂分守叅政喬公學詩帝靈所憑明祀所崇而至於斯守土者之責也于是有重修之議屬攝州事平陽府同知白君鯤條上巳請于巡撫都御史李公景元僉報允仍申毋無塗餙如異時材庸旣集乃以是歲季夏肇工凡五閱月而竣前朝後寢象設在焉工先其鉅環廊半摧周垣盡圮工用次之諸亭廡齋庖門屏之屬若繕若增以次畢新比落成則今知州張侯羽翔實始涖郡蒇事焉是日也諸僚佐學官弟子若里父老咸集祠下獻奏禮成肸蠁如答侯拜稽首乃顲衆言曰維帝子民有如父母厥有彝訓

具在典謨猥吏茲邦睠懷軌迹庶克遵明用乂我受民而或有慆心以施于秕政民神怨恫于精禋何有其爾士庶尚克予贊無作神羞學官弟子前曰維茲郡黌實肇虞庠惇德明儀于是焉在凡號爲士束身整俗非異人任而不然者匪猷訓是廸鷄鳴孳孳以冐于榮利夫寧非帝之徒其何以辱大夫之訓里父老進曰維帝之民比屋可封讓畔讓居前徽未泯矧我後民實漸濃化其勤修本業胥匡以生生尚賴師師之訓俾克自協睦以興于讓仁稱虞氏遺風焉嗚呼帝之元德顯功配天地而參日月此非言辭所可摹繪形容也諸君子祗愼所職肅共秩祀煌煌美盛之舉亦無庸誦讚爲者獨有感于官師若里人士之箴言也各操其誠以倡以應于以弘典訓而美風俗庶幾哉聖帝垂教萬世無窮之思而于昭代崇祀之典爲不虛矣爰稽其營修歲月與其儀與辭之槩序而識之而系之詩曰帝出乎震炳靈姚墟南面而蒞茲焉是都厥神在天降觀下土乃眷舊邦聿來斯宇維茲祠宇有其作之不有敝也云胡新之新宫峩峩

廟貌肅肅黼座朱綖藻旒衮服吏民駿奔祀事孔明
神人胥悅樂觀厥成於維帝德模今範古相彼圓方
式是規矩大經大法作君作師立我民極莫匪倫彝
卓哉後賢政先其大睠是神州渥沾丕化惟精斯感
匪跡之尋協于上下秩秩德音凡我邦人高山仰止
可法可傳有爲若是謳吟鼓舞升于大猷生民多福
惟帝之休

張長公行水記　　明王溱

昔堯都平陽有洪水之儆舜乃命禹作司空以平水
土于時地平而民作乂書曰濬畎澮可徵已嘉靖三
年夏王子來守是邦歲值大旱乃渡汾而西將謁平
水神禱焉田有渠洫其畎澮之跡乎觀于阡陌之間
西南其畝者厥田滋以茂北東望之土燥而苗將槁
焉問之田父田父曰上官河塞者於是乎四紀矣乃
觀于平山之下平水出焉祠其上前爲龍池東流至
于清音亭過雲津橋十二官河分焉東出石槽澗至

于分水口東南分渠得水十之三爲上中河溉辛家
諸村之田焉東北過新開口又東北山水決其防上
官河塞焉乃觀于席坊橋之上厥水溢于上中河遂
入于汾曰嗟乎聖有遺跡地有遺利仁者不爲也民
有遺力水有遺流智者不爲也于時謀于衆將疏之
僉曰張長公其人行乎于鄉無私而好惠盍屬諸明
年乙酉春二月中旬乃屬長公疏渠自席坊西爲堰
以坊山水之衝北過祿穽橋至于小榆橋又北夾岸
而西出麻冊澗北於是乎溉麻冊諸村之田北至騰
槽而東分斗門於是乎溉界谷諸村之田北過西宜
橋分洴東流又北夾西宜觀東流爲二洴又北爲計
家溝於是乎分溉東宜諸村之田北爲澗北溝又北
爲八溝澗東流而北西過小橋於是乎溉段村之田
北爲石橋東流分洴北東過衛家溝分四洴又北過
武亭橋分洴北歷五橋而分爲二渠於是乎溉劉村
之田田計二萬有奇村計三十有六皆於上官河有
賴焉渠之廣一丈二尺深倍之凡四十日告其成功
王子曰天地成而聚于高歸物于下表爲山河以戒

其域踊爲川澤以導其氣區爲陂塘溝洫以鍾其美今夫河水之歸也渠川之分也田民之依而財之藪也是故民非田弗養田非水弗殖民之大事在田神之粢盛于是乎供人之蓄庾于是乎出國之供給干是乎賴天下之安阜輯寧于是乎成凡以水無散越壅滯田有所資也長公之行水也無私則行所無事好惠則澤溥而衆服故行無事庶乎稱智焉澤溥庶乎稱仁焉功四十日告成而民爭趨之庶乎稱義焉一功成而三美具所謂行乎于鄉者其在茲乎鄉之耆老王銘張威率諸村之人請表其功乃于平水祠前之西刻石以昭不忘人皆曰長公以孝友知名鄰里鄉黨之貧者長公多卹之或病而死不能塟者必爲棺以助焉高河之上嘗總石橋之役出百金以先尚義者斯其素履之大者也長公姓張氏名滋字宗乾大中丞西磐先生之兄也人故稱長公云

修平水泉官河記　明呂柟

平水上官河泉出府西南三十里平山之下平山者莊周所謂藐姑射山也平水之源爲金龍池池上爲龍祠祠西南近條山數泉皆入平水又東二百步爲平水神祠祠前爲清音亭東過清音亭之後爲雲津橋而平水分流俗所謂十二官河以溉臨汾襄陵之田者也蓋自是第一流爲上官河以至劉村鎮夾河三十六村爲田二萬餘畝皆資焉然自張家橋東過石曹澗至於趙半溝其南支流爲上中河而居民新開飲水之處則在其北焉又其東爲席坊橋其北則爰小石橋之平水席坊間之山水水多泥淤砂礫上官河遂不復東行而南入上中河矣于是席坊椂弃麻冊南小榆諸村皆受其利而麻冊洞以東二十餘里無復勺水之潤矣於是上官上中民交訟焉太守王公曰上中河者私也上官河者公也上官河博而遠上中河狹而近不法不德則守不堅法則民畏而訟平德則民化而訟息究厥病本其在席坊橋乎有張滋者善治水遂使滋决席坊之壅濬平水上官河之源于是上官河滔滔東注直抵劉村鎮以復其舊

而界玉下院東宜補子塔頭段澤馬務南劉辛息諸村皆成陸海不圩而稻粳茂不雨而麻麥熟蓋雖江渚湖濱不足以方其美也而上中河之民亦分程限日均沾其澤或有尊賓嘉客道出平陽太守則邀謁平水神祠坐清音亭上矚官河之源流賦詩飲酒與民同樂歌曰官河漾漾兮百穀成水無私心兮民不爭判官呂耕曰王官谷瀑布泉下流爲貽溪水可灌田千餘畝唐司空表聖立法谷人以時用之至今不廢興時太守李公義方亦作永利池利澤渠而趙城洪洞臨汾亦甚賴焉太守常云政在善俗俗先禮讓禮讓之興在閭里田桑雞豚之間夫虞芮亦平陽屬邑昔人訟田不央如周以平皆慚而還置閒田焉今猶有遺風也於乎人孰無是心安知他日兩河之民不爲貽溪永利諸渠乎於乎上官河其永矣嘉靖四年三月二十二日工興四月四日成太守字公濟名溱開州人辛未進士前監察御史

首陽山夷齊祠記

明張四維

當蒲州治之南河曲之中對華而峙有山曰首陽者
夷齊之墓存焉陵栢鬱然攢茂丘阜闞駰十三州志
已謂然矣其廟貌所肇宋黃庭堅元王惲咸謂起自
唐代而郡志云自晉太康然余攷後魏酈道元注水
經已稱雷首山有夷齊廟及漢熹平中蔡邕所撰夷
齊碑記內述登山升祠又其事原于平陽藕騰疑漢
人固已祀之不獨唐晉也皇朝褒禮德讓咸秩群祀
凡古賢臣義士墳墓所在令有司崇護時祀之故其
廟宇閎深甍棟壯麗視前代有加者嘉靖乙卯秦晉
地大震祠乃盡圮委像設瓦礫中不蔽風日者十年
矣故址寖湮鞠為榛莽歲甲子選部洪都吳公一瀾
來貳郡政覩遺迹動心焉越明年公旣假守是郡振
蠹起罷撫綏慰困不三月民信且悅四境翕然廼重
建首陽祠增其舊制度材賦工量力授事負河而陶
埏埴取足于是財罔告詘民未知役而工用竣矣戒
事于乙丑秋八月迨冬十有二月而畢凡為正殿五
楹殿左右夾有廡共為楹六殿前為獻殿三楹又前
曰中門楹如獻殿之數又前曰櫺星門者楹亦如之

殿東曰致齋所有前堂有後堂有左右廊前後共四有鐘樓有鼓樓以楹計凡二十殿西曰宰牲所有二堂各爲楹三二所由殿中門外左右分各樹坊表其道又爲碑亭二在雙塚前爲井亭一繚以崇垣輪廣凡若干計奕奕新廟突出于層岡茂栢之中河嶽中條相顧頓生色矣初太守將蒞蒲蒲人張生四維以首陽祠爲請及是太守以祠成來告併命紀之維惟二君當商周之際餓于茲域距今固已數千歲矣清風冷然孤標若在此豈惟制行之卓足以聳人觀聽哉蓋五常之性烝民具之而二君信心任理其于父子兄弟君臣之際以爲必如是而後爲得者故確然行之不疑而非自異也矣心烝民所同也迹二君所獨也唯其同故百世聞風猶足以興起唯其獨故當世以爲奇而二君無心也莊周迺謂夷齊死名于首陽之下或者又謂二君憂萬世之無君嗚呼身名孰親也至以身爲後世易乎此皆好事喜奇之士以其必爲聖賢量而不知其必不出于是也孔子曰求仁而得仁又何怨二君之心固如此黃庭堅王安石諸

人紛紛疑其逐國扣馬采薇之事其説甚具夫事在千載上真贋有無惡可盡辨但所傳聞者如此夫亦有所受矣聖賢之心萬世一日所謂廉頑立懦者固自有在尚論者不泥迹焉可也余既重太守表章往哲興舉廢典不辭紀其成蹟因併著二君之心事俾鄉人知盛德所以百世祀者在此云嘉靖四十五年冬十月望日記

建雄驛生圜記

明亢孟禧

蓋聞聖人制刑欲其明允矣而又曰罪疑惟輕與其殺不辜寧失不經茲非聖人好生之本心乎我國家稽古定律凡徒者或付驛亭或置斥堠使給百工役使以奴辱之滿其年數而舍欲其更新也余臨汾建雄驛在北郊其儀門之右有圜墻內室以間計者五驛胥史牟其二餘三以居逮繫者皆年久圯壞室故有扉有牖也胥史欲困儻諸徒乃併其牖與扉皆室之獨穴墻使勃窣出入室中昏昏無所覩日徽纆百

人而群其中擠排踐踏鬱抑薰燎爲瘍爲癘以故瘦鬰者相枕籍稽令甲圜土之中皆置氣樓京窗造木柵設漿飲薦席罪人以時沐浴食物常令温暖古人之所以軫刑獄重民命也乃以法未麗于大辟者而使之就死地寧非仁人君子所深恫哉余邑侯澤宇邢公省方行野嘗憇驛中見之卽惻然曰置徒刑者本欲以生民也今法酷于犴狴以死罔民失本意矣亟驅胥史正其侵牟撤其營窟庀材僝工皆出俸金成之踰旬日而告成爲室凡八間間各有扉有牖牖皆棠以莩穀別立爨室給以薦席予以粢飲于是濬滌盪沃疏爲清芬人乃翏然休然肬陌穽而袵席之全活者甚衆皆手額籲天曰邢使君生我矣禧聞之諗於衆曰丕休哉公之仁心仁政不遺纖細如此哉公以進士涖吾邑學道愛人禁網疏濶凡被其德澤之淪濡者若登春臺而遊華胥至其恬澹粹白之操神明踔絕之政難盡揄揚若兹囚徒細事亦必慮之周而仁之至易曰天地之大德曰生眞公之心矣因名其圖曰生圖後之人尚其體公之心而生生不已

哉

郭公去思碑記

明韓爌

西門豹治鄴秋毫無私利期年上計文侯收其璽請復之因重斂百姓急事左右者復期年文侯迎而拜之豹曰臣爲君治鄴而君奪臣璽臣爲左右治鄴而君拜臣臣不治矣遂去士君子抱有才畧病無以自見于世所重尚不在璽而在迎拜而豹亦曰期百歲後令父老子孫思我言賢者用心固可槪見而獨惜夫豹雖賢猶重斂百姓以自直也萬曆丁酉秋郡大夫郭公以滇藩少恭左遷蒲亦期年而收其璽所謂爲君治蒲不善事左右以求助者當時公不自直百姓亦急不能爲公直公自此行矣里人士相與聚而謀所以識不忘者倘亦父老子孫之思而彼期之百歲後者此得之期有月復聞去郡時攀卧遮留都亭達於境上車爲枳不得發又未知西門去鄴曾有是不余時在都門不獲目擊其事已得其狀悵然不能

平乃今授簡而述輿人之誦焉方公之渡河而北也顧瞻川原慨焉自誓所不精心牧芻負此一方民者有如大河夫公遷人也故事遷人多傳舍其官蹻足俟鵲起而公不其然日坐公庭治事覽決不輟至漏下無暇休沐且飯期無留行而後即安蓋公始至而民皇皇巳而稟稟巳而熙熙期年而執事修明豈施滲漉百姓便之然百姓便所以不便公也公方專精一意日游其心以周于民而一切罔所顧問人之精神止有此爾撫字憂勞與獨繾窺瞰此有所至而彼有所忘而况今之簿書期會徵詞未跡上之若設覆而下之若射覆者即巧歷不能得而以是求多于公宜其不旋踵去也去之日敝車羸馬橐中蕭然至漢川而資斧告竭此遠近所臚言千萬人所聽覩所爲疾首叩心悁乎有餘悲也距公之行時運而往矣履綦若存褰帷未覯蜀山劍閣萬里相思嗟乎蒲人德公心乎愛矣蒲人思公嗟何及矣屨學宮則殿廡齋廚昔何以頹今何以興衿佩之士昔何以靡今何以振河壖田千畝昔餋士而今養官度不可還則爲

置膏沃至行且抵里齎金而償其直士安得不感奮
顧化期逮肖以報恩施則思公之重鄉校寠人子婦
女之行可以徵姓氏于九閽而表厥宅里以詔來者
行且動忠臣孝子之心則思公之厲風化聽斷多所
平反亭疑讞枉民以不寃至有解數十年羅織持爰
書爭之不下竟以是忤上官意不之顧者生者朝夕
焚祝而即死者亦含笑入地則思公之疏淹獄旱旣
太甚却蓋步禱自數愆殃爲民請命屬歲大祲待哺
者衆發倉粟以賑業貧民不待報可而行之不疑則
思公之悉民隱萑苻之警不時竊發奸民遊僧鴈行
頓刃取人于郊關之外則爲嚴干掫縣賞額竟殲盗
竿而解散餘黨時得以安堵無虞則思公之弭盗賊
露冕巡行問民疾苦佐吏而下各得以便宜調利害
凡夫一政一令之行如紬後借時婚喪緩催徵通逹
市人人得其意所欲出而不知公實不自用而用人
則思公之廣聽納大姓疆宗賈販牧豎表裏爲奸利
敢以武斷日中而攖市金或刺人陰私而薄之于險
最後匿端竄境不敢令太守知則思公之擊豪強蓋

自公爲政而吏畏神君民懷慈母諸所謂治行善狀塗于歌而巷于詠固未可一二數也夫民心不可徼也而去後之民尤不可餌而得也公之于蒲幾兩絕矣蒲之于公覬望無復之矣然而感德酧知之士歸恩誦義之民愁嘆謳吟久而彌切夫豈惟蒲之人旁諸郡邑實然是可以聲音笑貌爲乎然此皆所以去公者也夫其所以去公者乃其所以思公者則知天下事愈不可爲而反令行道之人藉爲口實惑者疑而不信弱者殆而不安賢者悲高步之寡尋而不肖者鑒行車于覆轍幾如是而吏治不窳民生不彫敝乎夫循良者上之所與共此元元者也方寸之印丈二之組累累若若千里而得一賢守令猶比肩也天子幸以公治蒲公幸治蒲有聲能庶幾璽書褒勞增秩錫金之命且旦夕下公其以異等徵入延登不次乃其所以去者曾不以徵拜而以彈射其所以見于世而聞于無窮者不以治蒲而以去蒲也悲夫人亦有言雖有榮觀燕處超然雙旌五馬公不爲增一丘一壑公不爲減鴻冥鳳舉公亦何所不得哉而獨惜

夫矯矯者之不可羈也悠悠者之無已時也公如爲左右治蒲若食母而殺其子爲孝則註廉註聲可以長治蒲如西門氏姑因重斂民以自直亦可以暫治蒲若是則鬼神不與民不思矣然則蒲人之思公于去也而公之以去乃見思也夫其有遺憾也夫其無遺憾也公姓郭名元柱字直甫别號朝石丁丑進士四川隆昌人

絳州重立古法帖第一記　明呂柟

易繫辭傳曰古者結繩而治後世聖人易之以書契百官以治萬民以察於戲文字之興其在斯乎後世乃有迂儒鄙士不知出此留心于末雖以王羲之之賢敗筆如冢洗墨成池亦用力于點畫鈎撇之間至使唐太宗英主也以蘭亭記殉壅安在其能治官察民乎予常盤遊于涇渭漆淇洲渚之間打起鷗鷺至鷸見沙上爪痕羽印皆類古文其絳州所傳著頡書乎或如風行水上或如雲出山前或遠取諸物或近

取諸身眞天縱自然之妙昔侯芭學奇字于揚雄恐未升其堂也世傳夏王大禹作龜書謂禹治水至龜兆相沙門懷英乃至作鼉鱉之形此何以爲也今見絳州禹文亦類鳥跡少降而就眞沙門體誤必矣漢魯共王得尚書于孔壁皆蝌蚪文迫世遂作蝦蟆狀今觀夫子所書吳季札石于禹無間然矣將所謂蝌蚪者以漢文形之而名邪至若史籀周宣王之太史氏也又在夫子之前而岐周石鼓之文多類此書後人以其不似鳥跡乃取諸鐘鼎文爲古文以附鳥跡而凡史籀字又另作籀文以傳如元楊桓六書統之說今觀此籀文與禹孔亦不甚相遠此又何以辨也大抵古人寡言重行皆簡質後世一義數語不能盡一事數紙不能畢故率棄本而務末于治官察民難矣絳州守延安程君騰漢于州治左壁間得頡禹孔籀四書乃眞古法帖刻而未移晉府者至是表而請記豈徒爲文字傳哉

癸酉絳城定變記　明段　袞

崇禎庚午辛未間秦寇孔熾蹂躪河以東守東道奉
上命于絳設蒲州營召募步兵稱杆子手而馬兵則多延綏良家子卿丁數十人咸隸營伍置材官遴忠勇驍兵畧者充之憲副三原焦公屢立戰功諸兵有力焉間有驕恣不法者爲市井患然焦公坐鎮無大害也癸酉焦公移寧武商丘葉公來代法令嚴明如焦公時而薛將軍純守以都司署蒲州營守備事于是歲之冬抵絳蒞部署有法然恩威尚未著也絳有巨室韓氏兄弟負重望文武將吏爲地方計多虛心咨訪其季九光受教兩兄夙諳韜鈐弱冠請纓爲金吾後衛指揮僉事與薛將軍傾蓋莫逆焉歲逼其除葉公方駐蒲坂州守入覲攝篆者他出兵益驕不可制會有激之者于是黠卒某嫌其黨歃血爲盟潛謀任湜莫夜縱炬數處光如白晝介馬縱横道路爲梗垂涎某富宗力拒得免焚某宗侯府第市廛棹楔須刻成灰燼城之人莫必其命蓋嘉平之月廿五日也薛將軍聞變單騎而出從步卒數人諭亂兵禍福且言吾初任事果有不法爾輩先殺我不然絳人何負

爾輩哉下令曰凡騎馬皆賊也殺無赦手斬數十級諸兵股慄多棄馬徒步將軍後示已非從叛者也鄉丁數十人從千總王自新急走衛倉庫而韓指揮九光適飲一宗侯家聞變還舍有二蒼頭與俱手刃兩賊墮馬死設計爲絆索通衢又斃數賊與將軍相會葫蘆廟額手相慶吾兩人同志賊何足平哉是夜絳人男女數萬人盡登屋奮擊瓦石如雨賊計窘奔南北門而葉公素嚴鎖鑰遂縋城下至黎明變定矣諸兵之猶豫觀望者奸民之乘釁而起者知遂之猾聞風響應者咸斂戢不敢動明日將軍領鄉丁追剿獲數十賊以歸奉葉公命盡斬之是役也斃賊以百數絳無一人受傷者異哉又有訛傳絳民苦西兵將與爲難此時材官亦多西人各疑忌不安九光爲調解釋然民安其生兵歸于伍絳之金湯以固葉公而下薛將軍與九光爲首功矣將軍名敏忠榆林人九光名霞刺史雲孝廉霖胞弟也論曰絳爲河東劇地十餘年中干戈之變屢矣壬戌宗民爲難意在復仇有司可以三尺定也乙丑流寇入城多至百餘輩易與

耳庚辛南北兩鄉焚殺鹵掠甚慘然一聞兵至喙息而去亂兵變起倉卒勘定稍緩玉石俱焚矣且定之則賊化爲兵不定則兵民皆賊議者方將軍周太尉郭令公云兵民猜忌主客相仇奚不爲登州之續者幾希九光排難解紛勝于十萬師子曰二人同心其利斷金信哉

重修先賢段干木祠堂記　明薛倫

自古賢人君子行不同軌用亦異致有有用之用有無用之用有用之用策勳豎伐俾世顯受其利無用之用砥節勵行維風範俗卽百世而後聞者莫不興起如子輿氏稱伯夷爲百世之師能令人頑廉懦立此聖之清而以無用爲用者也卓乎不可尚矣嗣是而後若段干木先生其庶幾伯夷之流亞與蓋其生晚周之季厭世亂而甘恬退上師卜子夏下友田子方其清修嫮節傾動王侯大人魏文侯不憚造廬請謁卒之踰垣而辟夫文侯袞周令主也且求之至廹何難一見是若已甚焉者然以匹夫而傲睨千乘之

尊視俛首奔走于王侯之門者其品格不啻霄壤縣殊迄今有志之士猶私淑其行雖爲之執鞭所忻慕焉倘亦謂無用之用而可以師百世者也易蠱之上九曰不事王侯高尚其志象申之曰志可則也漸之上九曰鴻漸于陸其羽可用爲儀吉象申之曰不可亂也若爲先生道與剏虎狼之秦聞風却兵卽用世之士孰能過之夫先生抱道于當年垂範于來茲宜有祠以妥其靈第祠舊基在下叚村以年遠乆廢其地基亦被人侵毀其碑陰字迹今無據可考先生後裔叚國祉等每謀修葺釐正之以緜力不果至萬曆癸丑歲邑侯趙公詢諸人士慨然以修廢爲已任遂憑軾詣其地周環四顧見祠化爲烏有咨嗟嘆息者乆之因捐俸金若干諸人士曁叚國祉等各輸金若干用修祠堂三楹兩廊大門姑以俟異日叚國祉等謁余求記余慕先生高節早歲卽心師之敢以不文辭遂志其鄙俚以爲記倘後之君子有能增修以補其闕者豈諸人士之願亦趙公之願也趙公諱庭琰字崑璞山東濱州人

汾陰后土廟記

明李賢

汾陰后土廟者乃漢武帝之所作也古之王者于建邦之初爲圜丘于南郊謂之泰壇燔柴以祭天爲方澤于北郊謂之泰圻瘞埋以祭地所以達諸陰陽之義初不擇所于遠方至漢武帝則不然其祭天也不于南郊而于甘泉其祭地也不于北郊而于汾陰後世人君亦有好尚武帝所爲親幸其祠而祀之者宜乎汾陰后土之廟至今而猶存也然郊祭天惟天子得以行之社祭地自天子至于庶人皆可以通行之所以尊天而親地也記曰社所以神地之道也誠以地道之大乃載物生財之本而報本反始之意不得不厚焉非有偏也無何吏科給事中樊君晃特簡告予曰汾陰后土之廟歲久傾頹有孫能氏者率其鄉人各捐己貲重修之而廟宇樓閣煥然一新蓋能常嬰疾禱于是廟而愈況凡水旱疾疫往禱者無有不應而后土之神陰佑是方之人多矣是以不待官府驅使而咸發誠心爲之起工十載餘已落成不速不

廼周圜堅緻奠得不朽之托昭示後世予惟后土載生物之功至于庶人皆得以祭之者所以報本反始也今言其神靈應如此蓋造化正氣真實無僞人能以誠感之未有不應者而是方之人于報本反始之意雖未之究然因靈而崇奉敬仰之心初不異焉先王親地之禮亦由此而見矣常觀汾陰圖志后土廟在汾水入河之曲謂之汾脽蓋脽者尻也言汾之尻處在邑之西北歷代造修之詳具載碑刻元則歲時致祭焉本朝祀神悉從古制后土之祀在都之郊而汾陰后土不復列于祀典所以崇奉之者屬于是方之人焉爲有司者亦宜順其所欲戒其褻慢俾之敬仰而無替也邑曩名汾陰隋改曰寶鼎宋改曰榮河皆因后土呈祥而立名或謂軒轅掃地而祭后土于汾脽之上莫考其詳云詩曰貽燕勤躬禱洪流抱闕宮霓旌千騎入奎藻一時雄禮建登封肅威行沙漠空殘碑不可讀蕭颯起秋風

薛文清公祠記　明李承華

余常謂士之享榮名垂不朽爲天下後世之所崇祀者代有其人然求其學足以究天人功足以扶世教道足以紹絕統爲人人之所共崇雖愚夫愚婦罔弗賢焉則固難其人矣我朝文清薛先生鍾河山之靈秉剛粹之氣由內達外遡始至終言動進退一以體認天理爲心而洙泗濂洛之傳得先生爲益明先生推其爲昭代理學一人信非厚誣非天下後世之所共崇且賢者哉宗而祀之宜矣先是儒臣累疏請從孔子祀時爲私議所沮迴勅于先生故里講學處祠而祀之堂廡門垣巍如翬如厥度弘如歲二時祀焉所以闡先生之學碩厥功而弘厥道也祠建迄今六十餘年其間遵慕德教者間常修葺然歲久湮欝風雨剝落不無蠹蝕迴嘉靖癸丑侍御尚君過先生祠謁焉曰國有先生祀事弗嚴惟吾職羞遂發金若干檄邑高侯督葺之侯憨歲歉甲寅秋成始鳩工飭材量程度費剔蠹以完易腐以新官靡抏務民不匱力再閱月而祠告成棟宇仍舊絢堊奕如視昔若有增焉其裔孫惟傑惟慶輩持狀徵余記夫先生道德淑

人心忠貞載太史聞望在天下後世行將正祀典從孔庭廟享無斁與天壤相爲悠久茲一鄉之祀一宇之葺豈足爲先生記哉雖然覩侍御之崇尚邑尹之駿奔俾四方士式崇閭而覩德輝如親炙焉則樂德公善之誠仰止風教之義于是乎可徵也已余後先生生殆百年且學未聞道不以文辭著亦曠世之感而竊私淑焉者也僭爲之記尚君諱維持進士河南羅山人風猷素著茲其崇正學之一端云

絳州儒學記

明李維楨

絳州學在城左偏峨嵋馬首山前後峙汾水從東北之南若帶而厲北有泉曰鼓堆可入泮觀流泉相陰陽協氣嘉生學士爲名世大臣相望比年泉閼不行宮墻壞敝士科目勳德視昔有間矣郡守魏李從心首議改作州守吳張繼東廣文楚黃一中晉郝應熒秦宋克柔捐月俸爲士民先鄉大夫張與行陶登因於夏陳奇策薛國民韓繩武陳王綱孝廉張紹芳王聯科韓育中曁諸生四百人赴義如流庀材如府

巳吳方立誠代張爲守首新孔子廟已新東西廡戟門更明倫堂與廟㽞等李守偕丞白鯤倅汪道崇理張銓各以其禄來助巳登城察地形高下向背所宜築臺高二十餘丈廣四十餘尺敬一亭據其上尊經閣麗焉道鼓堆泉穴城王敬一亭東趾明倫堂左東齋後迤邐出宫墻匯泮池廻櫺星門徙門廣地二十尺深泮十三尺多受水循墻徑射圜象圜折方流以鍾其美巳釃渠疏利之氣不散越亦不沉滯東南建文昌閣徙啟聖祠于左建學官三署務本崇德二齋藏書若祭器庫鄉賢名宦祠以次畢舉匪直繕舊實惟再造矣賦職郎工則孫天傑梁范陳紹慶許河孫統陳惟和杜進忠喬梓韓傑董畤仁李詩許文清孫光祖段邦禮李悟生張貞教馬斯才陳九功總司大凡率作考成則與行實爲政既釋菜而落之長史鄉大夫博士弟子員請余記其事按志絳學修治非一宋李垂記集王羲之書甚爲藝苑所珍元賈魯王惲皇甫冠明王英孫昌陶琰呂柟馬理皆有記余人與文何足比數𢌿作新之功遠過前代幸及時親見之

得附名金石没且不朽稍述本末如右而借以臆申其說曰夫學崇祀孔子使人學孔子之道而已道不自孔子始學不自祀孔子始孔子時王者之迹息學校不修世衰道微異端競起于是孔子集諸弟子論學洙泗之上删述六經發明五帝三王之道如日中天迄乎今茲禮殿横舍遍天下雖遠裔婦孺知有孔子絳人士之修學也是奚足哉余不暇遠引第言絳已事絳晉都也孔子與子貢畧舉耳目所及不越十人而晉有其五曰羊舌大夫曰趙文子曰隨武子曰銅鞮伯華曰介山子推五君子者不聞其師友何人絃誦何業宗廟俎豆何所而孔子亟稱之無所待而興可不謂豪傑之士乎孔子之道存則人没則書絳人士童而習之有司飭學宮以群萃之藏修息游具爲經紀芥藻輪奐不欲以簡陋上媟先師下生生徒厭棄心國無長少尊卑無或愛其材力樂觀厥成此無故利在得士耳士來學者設不比跡于五君子其何辭以謝絳人生今之世學加修道加明而士不加多惡用士爲孔子之道高明廣大萬世無弊然而易

則易知簡則易能卽所稱晉五君子行事人人殊總之不謬于聖人絳人士無曰姑舍是其爲人也畏天而敬人服義而行信孝於父母恭於兄弟從善而教不道如趙武事君不愛其死亦不忘其身謀身不遺其友君陳則進不陳則退如士會多聞而難誣內植以没世有道言足洽無道默足容如羊舌赤易行以俟命居下而不援上覯于四方不忘其親不盡其樂以不能學爲終身憂如介之推恭而遜有恥而不宿過信而好直溫良而好禮如羊舌肹可以稱于天下曰孔子之徒絳山川與有榮施矣抑余聞絳之富商能金玉其車文錯其服而無尺寸之祿韋藩木楗以過于朝不敢自軼禮法之外士奉孔子禮法寧在商下晉人謀去故絳遷新田曰土厚水深居之不疾有汾澮以流其惡民從其教十世之利也新學孰與新田士從教寧在民下昔子貢聞孔子論晉諸賢跪請退而記之其服慕如此余不佞敬記孔子之語以朂絳人士使有所矜式維學之虡業鐘鼓式靈之哉

新建正學書院記　明余光

路村城舊有運學其西爲解州有解梁書院吾師涇野先生所建萃其州士與其耆蒙日講學以明倫且以聖訓律令與藍田鄉約朔望舉行以勸善糾惡先生去之日至于今士人風化近古余子按而觀之喟然曰君子之澤其感移一至于此路村去解未四十里風俗乃殊豈路人不若解人殆未有如興解人者以興路人也或曰解人務農路人務賈業本還厚易近利還厚難余曰不然天生時而地生財人變化之以相養匪厲也地有鹽而棄之匪道也惟不爲利溺斯可矣故曰以貨通利者賈以利滅義者距四民皆復古豈惟農子曰有教無類易民而治之者拙也擇地而施之者狹也吾敢視解路之人爲二哉正學之建不可後矣籌畫彌月始思之曰無地孰基無材孰構無人孰相三者弗備功難圖也繼思之曰匪先胡倡匪友胡麗匪規胡勸三者弗備學雖建風難移也既而相其地則得城東隅三靈廟之廢址相其材則

得宋同知之官舍相其人則得牟同知泰相與協謀余子欣然曰地不費價材不再鳩人不遠取是可以舉矣又曰解院之風先之也解人士友之也解約規率之也是可以興矣不數月落成其制一如解梁余子乃集路城諸耆與諸童子及召解梁諸耆人士之閑于禮樂歌詩者以率之乃進而言曰夫學以居民也路村之聚豈無良民有良民而棄之弗居者不仁也其民自棄而弗居者無立也路人豈井于淪沒乎吾知其不然乃爲之記

重建陽公廟記　明姜洪

夏縣治之南十里條山之下柳谷之口地曰陽公鄉郎唐諫議大夫國子司業道州刺史所隱處也舊有陽公廟年遠遭兵燹明宮齋廬蓋瓦級磚皆蕩然無遺惟廟址尚存敗垣四周民尚不敢侵洪以罪居夏縣一日至其地見荒廢弗稱公暇會僚吏黃髮耆艾及野夫販尹謀欲作新僉曰可乃召衆工計度板幹

柱礎甋甓其用若干數諏日皆會祠下使各以其器用攻其役中爲正室及安神棲翼以兩廡以爲齋庖閫垣墉階序俾其廓大慎鍵閑管籥謹其闠闔越再月而落成民皆請鑱諸廟石以記之於戲公爲唐室直臣居諫職言事務舉大體不瑣細故在職頗久不言誠有所待而爲昌黎韓公遽作爭臣論以諷亦不屑意是時公死諫之心已在龍逄比干之上矣一日陸宣公贄爲奸臣裴延齡讒毁德宗之怒决裂不可救諸諫官皆鍔愕莫敢言公獨上疏極論之卒使陸免于死裴不果相有功于唐也大矣後竟爲延齡所疾落職爲國子司業又因送生徒薛約坐貶道州刺史在州十餘年不量移竟死貶所然則公之節義平居之時若迂緩而不見其可畏一旦義激于心則奮迅激烈而不可遏雷霆震擊而不動太山壓前而不瞬終身癈放死無所憾至今凜凜猶有生氣真可謂不負諫職而爲世之烈丈夫也哉故鄉人重公節義立廟于所居之地歲時伏臘致祭祀通盻蠁焉公名城字亢宗按唐史夏縣人隱居柳谷韓昌黎柳柳州

文集又云家于北平𨻶于條山則公家世固北平𨻶居夏縣久遂爲夏縣人公之行實則別有傳在天下後世不磨茲不載

呂公祠堂記　　明許樾

涇野先生爲南少宗伯樾獲侍教焉粹宇深衷穆如春風澤如良玉介如磐石躬備龍德矣每進見輙數日不蓄鄙吝駸駸乎若有悟會解梁丘孟學同署雅相驩也丘蓋先生謫判解梁親受經者居無何先生拜表行會天變乞致仕得請家居而樾坐劾罷尚書郎落職山東濮州兩期移平陽同知于時丘孟學以憂居解梁而先生捐館舍矣仁賢之萎天哉壬寅冬有北警當道令先事餙備余載簡書行縣至解則謁先生于祠堂慰孟學于苫次而州守解字仲約者則私淑先生之理宜民禮人罔或恫怨良有司也携之詢故老問解遺愛則故老嘖嘖嘆息咸曰先生先生云丘孟學曰先生訃至解也吾解人聚哭于祠堂朝

夕臨者三日衰服者二十七日而除樾聞之嘆曰廼今知聖賢用世牖俗之功入人之深也先生初去解解人思之建祠堂貌先生于生先生訃之解解人哭之衰服而報如君父于没是豈可偶獲耶無他誠意而已別去癸卯季春余又以公事至解守則期孟學同拜先生像而飲仰山堂中堂蓋先生課解士搆也解守廼白于余曰情守官也知先生政解瘠地也人丁門所輸倍蓰于他郡邑廼力白于當道得均代于各郡邑者什之五解人得不貼于死亡離散者先生也事載去思碑中他如開西禁門以便鹽利聯鄉約以振媮靡課農桑正婚祭申律詰問民所疾苦民受其賜不知誰所爲也請颺先生之政以告解人丘孟學曰東魯受經三年矣知先生教先生撤淫祠爲書院崇正學躬以率人會有以廢業舉請先生曰程子教人不廢舉業其言曰不患業舉惟患奪志魯齋教人治生爲先夫業舉治生逐逐日計其工且遂則焉用學若舉業以明理治生而受命則即此是學他若周子演程張什諭俗恒言訓蒙俚語及義勇録小學

什非導其趨而樹之標表耶請颺先生之教以告觧人樧廼作而言曰余聞先生政教矣請舉先生之所以衛聖學而俟百世者以告可乎夫自孟子之教湮而處士横議幸賴濂溪啟源伊洛濬瀾張子揚波朱子匯流皆正脉也舍是而他求則旁溪迷津矣嗣是許魯齋仰師文公薛敬軒上挹魯齋爲得其的派先生生二公之後旁搜遠紹仰思俯得今觀因問五經諸説皆先行而言從菽粟之味布帛之文也今之爲陸學者過高非寔寔非陸也視先生之學不有媿耶余故曰繼朱子者魯齋一人而已繼魯齋者敬軒一人而已繼敬軒者先生一人而已觧人祀先生矣爲士若民尚崇志于先生之學乎先生當並敬軒從祀聖門爲天下學士師程固非觧人之所得專也先生姓氏履歷詳在去思碑兹不述丘孟學觧人深造先生之道而有得者觧守名情山東東平人敬守先生政教亦先生之徒也書此鑱之石告觧人俾勿壞

退思軒記　明　曹端

太守與其佐貳同受命造一方之福則思民爲君之赤子官爲民之乳保民安則國安國安則君可無憂焉蒲州太守延安劉公九成別駕鳳翔侯公叔儀節判鳳陽李公時亨同心協九重之心施惠一方宅生千里其於利之所當興弊之所當革者無不熟思而審處之既而退于公堂之小軒下默坐而思之其意若曰于持已也敬義有不立而暴怒有不戒與于事神也正祀有不修而淫祠有不除與于理民也良善有不安而姦宄有不去與教化有不行而刑罰有不中與于行事也緩所當急而急所當緩與輕所當重而重所當輕與於接人也親所當遠而遠所當親與於聽言也是所當非而非所當是與以至學校之所以興戶口之所以增田野之所以闢盜賊之所以息詞訟之所以簡賦役之所以均孤老之所以養常平之所以設大凡承上接下格神感人者靡所不思思之靡所不得得之靡所不行行之靡所不篤由是上官使相罔不稱賞閭里老稚罔不歌謡禮部員外郎張公原範因題其軒曰退思且勉其始終惟一端乘

正儒學而辱諸公以心交待之竊常申張公之意于
左右而朂夫罔致君子有不能成人之美之嘆焉

廵視河東記　明　許維新

余始廵自河上始禁一切供張食有品器有數無他
勾考不具文冊聊以問兆獨覽觀風俗軟收受錢穀
重輕閱城登睥睨問守備而已平陽至安邑邑里阡
陌皆可觀臨汾襄陵有水田畧如江鄉襄陵多白楊
茂樹合抱成林常彌望曲沃多懸厓道路亦狹而盤
紆故曰曲太平亦有水利夏縣土白墳宜木多果蓏
安邑棗如故其佳者在相里種葡萄如種田架不及
肩青虬亙珠應接不暇貨殖比千戶侯不及此此缺
文也安邑而北則萬泉城南十餘里為孤山其上有
風伯雨師祠光武避雨處也松柏攢生如頭上髮山
少土多青石根穿於石如穿土其不入者回旋而起
紛披抱幹或自石隙出繞一石而縛之至于柯葉之
奇不可名狀偃蓋虬龍無之非是矣沁水有荆浩常
於洪谷圖松柏迄為嘉話何晋之多佳木也河津西

二十里爲禹門兩山挿天河出其間安流不鳴如處
女在閨門俯瞰兩山斧斤之痕鱗鱗可辨洪荒在目
睫間耳南望河流勢漸瀰漫問土人司馬太史墓曰
相傳故在東岸爲河所齧水中央矣其土宜瓜秦晉
皆讓不如其北鄉寧爲回所入寇流刼路削壁間底
回曲爲路終朝行不見日已渡數十里回望過處尉
可中也再北睢土阜遥望捫天已升則前又有捫天
者皆不以田而田者或在遠山上畦徑蟬聯若鱗甲
之在魚腹也此地磽爍人悉以煤爲業亦多富積者
非此則煮石食耳與吉州大寧此三城皆當山河道
中稍若道傍村舍有睥睨關門而已隰州去河稍遠
田廬亦稀石樓永和漸類塞上此數處皆山行山曲
野老聞官至率焚香門而窺之呼而出戰慄曰山中
從未覩官使過與語田里種樹事敬信可掬也有老
嫗王阿告曰夫亡無子有田廬其姪之藩據而遺之
徭賦餓且死催徭賦者尚在門乃檄縣捕其姪以產
歸阿終其身石樓山間流水淙淙遶村逕問何不以
灌田水下地上亦有累石於岸者若塍而平虛其中

以儲水曰此車薪杯水之謂也有累石力何取涓滴因語其令以江南戽車教之凡諸山間多支石紫綠者率可硯永和尤賦稍類端州因教爲研材以易米常自取一片以興之力田者大寧爲多有兩兒引一牛而種豆大者十一小者九齡回旋山坂趾錯於外不墮也余觀之如累卵因出少錢勞之大者得而投於種小者欲分之大者紿曰種之矣余惜使左右爲出之曰紿也兒能稼壯可知矣蒲縣什八九皆山山率無樹至公子山蓊鬱不見山如一樹也問土人晋中山何以率不種樹曰亢不可以樹曰此山不亢乎曰此重耳斬祛處神所棲也孤山何以樹曰風雨之神漸之又東皆濯濯無一木再東又連山樹如公子山曰此何以樹又何神所棲其語塞因是見諸所長吏唯令教種樹夫土宜禾山宜木晋人種樹于田種田于山山據其田者率併樹不復種問其顛倒率以旱爲辭不耐旱者禾也易雨露灌溉者田也使移其鱗甲于田而推廣重耳孤山于捫天之阜十年之計在焉即無年大者可材小者可茹何至拾軟石而啗

之其諸所見所平事多不錄至于蒲解稷山太平洪洞翼霍趙城諸所皆擁傳過之而駐蒲爲久以直指在焉非專往不稱巡也初余至大寧而病急時時呼醫又山坂上下率多徑疑其有他也歸而檢諸門書得諸所予賂狀盡寘之法併予者官吏咸坐之問不檢文冊不入簿書門吏無一錢事予之何爲曰山間僕夫輿馬不備冀相寬假耳非渠見索也嗟乎若其有一錢事或有求又何言哉余滋懼此向來所以寧罷不巡也因念再有出一門吏不復携有所役使即用其地人便蔡人吾人而況莫非平陽乎出不出不足論吾見有面頳者至于今念之山深餓人安能飛而訴其爲王阿李氏也豈少乎而況簡書可畏也

蒲州廟學記　　明　趙用光

蒲州學在城東南隅歷代建置修飭詳郡乘廟碑嘉靖乙卯覆于坤軸之變有司興復以財力詘惟苟完乃報命嗣是即有葺補第僅塗丹雘加埏埴已耳越五十餘載殿宇欹頹而廊廡至不蔽風雨歲丁未憲

使喬公學詩旬宣駐蒲謁講憮然謀所以作新之者而難其費師生條出學庾積穀易金錢以為經用公怡然報可遂請諸兩臺乃移檄府州覈議數上下洎公陟右轄後一載僉議始定許出粟二千石得金千有百兩集匠鳩材首大成殿易其柱礎鴟吻大更新郎及啟聖祠次兩廡從撤新又次櫺星門並左右棹楔周道坊表戟門碑亭皆整新前壁易土為磚名宦鄉賢祠及明倫堂齋廂庖湢俱剔蠹補圮官師廨舍姑仍舊周繚重垣悉加繪繚制廣狹視昔無增損而壯麗嶽嶽大異常舉間有不敷則郡侯張公羽翔檢鍰書進令輸甎木襄助大抵費於廟者十之八施於學者十之二工始於戊申秋仲越己酉夏孟告竣張公以時芳為郡人俾為文記事夫今天下文教大洽道一風同地非東魯尼山在望時非蒼姬宣聖猶生此其道固萬古常靈因思國家興學建廟如意止尊聖妥靈則祀何如闕里儀自有辟雍而胡為環海郡邑在在置一學宮而詔之官聯群之生徒趨蹌講授于其中斯其意固有獨重者蒲為有虞氏故都上下

庠之制不及論粤稽命契敬敷五教不親不遜特厘帝衷至庶頑讒說猶必侯明撻記欲並生於天地則其所爲教者可知三代迭興庠序校各異而制莫備于成周講肄有所辨說有數蹈舞有節視聽有物鏄鉶豆籩鍾鼓羽籥爲之器而盤辟綴兆以爲容典謨雅頌射御書數爲之文而誦讀絃歌以爲業當是時論政辨才讞獄獻馘國之大事皆必于學而九年視成四十始仕所以磨礲其德性而閑習其技藝者蓋不啻豫巳故道化薰蒸真才輩出昌明之運率由于此世衰道喪教化替陵父師之所訓誨與子弟之所從事斤斤誦章句餙爲鞶帨冀得一當嚆矢卽有所謂卓識高等者又馳神彼岸駕口忘筌浸淫于異學以見奇而下則詆夌厲爲豪舉以肆其矯誕之習故一學校也古爲育德儲材之地而今以爲希榮獵膴之階古藏修游息沈酣于其內而無外慕今屈首鉛槧視若桎梏而去之惟恐不速古修身謐性深造自得雖大行窮居不變今第炫綵爲華逢年爲實一得志遂弁髦棄之無惑乎古今之不相及若江河之流

不可底止也三晉風氣淳固俗尚儉朴猶有唐虞遺風維蒲負山帶河獨稱望郡先後鉅公名宰勛業爛焉不乏皆以誦法孔子起而今且青衿博士弟子員幾七百人矗矗待穎脫焉可不謂千載一時哉屬茲學宮鼎煥之日寧無振衣彈冠之思以今隆師親友户誦家絃不患無彫琢刻鏤之技而患無躬行踐履之實夫躬行踐履則三代之所謂明倫而虞廷之所謂親遜者也人心道心獨知寧昧博我約我反認自真而立德立功皆是物矣國朝以理學從祀者四獨首吾黨文清公爲百世師而月川先生實褎然前唱正脈而後學之山斗乎矧郡侯張公雅意右文崇獎魯以正學印蒲庠讀書有録夜行有燭夫非聖門之士類月分俸以餼課業貧不克婚者各捐厚佐毅然以作人爲已任士生此聖哲之鄉範型不遠而尚不厚自矜奮即覗賢師帥亦有負焉大之輔翼聖真匡扶國運次之展采錯事砥節完名總期於樹不朽蓋人心各有仲尼而有爲即能若舜亦祗成其爲人而已矣非異事也余故述事之始末而又本先王教學

之法以屬望之多士如此

尊經閣記

明　吕　柟

尊經閣爲絳州守程君騰漢所重建閣在絳庠之中基高七尺閣崇三丈蓋舊有址久傾頹而今鼎修者也其中群史諸子集皆在而獨以經言者何經者常也謂常道也常道則親義序别信之倫忠恕之則也學者欲篤行乎此必先明諸經欲明諸經必先尊奉之而後可故雖孔子且曰畏聖人之言而王仲淹亦曰通于夫子受罔極之恩于其言當殁齒而後已則夫閣云尊經不徒然也今夫山僧緇道以吾儒視之皆異端也彼于其死佛先老之言洗几而觀焚香而誦或收之輪藏或謄以金泥若此乎其不敢慢也乃若吾聖人之經可以治身可以治人可以育物乃或忽焉不知所敬宜其教化弛而風俗敝也程君以政本在是故創建茲閣則其所施爲措置者皆可知矣諸士子其體行之甚無忽經而自畢云

韓氏卅乘藏書樓記

明董其昌

孝廉韓雨公自絳州來訪余長七尺議論英偉所謂豪士如玉山千人亦見萬人亦見者也雨公好遊復好書其遊也亦以訪書故韓之先京兆司空多秘籍鴝鸕景伯繼之合得萬餘卷雨公悉推與景伯而身則重購之四方每遊都邑及委巷小市中輒下車徒步反覆搜詰必窮其耳目之所未睹或見之他所莫能得則忽忽悵嘆爲轉展抄録而後已其勤于購書如此因建卅乘樓藏焉取張茂先語也經史子集皆櫝而庋之而不喜佛道兩藏直謂橐金而求之南北都立辦矣余常歎古今圖書之富無若隋唐宋隋嘉則殿分書三品有紅琉璃紺琉璃漆軸之異殿垂錦幔繞刻飛仙帝幸書室踐暗機則飛仙收幔而上厨扉自啟帝出閉如初隋之書計三十七萬卷唐遷內庫書于東宮麗正殿置修書著作兩院學士得通籍出入太府月給蜀郡麻紙季給上谷墨以甲乙丙丁爲次唐之書計二十萬餘卷宋崇文書院輪奐壯麗

大陳圖籍宴群臣委賜縱覽後至宣和秘書省選侍從十人爲參詳官爲校勘官進士以白衣充檢閲者數人宋之書計八萬卷以此而視張茂先之三十乘抑何尠哉雨公曰公言大非所敢任獨計寒書生而積三十乘書亦云腆矣且弱冠而登賢良之籍天賜我以年生長唐虞帝鄉親逢堯舜之君在上有詩書太平之樂天賜我以時伯若季皆妮古癖文史天賜我以同志兄弟而我貲力可以購識力可以讀書不負韓生韓生亦不負書何隋唐宋之足羡乎余曰雨公語及書津津流羡齒牙間異日天子召入木天凡嘉則麗正崇文圖籍幸脫于兵燹而庋集于天禄石渠者雨公悉錄而歸之樓中纍名錦爇名香召古人尤延之鄭漁仲爲銓次劉向劉歆父子爲校讐薛濤李易安爲典籤掌記雨公日夜危坐讀不輟稍倦則取蘸子美之斗酒宋子京之椽燭以助之更不然復進二氏書與華陽陶廬山遠俯仰相送難而因得攝三教之大總持此亦人生經世出世之資也張茂先數乘豈足以竟我雨公哉故樂而爲之記

孝思堂記

明　商　輅

廷玉起家進士歷禮部戶部主事郎中遷湖廣右叅議陞右叅政父彥貞累贈奉政大夫戶部郎中母原氏繼母段氏累贈宜人廷玉念原氏没時方在童稚既弗能服勞左右而彥貞甫没方筮仕春官又弗獲躬侍湯藥已而位寖顯祿寖厚而二親久棄段亦繼逝得一食必思以食吾親而親弗吾嘗吾之食蓋有不下於咽者矣得一衣必思以衣吾親而親弗吾服吾之衣蓋有不安于體者矣出必告反必面禮也而吾親弗存禮無所施思能已於情乎昏必定晨必省孝也而吾親弗在孝無所寓思能已於懷乎以至感時而思遇事而思觸物而思展轉反覆無乎不思此廷玉孝思堂之所由名也嗚呼子之於親猶水之于源木之于本無源則無水無本則無木無親則無吾身親而弗思豈人情乎廷玉當居官食祿之時而思親一念存于朝夕貫于始終通於神明是宜名位日進于崇高功業日躋于遠大此古人忠臣必求于孝

子事君必先于事親良有以夫自是由一家而一鄉由一鄉而一國人皆興其孝親之心盡其爲子之道則風俗益美治道益隆未必不自廷玉孝思有以啟之也

梁先生祠記　　明趙用光

德成於卑究於尊尊本於情槩於禮德士者逖薰羶之境棲寂寞之鄉我無併行人無騖心見謂處卑久且可尊蓋人趨薰羶衆我安寂寞則寂寞獨夫亦獨尊耳衆于何有乃人亦有因而尊之者生則灑然異也而没則俎豆于賢人之間伏臘奔走久而不能忘也人情乎私于情將濟于禮惟稽之祀典與禮不僭然後社而祭之于鄉之人可謂曰公即其後之人亦非以私昵也夫人情則何窮之有惟槩之禮則是以禮制也有其舉之莫敢廢也者其必以此乎高梁靖孝梁先生心恬于榮行合于道朝旌其孝里溉其澤閭黨齊民身相安衷相慕焉而後進有志之士望典刑而趨步焉且八十餘年即其生時里之人業有祠

之鄉者迨其没而冢子蕙復專祠尸祝之人不謂昵也夫梁先生下邑一孝廉耳進不階于朝布天子之德惠以澤天下退跧於野曾未刻情修容依倚道藝以翹人而人爭赴之今之祠距城里許過者必趨入者必致恭焉曰梁先生之所棲霽也先生何以得此於人哉先生居恒著書號樗櫟子意若無意于用者而人卒不能忘之則先生可知也晚末世敎陵遲人艷華膴究所爲崇重而嗟慕者顧反在於恬退於以見天理民彝千古如新而先生修德就閒安卑成尊反不常之貴賤而操其大常則道有極則勢有本重破執見而觀之域外知所極重果在此不在彼也古昔法施于民列在祀典意不獨刱制立法當有蹈不踐之地祟無用之功秉德于潛而爲法于衆者則梁先生之祠又裒于典常非苟爲私昵而濫于情者比矣君子于是謂可以徵德可以風人可以篤情可以白禮具四善焉祠之不可已也如是先生諱紀字理夫號晴石曰靖孝則先生没而門人私以謚之者也

友山堂記　　明王與齡

木石先生耕田龍門之濵守道河汾之曲面幽幽之山結木蘭之室晝與白雲同遊夜與元鶴共棲儼然獨處陶然自怡扁其居曰木石居名其堂曰友山堂東廓先生過而問曰異哉先生之名友山堂也余聞之舜居歷山友雄陶七人文王居岐友閎夭四人君子以文會友以友輔仁未聞與山友者也彼山者嵦然巍然蒼然崒然一積土耳彼何以爲友先生亦烏得與之友也木石先生莞爾笑曰是非汝所知也獨不聞友也者友其德也益者三友損者三友友者所以益己而長德也苟獲其益何擇于山苟無其益何貴於人余之友南山翁也百重嵒嶤如削如斵余將資其嚴毅也雲霧吞吐辰象森羅余將資其包涵也並基二儀跨跡五岳余將資其廣大也巖巖峩峩萬古不磨余將資其悠久也小上大下深緲莫測余將資其博厚也育群物而不變鎮河汾而不移余將資其安敦也油然而雲興沛然而雨作余將資其神化

也雲峰霞岫草木生植獸嘯龍騰霓裳羽衣巍巍隱隱和陰陽達幽微余將資其深遠高明也至于白雲在岩清風明月在户又有以啟余凌雲御風之思朝暮紫霞夕陽青蘿又有以動余飡霞辟穀之想闢門則入吾室開牖則入吾榻坐與余相對卧與余相匹彼亦不厭余余亦不厭彼始交不相親久交不見跡貫四時而不衰歷夷險而如一彼固無欲余亦忘情彼雖無言余亦忘言蓋不知南山翁之友余也余之友南山翁也其視世之以貴賤爲炎凉視貧富爲親踈者果孰得而孰失孰益而孰損乎客遂矍然而醒恍然而悟曰異哉先生之取友也有是哉先生之迂也唯唯而退余因書于石以爲堂記

大寧修廟學記

明薛瑄

大寧縣在西漢時爲北屈縣屬河東郡今爲隰州屬邑其地僻在河山之間土皆磽瘠户僅十里前之爲邑者惟租賦簿書期會是急漫不留意于學政以故學舍歲久浸凌於風雨悉皆穿陋圮壞且無士子遑

室而師因以弛其教士因以荒於嬉大無以副國家崇教之意天順三年知縣王溥乃儲積財用度既具遂集匠役卽學撤諸屋之敝者大而新之堂凡若干楹齋凡若干楹皆高敞宏廣可以考業于其中是年四月適山西右叅政楊璿行部至縣謁廟又重修櫺星門學門及士子退室三十間廩宇十八間學舍大小由是悉皆完整訓導劉翺具其興役訖事本末求文刻石以記之余惟唐虞三代之學其盛不可尚已自洙泗鄒孟之教微而道失其傳至暴秦焚儒書禁儒語殄儒生儒教既廢秦遂以亡雖漢興數十年猶以黃老爲治而于唐虞三代之學政莫之興舉武帝雖曰表章六經罷黜百家置博士弟子員而無其本明帝唐太宗養老立學之具雖可觀而無其實至宋道學諸君子講明隆古學校教人之法雖極詳備而不得行於當時是蓋將有待也洪惟天朝列聖相承建極于上立學于下自京師延及遐壤絃歌之聲相聞學政之本末具舉葢將遠追隆古彼漢唐之徒虛文者奚足比擬哉今大寧雖極僻陋而學校教法與

通都大邑無以興其學舍未備與敝漏者大黍既有以成其後縣尹又有以成其前將見有成効而可副
國家崇學之意矣是可書也於是乎書

河東書院記　明呂柟

正德甲戌春御史西渠張子仲修廵鹽河東官吏華譽商民胥悅廼從官師之請作河東書院廼選義士命理廼築堵周七十雉作先門三楹南面北渡石杠儀門三穩又北講經堂五楹阿棚前南面層階雙桐夾階桐夾陳皆松柏若槐東為崇義齋西為遠利齋皆五楹碑亭二在三齋南齋頁序序爻儀門之南墉儀門東東號門南面東號門而北東上東中東下三號門皆西面北上東序在其前三號皆南面三楹自門折道以登其榮皆夾樹下楸中槐上桐背皆二黍其夾階皆茨柏號皆有厨二楹在左西面儀門西西號門南面西號門而北其制如東號門而北表二門皆雙楸退思堂在講經堂北五楹南面二槐夾階茨

柏在其南四教亭在堂北有夫子像堂東偏南下爲
左曲房其後胥人房西偏南下爲右曲房其後隸人
房皆同向西墉之西東墉之東皆蜂房四區四教亭
北築閣搆樓曰書林上祀三晋名賢其側藏籍廼帶
水爲環池如圓璧以種蓮泛舟曰天光雲影又北爲
亂石灘北爲山九峰曰仰止亭東曰杏壇西曰桃源
旁皆甃井曰源頭洞四先後山曰游仙蓮池在山後
麓巘岫巒巖皆有茂木左曰豹變右曰鳳鳴自環池
東爲柘榴園亭曰日心西爲葡萄園亭曰月種皆背
亭曰麗景又其後紉蘭園亭曰余珮皆西面亭皆南
松棚鞠籬見山在山北西面亭曰悠然其後牡丹園
面竹逕通幽在山北東面亭曰緑猗其後荼蘼園亭
曰徵風又其後藉草園亭曰一般皆東面亭皆南面
自仰止山後歷青陽而北爲游息亭又北爲百果園
其山北之東麓廼甃井槐亭西麓亦甃井槐亭繰車
上水潛山翼流南過源頭井又南會于亂石灘又南
匯爲環池東南闢流過東蜂房南縈東號厨至東號
門之南東匯爲方塘西會西流于石杠其西南闢亦

東會東流于石杠又北流分灌山後諸園至于百果故君子入先門則懷德瞻儀門則正履覘碑以懼後居齋以齋心陟崇義思入神降遠利思窒欲升講經堂思考業處退思以防過守四教以存誠仰山以樂仁覧木以樂知覩蜂房以思義仁且智與義矣斯周德日心忠也月種順也忠順不失斯見歲寒不彫之節故松棚在其後松棚者與松爲朋也是故歷亂石灘可以知險登書林樓可以知危游杏壇以述古訪桃源以濟世恬悠然以慎出處閱麗景以觀造化撫緑猗以成圭璧賞微風而識乾坤是故余珮如蘭斯馨藉草靡他其適若是乎可以游息矣故游息亭終焉譬諸草木旣爾斯果矣故百果園又終焉

河東藏書樓記

明　馬理

河東書院張侍御所建也巍然而臨乎臺池者藏書樓也張子曰夫藏書而爾矣寧無不善誦習者乎以舉業者尚乎利以文辭者尚乎名以訓詁者尚乎緯以索隱者尚乎誕尚利斯不足與言義矣尚名斯不

足與言實矣尚緯斯不足與言經矣尚誕斯不足與言恒矣亦寧無廢書者乎曰率性之道吾固有之也焉用書是誕之說也佞之徒也予爲是懼故樂人之善學而藏書焉藏欲富惡濕與蠹故用樓也藏以序故先諸經而後及其他也藏欲人故擇人以典之貯以諸匱而扃且鑰也誕之害人多矣藏之富者欲博以文也蓋惡徑約者也務博者鮮知要焉故藏先諸經示以要也而司教者使利者義之名者實之緯者經之于道也其庶乎谿田理聞而善之曰侍御與人爲善如是哉可志也夫遂志之

平陽考場記　明王三才

常聞之利不百不議興害不百不議廢誠慎之也至於利害較然判若蓍素而數百年來仍爲缺典此非智不格力不贍也盖天下之患莫大于苟可以爲而止存一苟安之心則玩愒支吾計日釋負徐聽其舉於後人而後者又然日復一日誰能爲國家計久遠者則利安得盡與而詎能勝其害乎以小喻大槩可

想見矣明興廣勵學宮試事歲舉歲必葺廠蕭然煩費予初入晉計爲經始而時以大比刻期未遑也越歲再校平陽具問廠費太守進曰廠役歲興每費民間幾三百金借用物料不與焉久亦屬身有不若創建之便余曰洵哉每歲費三百金則三歲幾千金矣諸物稱是費且不貲則困在民且蘆葦覆葺不蔽風雨往往左執蓋而右操觚甚至不終局而改期者有之則困在士國家誠重賓興何靳此銖兩而重困士民爲亟議經理之而惴惴焉猶以煩費是懼數日太守以議報因倉地之曠以爲基移廢院之材以助植動歲考之餘銀以充工料葢不煩改闢徵發而事在指掌間矣遂請于大中丞魏公直指使劉公二公可其請遂屬其役于縣選擇董理聚材鳩工以吉期告祭余復諗之曰夫不一勞者不久逸不厚集者不永賴寧堅毋瑕寧費毋簡務鞏固而毋事目前不然昔虞建而後復虞圮昔以無廠病民而後復以廠累民利與害等耳爰是董飭加歩砌築綦堅不踰三月而後告成凡爲正堂五間前有軒旁爲席舍東西各十

一間門皂房各三間又前爲儀門內有坊又前爲大門外有坊後川堂五間土房七間東側厨房五間西側書房五間後旁書房三間約費金錢若干規模濶大而基孔固葢屹然不朽之業焉嗟嗟是役也不費正供不勞民力裒餘以舉缺因廢以爲興而大役落成湯休永藉居民無騷動之苦而諸生免風雨之虞去百害而就百利彰較明著夫以數百年之精神三十六屬之物力豈不能辦此而何因循歲月迄今始定也一羽之不舉爲不用力焉非不能也不爲也不爲則折枝同于超海力爲則一簣可成丘山憂國奉公之心移于避嫌果敢奮發之氣耗于推托臨渴而思鑿井渴已而忘之賢者不免諸務類然何獨一廠哉然則是舉也通于治矣故特記其事而附存其說太守黃君諱道亨關中人臨汾縣尹盧君諱養浩薊北人而董其役者經歷王子大主簿沈天衢皆與有勞並得書

遊龍門山記　明薛瑄

出河津縣西郭門西地三十里抵龍門下東西皆層巒危峯横出天漢大河自西北山峽出來至是山斷河出兩壁儼立相望神禹疏鑿之勞於此爲大由東南麓穴巖搆木桴虛駕水爲棧道盤曲而上瀕河有寬平地可二三畝多石少土中有禹廟宫曰明德制極弘麗進謁亭下悚肅思德者久之庭多青松奇木根負土石突走連結枝葉踈容交蔭皮幹蒼勁偃蹇形狀毅然若壯夫離立相持不相下宫門西南一石峯危出半流步石蹬登絶頂頂有臨思閣以風高不可木甃甓石爲之倚閣門俯視大河奔湍三面觸激石峯疑若揺振北顧巨峽丹岸翠壁生雲走霧開闔晦明倏忽萬變西則連山宛宛而去東視大山巍然與天浮南望洪濤漫流石洲沙渚高原鉄岸煙村霧樹風帆浪舸渺茫出没太華潼關雍豫諸山彷彿見之蓋天下之奇觀也下磴道石峯東穿石崖横竪施木凭空爲樓樓心穴板上置井床轆轤懸繘汲河憑欄檻凉風飄蕭若列禦寇馭氣在空中立也復自水樓北道出後百餘步至石谷下視窈然東距山西臨

河谷南北崖相去尋尺上横老槎爲橋踏步以渡谷北二百舉武小祠扁曰后土北山陡起下與河際遂窮祠東有石龕䆗然若大屋懸石參差若人形若鳥翼若獸吻若肝肺若疵贅若懸鼎若編磬若璞未鑿若鑽未爐其狀莫窮懸泉滴石上鏘然有聲龕下石縱横羅列偃者側者立者若牀若几若屛可席可憑可倚雲氣陰陰雖甚暑不知煩燠但凄神寒肌不可久處復自槎橋道由明德宫左歷石梯上東南山有道院地勢與臨思閣相高下亦可以眺望河山之勝遂自石梯下棧道臨流觀渡並東山而歸時宣德元年丙午夏五月二十五日同遊者楊景端也

遊王官谷記　　明　呂柟

王官谷唐司空表聖隱居之地前少參許君德徵所重修今臨晋君丁君仲本增飾之招道流以居守者也往時諸友多言其勝涇野子至觧之再月偕丘孟學往遊焉馬至故市西折而南谷水北流入市郎鼎

溪沿溪南行五里至谷口路多嶢巖石礙馬赤棘夾路掛裳衣躑躅至先門伏馬而過道流引登高致門門下砌石百級夾挟之而後能上見危閣焉北過休休亭拜表聖畢則日已暮乃北過了了亭飯于聚仙堂有侯沂叚緩兩生讀書於白雲洞中白雲洞者元孤雲子李了了菴所居以學休休者也臨石泉橋望天柱峯見群山四周孫子環拱而此峯孤高挿天與故市街所望益不同蓋其峯南之崇山又遠也渡橋夜與孟學連榻於石泉洞中洞在天柱峯根其前有清流自東瀑布泉引來而西爲小池欄杆護焉寢洞談今古論經籍久而後能寢晨興瞻表聖像飄然有出塵態讀休休記其抱經濟才與時不合而隱甚可痛惜但未題耐辱居士則又病其隘也壁間多宋元人詩皆有思致徘徊遲久道流引登西山觀秦王硯硯大如碾盤無口下如尖底礎表聖山中記已有此名自硯傍不由故徑懸下蓍崖覲雙人石石在天柱峯中西北倚峯而立有圓石二枚恍如人面狀又似北望秦王硯而欲濡毫者也或日在天柱峯東者爲

真云道流又欲西觀藏雪洞北至蘆葦泉言洞常出
雲而泉更甘刻爲曹仙姑地乃未往直趨掛鶴臺瀑
布自天柱直下而臺在其左傍鶴二月來五月生子
去有懸草眠跡焉臺東同孟學四人各據一石而坐
北瞰天柱益突兀有四瞻雲日俱無影止有一峯高
接天之句欲東升以觀東瀑布道流難之又欲南進
以睇黃河道流又難之乃嘆曰天下奇觀豈可盡哉
遂北反坐聚仙堂而飯時巳辰巳間飯巳東遊猪耳
山東南至瀑布登懸崖以觀之聲如雷轟貌如雪舞
瞻眺更久乃下崖旁流而行北至柿林臨流編空磯
上孟學坐一孤嶼有僧在樹頭摘柿而落紅滿地吟
興具發孟學得二絕一律予得六絕兩生皆有一二
絕僕人自故市沽酒者至道流葅以鮮蕨秋英乃濡
巵澗中而傳酌蓋不羨古流觴也遂北至觀泉亭則
東西瀑布合流之地卽表聖之濯纓地也徙倚移時
詩成而還問修史覽照瑩心九籥擬論語亭及一鳴
窻道流皆曰志之矣乃謂孟學曰柟常薄唐詩人若
表聖者豈可以詩人目柟舊過聞喜以塵事問德徵

時已休矣今見其所舉予見笑於德徵者多哉遂歸聚仙堂取宋御史壁間詩韻與孟學賡和之後寢又明日自石泉洞南登路如蚰蜒柏檜交錯難進乃以手附道流背一皂又以繩引道流手而後上至秦無隅塔前北望不見嵬眉坡是日微陰蓋予已出雲霧之上矣盤曲再登至李孤雲塔孟學嘆曰世之廉夫清士不用於時避世而至此邪則豈非時輔之失哉予笑而未諾又東繞而上至八仙洞洞已到天柱峯腰洞口俯瞰乃謂孟學曰彼李孤雲者風斯下矣出洞欲直上天柱之頂道流皆謂路不可行扯予衣帶脱然予努力勇往幾至其頂俯看八仙洞又渺乎其下當其飄然之意蓋又非此流所能語也又嘆曰不知當時表聖之足履德徵之攀緣曾至此否乎孟學日可記之以稔表聖與德徵於是仲本聞之使段生三取而勒諸石

重修慶唐觀記

國朝劉漢卿

余少讀李唐史見吉善行遇老子事竊笑高祖之好妄也夫古昔聖賢有功民社則祀之老氏之于吾道其相爲牴牾乆矣高祖甫得天下他務未遑乃遽以一愚氓無稽之言勞民傷財崇玆淫祀妄孰甚焉君子嘆治不古若厥有由哉顧當時相遇在羊角山南而立祠乃在山東南峰隷翼城而事乃載神山志中私竊怪焉然以不經姑置之及明季避流寇亂潛居翼東之觀頭邨見有所謂慶唐觀焉詢之父老僉曰此吉善行遇老子處也今廟旁猶有神山古梁云當高祖之勑建廟也土人既苦興作又懼驛騷相與群諱其地而諱諸神山浮人亦不任受乃建廟羊角山之東南峰其後復詔于此建廟植木石神山古梁旁一夕大風雨移于此遂立爲觀亦扁其額曰慶唐乾封元年丙寅天子常過亳親祀焉余聞此言因之重有感矣天下記事之書類多矯誣如丹朱本封翼之丹陵括地志云在唐縣叔虞本封翼之故城而通志云在太原新田本絳州也而通鑑註反云翼城故絳本翼城也而通鑑註反云絳縣還絳本在晉景公時

而通鑑則曰穆侯懸甕本爲王子晉墓而通志則曰叔虞慶唐之事雖誕妄不足道然廟古以鉅創于唐葺于宋亦吊古者所低徊留之不能去也今地寔在此而事載神山與前所云有同慨焉天下事爲傳聞所誤名是而寔非可勝道哉歲丙申居人以其傾圯募財而更新之丐余文以記余特詳其始末用勸諸石旣以笑唐高祖之好妄亦以明記事之書之舛錯而不足信也至其督理輸財之事則別有記在

節烈祠記　國朝潘錦

沃史列女傳春秋時三人一伯宗婦一叔向母其一則弓工妻也戰國有曲沃負是皆見于傳見于國策其事不誣今曲沃縣東有羊舌村或云卽叔姬埋羊舌地然州郡誌各載遺羊舌事同不同未可知也於

國朝三百餘年列女姓氏可考者四十餘人予續修邑誌元有隴西郡夫人文氏自明訖

訪諸故老又得若干人此皆婦女賢而有士行者卽所稱靡笄畫荻何多讓焉然竊怪漢有天下四百年

唐三百餘年宋南渡以前百五十餘年金亦百餘年當時婦女無一見于誌乘今兩漢書新舊唐書宋遼金三史具在可考而知也西晉而降周隋以前推其得國亦三百餘年歐陽文忠作五代史一行傳敘于貧材能修節義泯滅無聞者三太息焉而歸之亂世崩離文字殘缺泯之婦女以節著以烈完吾意以更有其人焉或困于貧賤或阨于亂離無所表見豈非不幸也哉後之視今亦猶今之視昔誌中所載更數千年而湮沒無聞存什一于千百又未可知也修誌竟因治之西偏建節烈祠自伯宗婦而下康熙四十四年止守節死節信而有徵者備列生平合祀于祠一以明貞一以傳諸久遠云

重建柳呂二公祠記　國朝江闓

解州舊有柳呂祠在城北隅廢廣慈寺西鞫爲茂草久矣柳諱宗元字子厚官終柳州刺史生于唐解人也呂諱柟字仲木號涇野謚文簡官終南京禮部右侍郎生于明高陵人也文簡祀于嘉靖二十二年癸

卯子厚之祠不知所始以憲宗元和十四年卒迄今
幾九百年中歷五季宋金元明兵燹數見其祠興廢
固宜文簡之去今纔一百五六十年明末雖經寇氛
非五季比遂至一椽不存何哉說者曰往哲之廢祀
也非關時代之近遠治亂多因後至者與爲廢興耳
唯是二公一推文章一崇理學其並祀不無疑焉文
簡之謫于解也解之丁徭昔數倍他邑常力請上官
均去十之五偕知州林元叙就廣慈寺廢址剏祀一
州五縣先賢自有熊風后始下至元之岐裕齋凡三
十一人既又增劉宋柳元景訖明成化王文八人計
至解人聚哭于祠衰服二十七日良有以也考文簡
生平在武宗朝疏請還宫寢預儲貳朝兩宫遣義子
世宗朝大禮議起與時不合忤何奉修省詔上十三
事自劾忤旨下獄考訊尋謫解州判官宜乎邑人高
朝用以顏子稱之子厚爲文昌黎稱其議論證據今
古出入經史百子衡湘以南爲進士者皆子厚爲師
經其指畫悉法度可觀又曰才不爲世用道不行于
時昌黎許之也如此且謂子厚治柳州禁州人男女

質錢没爲奴婢盡得贖不能贖者計庸歸質觀察因
下其法于他州比一歲免歸者千人先此出爲刺史
劉夢得亦在遣當詣播州子厚念夢得母老願以柳
易播今之指天日誓生死者聞子厚之風亦可少媿
矣又追遡其先代奭以得罪武后死高宗朝父鎮初
以不媚權貴失御史及復爲御史號剛直昌黎重其
人並及其所自出所許又不獨文章明矣世每以王
叔文一事少之考貞元十九年子厚拜監察御史而
王叔文韋執誼用事拜禮部員外郎叔文等敗因坐
黨不聞其有依附顯迹當必有不白之隱否則昌黎
未易許人何獨許之如是並祠而祀之夫何疑哉余
以康熙三十一年壬申七月抵州方匝月夜夢一叟
冠儒者過諸野藉地坐談半晌既覺記憶吾師漁陽
先生別時曾謂曰吕文簡理學名臣也曾謫解州有
無祠祀幸無忽因思藉地者殆以露處相告耶亟欲
舉厥事而未遑歲甲戌乃闢州西南隙地別搆三楹
繚以垣樹以重門木石瓦磚共費若干然凡皆余自
備始其工于甲戌十二月落成于乙亥六月因爲之

記

河津重修關廟記　國朝呉寶林

漢壽亭侯關公去今千五百年後世稱之爲聖尊之日帝廟謚俎豆之隆衮黼冕旒之盛薄海内外靡弗畏敬祗肅奔走趨蹌愚夫婦子苟非齊沭弗敢稱口此豈有禍福灾祲之説懾人心志哉唯其正直剛大之氣有以不泯于人心故感于不自知動于不容已也子曰人之生也直孟子曰其爲氣也至大至剛以直養而無害則塞乎天地之間蓋天地之理本無不直可以推移日月而無薄蝕可以昭揭星辰而無隕飛可以流峙山海而無崩竭可以生成萬類而無夭札疵癘其在人也可以扶持綱常可以配周道義可以贊泰造化可以辟除不祥驅禁邪魅氣之所舉莫可限量假令纖毫撓屈鮮有不反是者關公在漢昭烈時熟春秋識大義忠誠之志禀于性生堅操厲節百折不磨實得天地剛正之氣而獨能不撓不屈生

則發于胸臆殁則還諸太虛譬如珠含於淵玉藏于璞精神凝結累積歲年而光氣旁燭照耀山川見者無不知其爲寶况乎剛大之氣不倚形立不恃質存其昭明乎宇宙振厲乎人心足以配天地而無疆無疑也以故上自京省郡國下逮都鄙里社所在建廟繪像户祝家尸即在津之邑不下數十百區而在域之西南隅者制爲備寶林宰兹三載朔望拜瞻見其年久頽圮力圖更新乃于辛巳之孟春謀始撤其舊料益以新材建大殿三間獻廳三間舞臺廊廡咸爲整理如舊制邑中人士劇金庀具爭先而集爲時十閱月厥工告成較他役作爲倍速嗚呼天地之正氣無時而或息即公之神靈無時而不在其充塞兩間彌周六合者固不在乎廟之有無新故而人之畏敬祇肅者非是無以致其崇奉則烏得謂是廟之可以聽其有無新故也邑人入公之廟拜公之神凛凛生氣如在目前愚者以作頑者以奮斯知正氣之在人千五百年如一日也推之億萬斯年從可知矣廟成而爲之記其司事監督諸人例得並書于石以傳後

平陽府重建大中樓記

國朝劉棨

平陽府治之通衢舊設譙樓巨麗甲一郡歲乙亥圮於地震僅存故址越七年甲申余奉
命來守茲土下車問疾苦父老相率言斯樓繫通郡地脉既圮歲比不登盍更建諸余惟成之有毀天行之偶然也廢之有舉人事之當然也矧平陽冀南一都會也不有層樓爲稱重鎮則又念
聖天子加惠地方發帑遣官督修城垣神宇官署罔弗煥然新矣獨茲樓待葺非守土者責耶用是約已積俸漸儲工料爲修復計既踰歲乃集父老謀興作而擇其愿勤者董厥事且告之曰作事者戒擾民斯樓之建其木石瓦甓丹堊之需官給善價其匠役車牛按日予僱値勿虧勿稽其經營搆造務求堅樸勿侈前規勿隳後觀惟爾二三耆老殫乃心力共圖久遠夫何吏手之足假爲自是民樂趨事費無漏巵謀始於乙酉孟夏訖工於丁亥季春蓋値農務之殷及大寒暑暫爲輟工故三閲歲而乃竣也父老喜奉巵酒落

成因請命名遂額曰大中父老問其義云何余曰居
中四達斯樓之形勢然矣不寧惟是余聞堯之命舜
曰允執厥中千古奉爲道法傳云無偏無黨又云如
砥如矢蕩平正直之義皆本於一中然則中之爲用
大矣且事舉其中則民和余忝郡長吏仰體
聖天子建極錫福至意以飭官箴因之觸目驚心平好惡
均政刑與爾民習勤崇儉馴致時雍之舊豈不盛哉
而豈僅僅培地脉標形勝云爾哉父老曰唯唯願有
記余念作始之艱且冀後之踵事者有考焉聊紀其
畧如左

山依亭後記　劉棨

平陽爲郡襟帶平汾當以水得名然環郭皆山尤足
以標據勝之目署之東偏舊有亭可登覽閒嘗瞰東
南烟火萬家琳宫雲樹森列簷角而其西北蜿蜒百
折廻抱姑峰縈青繚白烟霏雨洒朝夕變態常在襟
袖悅然不知亭之翼山而起有若山之來依斯亭也
夫山蘊雲雨宅虎豹嶷然作鎮厚土而區區一亭其

能爲山之依也哉雖然斯亭之周廣不過數武而中虚四敞以涵萬象瞻雲望雨足慰民依其實空所依附雖山之嶢巖峭拔而不可越者一縱目而皆儲列于座右似得吾亭以有所憑即謂之山依也亦何不可遂顔曰山依亭

重建大中樓記　國朝李復泌

昔者孔子成春秋譏雉門兩觀之作而刺御廩之不修葢興廢之間政事之得失繫焉不可不慎也平陽稱股肱郡舊有鼓樓居郡之中其括地千尋依雲逼日則冀州之雄鎮也河汾環繞條霍連抱則所謂表裏山河者也輪蹄輻輳林林總總則又巍然周道以示民極也豈直雉門兩觀之屬哉乃自地震告災檐牙傾壞者已十歷年所矣癸未

至尊西巡駐蹕顧之葢有惓惓於

睿慮者會東武劉公膺

帝簡來守是邦甫下車周視漂揺之狀慨然修復復念年

來大有未書吾民方飲食之是憂而何以版築爲已而思昔之人以工食民吾將食民以工矣程工飭材經之營之逮亥春雨暘時若百穀用成商樂于市農忭于野而斯樓之役已畢宏敞壯麗視昔有加遠近來觀日不絕于途而余以晉乘之命載筆北來蓋常過而嘆其完好將賦詩爲公頌之顧公欿然自下語余曰修廢舉墜守土者事也陰陽和風雨調使民得有餘力以趨事則天地之德也若夫子來有歌敬守終事之襄則又七十年來

聖天子之政教有以感格其心而守土者特藉手以告成也其何功之與有余退而思之方其始遲廻躊躇不敢遽以動衆及其終而復退然以敎讓善之道蓋其愼也如此雖然公之功不可忘也故爲之記

創建尊經閣記　　國朝趙德

余涖猗之二日朝夫子宫聚諸生講業明倫堂其東有崇閣翼然丹䕶尚新望之壯麗而巍峩額顏曰尊

經詢之博士先生弟子則曰此邑進士王樸齋先生
獨力鼎創者也在猗學宮志舊惟有
制書庫貯
欽頒經書而尊經閣獨闕焉王先生之言曰識道固云在
人藏經不可無地學宮之有尊經閣所以崇王章廣
聖教也所在都有何獨于猗而闕諸然是未敢以請
公帑也亦未可以煩邑庠諸君子也即不佞家世沐
浴聖澤甚深其敢不竭力從事于是慨然任之謀協
于衆貲取諸獨卜地而得大殿之艮隅卜期而得康
熙壬戌之初冬越二年爲甲子春季而告成事其廣
過邅爲丈者一十有三其高爲丈者四其屋三層計
爲楹者二十有九計費六百金其陶瓦斬木礱堅椽
題皆所親庀飭也其工師徒役酒漿廩食皆所親董
率資給也蓋王氏之有功于學校久矣先生之父曰
孝廉公學者所稱爲文敬先生者也常捐貲重修兩
廡戟門名宦鄉賢諸祠獨魁文閣工未竣先生爲繼
成之其舉先尊經閣僅二年云余聞而喟然曰王氏
殆世有不朽功者耶古昔先王造士必嚴其司必崇

其制必專其業而後禮樂文物興焉即士之明經適用者悉由此出也今師之所以誨弟子之所以學率束縛于帖括之業而不克究心宗旨即至六藝之屬亦不辯爲何物是寧獨師弟子責乎蓋典籍闕畧則問業無從貯藏弗嚴則散佚可慮即有好學深思者亦安能問藏書于柱史訪逸典于酉陽也乎閣之不可以已也如是而王先生不愛財力以成之俾藏經有地師儒得以愼厥攸司朝夕肄業焉其有裨于造士之典豈淺鮮哉而余更有進者閣與而經弗存猶虛室也經存而讀弗力猶虛器也我

國家廣厲文教經筵講義次第頒發中外司鐸者受之以實茲閣而有志之士因以殫精研慮繼先儒之傳而窺往聖之奥是則王先生建閣意也詎惟是締搆宏鉅勤績宫墻爲能光大其前烈而已哉于是邑人士相率詣余請一言以誌王先生之功而申相儆俾示永永余不敏竊聞何武行部必先卽學宫見諸生試其誦讀問以得失然後入傳舍況職在守土目擊盛舉而不爲表章之何以勸後爰濡筆而記之如此

王先生諱含真樸齋其號舉丙辰進士

新建紫川書院記　　國朝錢以塏

書院與學校相爲表裏盛世右文愼師儒之選
御製訓飭士子文頒發各省其視學校甚重而又屢飭長
吏設鄉約所設義學所以佐學校之教之所不及也
夫朔望講約忽聚忽散各鄉義學口授句讀而黌序
既立二者猶不可廢况于書院之設無少長無貴賤
無遠近顧學者皆可入于其中旬有課日有講圖史
藏焉規條肅焉期之以聖賢習之以經濟則夫書院
之爲教嚴于講約容于義學而與學校相輔而行書
院顧不重哉河東諸書院蒲州之首陽以孤竹兩賢
河津爲薛文清故宅解州則岐榕齋所建歲時習禮
樂于此聞喜之董澤以趙忠簡夏縣以司馬溫公高
山仰止聞風興起講會之盛至今傳之乃郡西諸州
縣無聞焉盖自渡汾水踰姑射道路崎嶇土地磽瘠
其人皆以治生力穡爲務即進取仕宦亦非所亟而

況講求身心性命之事乎夫一家之中入孝出弟忠信篤敬何在非學何必書院以聚之而後知學然而米鹽猥瑣日接于耳市井牙儈日接于目而欲學之日進也吾未之見也安國寺東有公所廢址瓦礫中古柏數株牧豎折枝爲薪牛礪其角生意幾盡適謀建子夏祠方擇地余曰地莫善于此寬平爽塏東山在望不特可爲祠也明世廟時改學于安國寺未幾仍移于舊學究未知地孰吉今即寺左爲書院與學宮東西相應或自此人文蔚起耶乃諏日興役中祠卜子前爲講堂有誦讀之所有燕息之室庖湢庫廄無一不備右爲射圃庭前雜植花柳昔之栢亦蒼翠改觀矣旣成名之曰紫川書院堪輿家言西流之水主文主貴故洙泗之水皆向西紫川西入于河靈秀之所鍾必有時而發余于陽之士有厚望哉堂曰篤志師子夏也志理學寧無眞理學志勳業寧無眞勳業哉余與諸生約凡入書院者毋習于鄙毋安于惰毋鹵莽毋佻達行見爲文正爲忠簡爲文淸接踵而起人材之盛且甲于河東也已

新建先賢卜子祠記　國朝錢以塏

先賢卜子夏衛人講學西河爲魏文侯師其終老于西河或復歸于衛史未之載也河津有子夏墓芮城亦有子夏墓而孝義縣西有三子墓三子者謂子夏田子方段干木是益荒唐不可信而通志並載之乃隰州則亦有子夏墓云夫世所傳古蹟大抵出于傳會有好事者創其說後有好事者傳述之而其後遂不復辨一過博物洽聞之士考今訂古徒滋一笑而已矣雖然五方之人性不同曰某所某奸佞之所居也則怫然以爲辱某所某聖賢之所處也則欣然以爲榮爲榮爲辱不言而同然是卽可以徵人性之本善也彼夫埋魂委骨丘夷陵毀石馬嘶烟豐碑卧草蓋不知凡幾曾未有稽其姓氏考其里居官爵而爲之欷歔憑弔者乃若先賢一抔土微茫疑似之間遂若信之切慕之深勃然動據廟之思僾然有羹墻之見此一念也謂非可與爲賢可與爲聖之機也哉隰固魏西河地流風餘韻千載猶存隰不必有墓而不

必不有祠昔唐以孔子爲先聖顔子爲先師子夏固魏之師也以先師祠之亦何不可且卜氏之學篤信謹守隰之士樸而愿與卜氏近奉卜氏之祀學卜氏之學願學卜氏卽願學孔子也寧尚爲識者所笑哉安國寺左有公所久廢新立書院于此祠在講堂之後旣成爲文以記之書院別有記

新建述聖祠記　國朝錢以塏

三義廟西廊之北隅有子思子像諸生云往者學宮易像以主舁像而投之水舁者半途棄之有人於西城外見像卧蔓草間因移于廟之廊驗其中之所識乃知爲述聖也余聞之而歎廢與成毁之有數也夫像已廢而猶存固可異且隰經闖寇之變姜逆之變地震之變琳宮梵宇香琢金裝其飄揺于風雨者凡幾而茲像獨留于塵封蛛網之間則尤異矣顧像寄于廟實非其所村民遊者袒裼裸裎於其側若是其褻也存也不如毁也乃于卜子祠之左別建一室奉像居之凡吾多士瞻其容當學其學如日傴僂以爲

敬洒掃以爲誠是以釋老之香琢金裝者事之也非
以聖賢事之也

新置北倉記　國朝錢以塏

海宇承平家給人足屢奉重農積粟之
旨各州縣皆有儲穀少者數千多者累萬可謂有備無患
矣隰舊倉傾壞不可修前牧鄭君建磚窑於堂西偏
是爲西倉顧地稍隘所容無幾穀多輒借民房以貯
非經久計也官署西北隅適任姓有宅欲售因償其
直以爲北倉計窑三孔堂三楹東西室各二楹庭院
甚廣繚以崇垣今而後如墉如櫛可無風雨燥濕之
患矣夫常平良法也而其弊不可勝筭官吏侵漁籍
則有而倉則無收貯不愼倉則有而穀則無春補秋
助絕無實惠出陳易新幾類青苗穀則有而民則無
等弊也今令甲維嚴非奉文不敢妄動一黍然
當宁宵衣旰食惟以閭左艱食是念苟能體
朝廷愛民之心民焉往而不濟新倉之置爲穀計乎爲民
計乎後之人其念之

大寧縣義田記　國朝胡文煥

兩大不能有豐無嗇也盈虛之理也是以水災厘帝旱災厘王遜而議常平議社倉經國者鰓鰓籌之有備無患端必存乎人我
皇上御極四十年餘厚澤深仁薄海內外罔不徧固已邁黄農駕虞夏矣而於直省州縣積貯備荒尤繫
聖懷其計切久遠有加無已直如天之無不幬也地之無不載也凡在臣工疇不仰體德意預爲綢繆者煥江左豎儒山右末吏備員三載毫髮莫補深用疚心乃思所以上報我君少盡厥職者莫若愛民愛民之道莫若拯貧寧濟士也饑者十一窘者十九每屆歲餘饑寒仳儺者所在都有思賑於公廩例不敢妄開其能解涸鮒之困而上佐天庾于萬一者計惟有古人義倉之制可法因寸積薄俸捐置義田陸伯畝有奇於縣治之東隅建厫一座每當西成遴選里中耆德者三人董其事歲之所入正供而外悉貯以待不時之需至於中鉠賑士民之極户貸而償本不索息大

鈌賑中户貸而不償永著爲規雖日涓滴之露何敢自謂有備無患而國有公貯邑有私積蓄之數年散之一朝或者小補云爾若乃寶生于久浸假而廩庾流爲漏卮浸假而阡陌被其朘削有慨斯舉者正未可料則夫因時酌宜修舉廢墜是所望于後之君子非煥所逆計也約列數則勒之貞珉

清音亭記　　國朝孔尚任

藐姑射之連阜日平山者平水出焉其源僅一勺耳尺增尋益不百步而分澗列壑矣石隘則激爲雪崖峻則奔爲雷目之可及者浩乎若江河盍不知所抵極土人云由臨汾下襄陵溉田可十萬八千畝而春碓之代力者且不勝數也予喜其泉石之潔林木之幽村巷隄路之紆廻農人士女之社飲歌舞者安舒而媚悦乃低徊不忍去既拜龍子之祠又憩于祠前之清音亭亭寛而檻敞凡所謂分澗列壑者皆在襟帶間其左右多廢址意昔者必有水軒花榭藏絲竹貯壺鐏以爲宴游偃息所今則獨存玆亭予無守土

責而又不能卜居其田之肥腴民之饒益悉所不問獨是情與景會不能不重感于茲亭觀古之賢達守一郡宰一邑政有餘暇必選勝于山水之間與二三賓客飲奕暢叙或著爲文章詩詞以播于四方以垂於後世跡其爲政乃無不載于史冊表表可觀也而今人不然謂此事有妨于政也相戒不敢稍有所舉即古人已舉者亦聽其湮沒消歇而弗惜跡其爲政則又不及古人之百一焉茲亭創于何年舉于何守何令俱莫可考而能選勝于山水之間則其人必非無政可觀者惜哉不著爲文章詩詞以播于四方垂于後世而所與歡奕暢叙之客又皆泯然無聞者遂令茲亭淪棄于空山流水殆不知幾歲月雖有父老飯饈坐卧于中間及作亭之姓名皆已不復記憶予既登茲亭倘不彷彿一言畧存其概更數年則亭之寬而敞者將與水軒花榭同爲廢址後之遊人且不知有亭追問作亭之姓名乎雖然士生而不得守一郡宰一邑選勝于山水之間與二三賓客宴奕暢叙則亦已爾而乃登古人之遺亭穆然想見其人又著

展命杖披歷于荒榛亂葦尋其斷碣而讀之復不可得則代爲作記曰吾之文章詩詞可以播于四方垂于後世而能傳茲亭于無窮也噫葢亦不自量巳

山依亭記　國朝孔尚任

平陽在中條太行間城四望多山然皆二山之支庶也其西北高且近者曰藐姑射超然城頭城中人皆見之及入郡署則山匿矣葢人自遶山非山之遶人也太守青岑劉公世家畬州畬爲東坡先生舊治地東坡嘗詩九仙奇秀不減鴈蕩太守有槎河莊在九仙下未仕時日徜徉其中今來爲郡每向賓客譚未常須㬰忘焉且繪爲圖指而示予予唯唯而亦自述魯之徂徠石門各不相下因訂耦耕之約甚歡也旣而思太守年富於予朝野方倚之爲重恐不得早歸及歸予齒巳先老恐不能終待則又唏噓而嘆乃命酒相屬曰身到處皆吾家也目到處皆吾山也即如東坡之歷知八州除學士尚書駸駸乎柄用凡有山

處無不營爲家則似太守之不違乎山者至東坡歷
諸八州爲團練副使更三赦不歸凡有山處無不營
爲家則似予野人之不違乎山者太守歎曰韙哉予
固未肯使郡署之山久匿也茲廨南墻有小山焉是
予新築者山上構亭名曰山依益言出處不違乎山
如我兩人耳當劚土時得明舊碑有呂太史涇野書
阜成山三字是山雖新而名則舊安知一簣之下非
卽阜成之山脊乎既構此亭不但亭下有阜成也而
且有城頭之藐姑射而且有西南之中條東北之太
行而且有兩山之支峰重巒疊翠莫不爭依于此亭
每招予立亭上見亭之北有卿雲爛爛如冠如益者
則盧龍居庸拱護神京之諸山也九拜颺言蓋凜乎
不違咫尺矣見亭之東有白雲冉冉如衣如帶者則
尼防昌平步趨聖里之諸山也再拜請益又肅然不
違函丈矣太守所謂出處不違乎山者義取無忘君
師也豈予縱登眺之樂遂泉石之痼者所可同日語
哉雖然予與太守訂耦耕之約而未必終遂倘不自
薄肆力于古著作以傳于後如東坡其人俾後之守

是郡而賢者遥相羨曰某地某客肯爲某太守來曾
登此亭此亭宜葺其在幕而文者更相慕曰某時某
太守能致某客來曾宴此亭此亭不可毁則太守與
客且千古相依而此亭又將依人以存山之依與達
亦奚足論

觀瀾亭記　　　　　國朝張象蒲

河之界平陽十餘渡其居下流者曰陽壺垣曲之所
治也垣於郡小而僻無傳置徵書往來之擾四達皆
山水潺潺出澗道巉滑不容車船名公鉅卿罕有遊
者即遷客騷人亦未嘗重繭而探奇也惟官斯土者
至焉他則小商旅捆載擔負趨舟楫之便而已是以
吟咏非所及而形勝不著今年夏同年許詒孫宰是
邑余以嚴冬涉冰雪訪之署中館聽濤軒者信宿濤
聲滚滚來枕上余謂詒孫聽濤何如觀瀾詒孫笑曰
子言誠不妄河上有觀瀾亭余以執掌未至也盍登
諸越明日與沈君天叙陸君來珍策馬出城南踰澗

循堤行不二里得所謂亭者踞絕崖上有詩碣卧頹壁間不可盡識惟一斷碑臨崖豎可七八尺大鐫天上來三字塵封蘚蝕瑰偉猶存後題曰太白或因李詩假借耳實不聞太白至此亭不甚巍聳而形勢盡永憑欄一眺三面之勝悉收望中下瞰奔流與亂石相搏吞齧澎湃雪捲雷轟真大觀也若盛夏時撼山傾谷立浪飛濤當更有奇於此者隔岸山形中耆東爲返照岩西爲葛伯寨南距豫之澠池百八十里皆鳥道羊腸凡七盤景山而後蹉焉葢河以南岡巒疊出其最高者爲黛眉而景山又出黛眉上俯河如環故商頌曰景員維河即此也渡南北兩邑分疆邑各一艇歷亂波光互相離合棹歌既發人影與鳧鷗浮沉巨浪中於是流盼東西望窮忽接圖梘觀瀾如立天際覺河山勝槩盡在斯亭而徘徊不能去遂于馬上口占二律歸而示諸孫且告之曰吾子亦知亭之所由作乎夫天壤間之凝而峙液而流者皆有神氣存焉然必有人焉以發之而有物焉以收之無以發之其神鬱而不出也無以收之其氣過而不留也夫

惟有以留之而不去而靈淑幽秀者乃愈發而愈奇故夫潼關之雄也以關龍門之險也以樓而陽壺之奇也以亭亭物也而作亭者人也潼關當燕晉秦蜀之衝又禹績龍門最著故關與樓得久不廢陽壺越在僻遠問津者非愚則俗其寂寂無聞宜矣而此亭巋然猶存則山水之神氣固未常去也在昔永陽佳勝自柳州發之而奇始出然今所存者紙上之神氣耳曩之所爲亭堂丘壑已湮没於荒煙斷草之中而不可復識此山川之所以往往遺憾於斯人而選勝之君子覽古興悲惋嘆于盛遊之難再也詒孫之才曠而識達不以垣爲陋而居之坦然其文采風流必有與地靈相發者亭與渡固將藉以不朽而余以偶然造訪得與諸君子流連俯仰盡探其奇亦不可謂無緣而顧自同於悠悠行路者之愚且俗也其若山水何余居垣三日且行聞邑有舜井葛寨亟欲一遊未暇也幸猶得登眺於斯焉藉非以詒孫故將終吾吾身無由至也聽濤之不獲而奚有於觀瀾乎夫創新修廢以點綴江山守土者之責也登高作賦而臨

流裁詩野史氏所不辭也余歸矣後遊固不可必共以余言磨一片石鐫之暨亭上以示後之官斯土如君偶一至如余者詒孫諱穀蘇之常熟人沈陸二君其同里之戚友也康熙甲申嘉平三日臨汾張象蒲蒿陸記

遊姑射山南北二仙洞記　國朝張方杲

莊子所云藐姑射之山近在吾門闕閒而曾未之遊也戊子三月望日積霖初歇桃花正吐家大人以良晴勝地不可辜也携余從參峪入騎登八九里曰白石坡亂石粉章砢磋馬蹄回視平野村落斷續隱隱樹間汾水一線斜帶城腰委折瀰漫中墅綠灘黃與烟霧相爲迷離王大痴長林豐草摹此意也更上四五里有石梯焉下臨無底陗壁仄立僅可容足余竟舍騎而下捫藤綠柏須臾投坦途閒家大人壯之山之至此猶堂宇之有門也過此則峯廻磴轉叢倚斜合仰挿千尋俯憑萬仞心驚目駭應接不暇矣俄而

鐘聲鏜鎝有廟翼然從覆岩下出卽蓮花洞也洞口傾塞黝黯踪跡杳然不知神人何處其中蓮花尚無恙乎循鳥道而上爲照天池亦有梵刹僧龕蓊南北洞之樞紐也池在山最高處一泓瑩然趾有石眼如井形人或以石擲之積久則水色紅縷竊嘆高而不涸下而不溢造物之不可測也如此僧曰此與海通也余笑而頷之稍憩廼抵所謂南洞者南洞者仙人洞也窮險抉奧較北洞爲過之有兩洞眼俱深里許其入者咸伏身束臂出則泥土滿頭面家大人笑曰綽約之人恐不如是及詢其洞內狀或曰行半里便偪窄不得入或曰漸深處風冷冷然毵毛髮且不可以炬也余謂此皆耳食朦視者存其論可耳洞旁有碑光可鑑人按之唐物也字畫甚精嘆數百年來無解愛者磨洗久之方從北洞矚此瑒近在肩睫呼應可通然以深谿界之必紆行十餘里然後達豈造物之美不欲遽呈故爲盤折引人入勝耶抑更有玉宇瓊宮依雲跨漢縹緲物外茲之所見者僅其皮相耶余自嬰疾以來不能跬百武今且數十倍之殊不甚

憊何脆于奔塵而健于濟勝也已而浮雲爭盡斜陽照山坐怪石撫孤松指點峰巒想像冰雪拭粧樓之鏡影聽石枰之棋聲大人樂之悠然遐想有高世之思焉顧余而嘆曰名利羈人可勝道哉吾弱冠神往於斯今三十年矣始獲一遊終未窮其奥也汝其記之余私幸余遊之不甚晩也遂爲之記

太平縣重修儒學記　國朝顧　欽

漢唐宋明以來制詔天下郡縣以立學葢史冊相望矣夫豈聿新廟貌僅以彰崇儒重道之義亦曰聖人距人不遠像型儼在學者宗之以進德修業云爾惜乎人之徒事於廟貌也惜乎人之并忽于廟貌也昔之俗儉不中禮而平邑尤甚諸凡固陋就簡獨于夫子之廟巍煥有加焉稽其營治之績修大殿建兩廡移賢宦兩祠于戟門左右且于文昌祠則擴而新之葢前令李公諱清鎧者捐俸勸輸以倡盛舉而司鐸王公諱之瑞復區畫周詳董成斯役厥功偉矣加以綵繪繚以花墻文以粉壁則署篆李公諱紹祖之力

也有厥功未竣者余續而完之司鐸牛公高公恐前
人之有美弗彰也囑余爲之記余既喜廟貌之新足
以光俎豆而又懼夫平邑之士以爲尊夫子者盡是
而不思自奮也因其竣事而諗於士曰昔王介甫之
記慈谿學也以爲立學之本在乎材行素定而施設
不待閱習而能曾子固之記宜黄學也以爲大要使
人人學其性不獨防其放僻邪肆合二公之言觀之
才德均出乎學之中而不能外也方今
聖天子振興文教奬厲實學
命郡縣學宫懸
御書之匾勒訓士之文無非欲得明體達用之儒以爲國
家楨幹若徒弄筆墨以邀利達習詞章而求榮顯無
以贊休明而媲稷契臯二三子之恥也司鐸二公是
吾言因并述而爲之記

重修三門禹廟碑記　　國朝董之燧

禹導河自積石至龍門東至於砥柱又東至於孟津
丙子歲予筮仕得中州之武陟與孟津爲接壤後補

平陸癸未春抵任而砥柱適隸治東上有禹廟建自唐天寶間歷宋元明相繼增修至明嘉靖始定祭儀每歲三月三日有司往祭於是屆期啟行六十里始達三門未至十里外濤聲怒吼如雷如霆霧雨霏霏透人衣裾迨詣廟拜獻畢亟欲得所謂三門者而觀之土人前導予登高臨眺奔流激湍怪石崢嶸禹鑿分爲三即所傳人門神門鬼門者是而砥柱一峯當黄水奔騰之衝倒插中流出水丈許距龍門約三百里誠足與岷江灧澦大小孤山鼎峙江河同爲宇宙奇觀也回至廟前周遭顧望止存正殿三楹餘俱瓦礫因喟然嘆曰是余之責也夫爰捐俸首倡鳩工庀材俾廊廡殿庭煥然復古閱四載而落成遂援筆而記其事

曉傳園記

董之燧

園以傳名誌公也曉傳者何曉其爲傳舍也既曉矣又胡爲乎園也噫嘻天下何一非傳舍哉惟即其現

在之地行其現在之樂不必問其爲家園爲官園也
癸未春予抵平陸任城内外居民僅可百家官署止
破屋數椽闔縣利弊待予興除閭里凋瘵待予撫綏
衙舍傾隳待予修理予方戚然以憂者久之已而殫
心勞思勤撫字而緩刑罰越二載時和年豐遠至邇
安虞士民謬稱予治予亦喜其俗之淳且儉也因而
漸次經營鼎新三堂署曰夕陽東營土窪爲兒輩讀
書所西搆別墅退思補過垣外隙地乃因高爲亭就
坎爲池引流達署滙而注之池種蓮蓄魚夏秋荷花
甚盛亭前後植竹栽花不拘行列外爲射圃子姪習
射其中公餘予偕友人飲酒賦詩更唱迭和時或操
弧命中悅目賞心其樂陶陶初何計其爲傳舍與非
傳舍也遂名爲曉傳園云乃友顧予曰公曉於邑未
必曉於園也樂於士女之盈寧未必樂於花木之暢
茂也予笑答曰君眞曉人也范文正公云先天下之
憂而憂後天下之樂而樂予不敏心竊向往之因作
曉傳園記

太平縣重建鼓樓記

國朝王奐曾

樓以鼓名分更漏也而實爲城邑之綱維所係綦重焉舊搆多歷年所圮毀日甚鼎新之役前任邑侯率有志未逮意者時實爲之歟我顧公初授茲土晋接間度宇淵涵虛中諮度余因以修廢舉墜具請於公公蒞任二載急撫字緩興作雖以余言爲可採而不輕舉也戊子夏得鄭問乃董事諸公以樓方落成錄公碑記而乞言於余余聞茲樓之肇工也以三月竣事也以六月緡錢則括之間架而不苦於輸將出納則掌之紳衿而不假以胥吏高大五丈餘廣袤如舊址而甬道則加擴焉灰甃木甎及各役之稍食金錢共用若干緡噫以數十餘年之廢墜一朝修舉俾城郭增其麗廨宇壯其形甲第於以連綿商賈由茲輻輳而爲四國之觀瞻萬禩之砥柱時爲之歟抑人爲之歟我公欲不居其績而將誰歸歟余備員侍從不獲共勷盛舉然幸從諸君子後奄觀厥成旣樂頌公之績而又重違諸公之請遂不揣不文而爲之記